디플레 전쟁

디플레 전쟁

초판 발행 2020년 4월 24일
10쇄 발행 2020년 5월 28일

지은이 홍춘욱
펴낸이 유해룡
펴낸곳 (주)스마트북스
출판등록 2010년 3월 5일 | 제313-2011-44호
주소 서울시 마포구 월드컵북로12길 20, 3층
편집전화 02)337-7800 | **영업전화** 02)337-7810 | **팩스** 02)337-7811 | **홈페이지** www.smartbooks21.com
원고투고 www.smartbooks21.com/about/publication
홈페이지 www.smartbooks21.com

ISBN 979-11-90238-18-2 13320

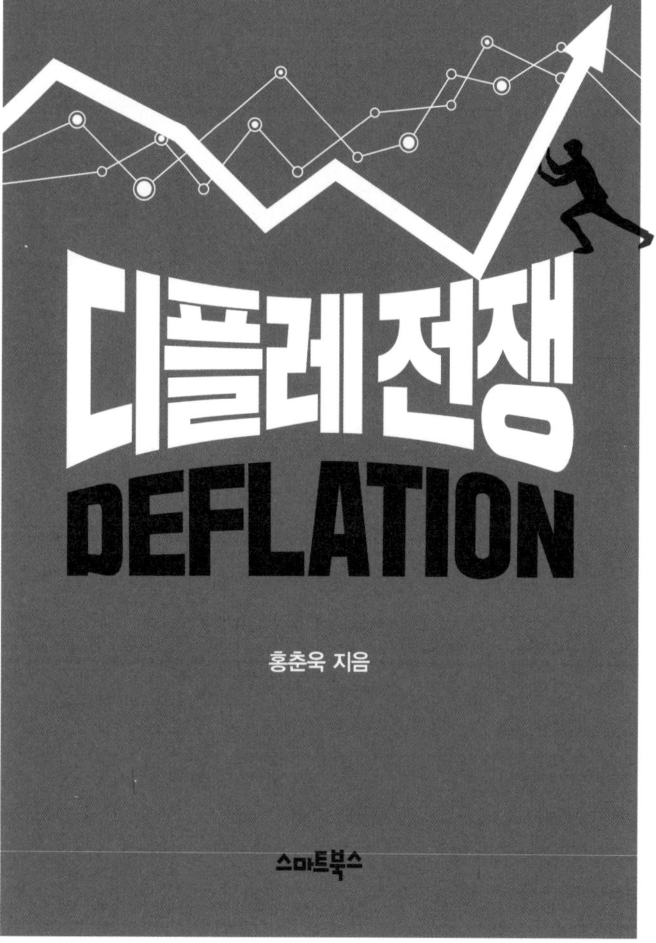

디플레 전쟁

DEFLATION

홍춘욱 지음

스마트북스

디플레 위험을 이겨내는 투자법

2001년 9월 11일, 사상 초유의 동시다발 테러가 발생했을 때 필자는 초보 이코노미스트였다. 이코노미스트는 주가와 환율, 그리고 금리 등의 핵심 경제지표를 전망하는 일을 하는 사람이지만, 난생 처음 겪는 일에 업계 5년차 이코노미스트가 패닉에 빠진 것은 어쩌면 당연한 일이었을 것이다. 그때 거의 매일 야근하며 열심히 보고서를 썼지만 안타깝게도 그 노력은 제대로 보상받지 못했다. 전망이 빗나갔던 것이다. 당시에 썼던 보고서, 그리고 언론과의 인터뷰 내용을 간단하게 요약하면 다음과 같다.

> "9.11 테러로 외부활동에 심대한 지장을 받을 것이기에 소비심리가 크게 악화될 가능성이 높고, 이와 같은 소비 위축은 기업의 연쇄 파산 및 대량실업으로 연결될 것이기에 불황이 장기화될 가능성이 높다."

코로나19 사태 이후 많이 들어본 이야기 아닌가? 그러나 실상은 달랐다.

9.11 테러 이후, 패닉에서 어떻게 회복되었을까?

다음의 그림은 2001년 9.11 테러를 전후한 미국의 주가지수와 경제성장률의 관계를 보여준다. 미국의 주식시장은 9.11 테러 후 패닉을 일으키며 급락했다. 그러나 그뒤에 벌어진 일은 예상과 달랐다. 경제성장률이 급격히 반등하는 가운데 주식시장도 이후 약 6개월 동안 30% 가까이 상승했던 것이다.

물론 2002년 봄에는 엔론(Enron) 쇼크로 다시 주가가 하락하기는

9.11 테러 전후 미국의 주식시장과 경제성장률의 관계 자료: 세인트루이스 연방준비은행

- 음영으로 표시된 부분은 전미경제분석국(NBER)이 불황으로 판정한 시기.
- 윌셔5000지수는 거래소에 관계없이 미국에서 거래되는 모든 주식들의 종합 주가지수. 미국 전체 주식시장의 흐름을 보여준다.

했다. 2001년 말 미국의 대표적 에너지기업이자 7대 기업으로 일컬어지던 엔론이 파산했는데, 수년에 걸친 치밀한 회계장부 조작이 들통나며 미국 주식시장 전체에 대한 불신을 초래한 여파가 미친 것이다. 하지만 와중에도 미국 경제는 지속적인 상승세를 기록했다.

이 대목에서 한 가지 의문을 품은 독자들이 많을 것이다.

> "뉴욕의 세계무역센터, 그리고 워싱턴 인근의 국방부 건물인 펜타곤 등 주요 시설에 대한 연쇄적인 테러가 벌어지며 일상적인 경제활동이 전면 중단되었는데도, 어떻게 경제성장이 회복되었을까?"

그 이유는 바로 '정책'과 '전쟁'이었다. 미국의 연방준비제도이사회(이하 '연준'), 즉 중앙은행이 정책금리를 1%까지 인하하고, 부시 정부가 이른바 '테러와의 전쟁'을 선포하면서 아프가니스탄과 이라크로 대규모 병력을 파견한 것이 경기회복의 기폭제가 되었던 것이다. 즉 중앙은행이 돈을 풀면서 인플레이션에 대한 기대를 부추기고, '테러와의 전쟁'을 통해 적이 누구인지를 명확하게 설정한 것이 경제의 성장을 불러일으켰던 것이다.

코로나19 쇼크, 경기가 회복되려면 — 무엇이든 지금 당장 시행하라

다시 현재 상황으로 돌아오면, 최근 발생한 코로나19 사태는 9.11 테러 이상의 충격을 미칠 것으로 예상된다. 왜냐하면 9.11 테러는 약 3개월 정도 만에 심리가 진정되는 데 성공했지만, 코로나19 사태는 더 긴 시간 동안 악영향을 미칠 가능성이 높기 때문이다. 특히 문제가 되는 것은 봉쇄정책(containment policies)을 실시하게 된 나라가 더 심각한 경기침체를 겪을 가능성이 높다는 점이다.

다음의 그림은 워싱턴의 싱크탱크 경제정책연구소인 CPER에서 올리비에 블랑샤를 비롯한 세계적인 경제학자들이 힘을 모아 만든 보고서 "코로나19 바이러스가 초래한 경제위기에 대응하는 법: 무엇이든 지금 당장 시행하라"에서 가져온 것이다.[1]

그림에서 회색 부분의 세로축은 코로나19의 신규 확진자 수, 아래 푸른색 부분의 세로축은 불황의 강도를 나타낸다. 세로축의 0 이상(회색 부분)에서 움직이는 두 개의 선은 각국이 코로나19 감염을 어떻게 통제하는지를 보여준다.

빨간선은 봉쇄정책을 펴지 않은 국가로 이 경우 신규 확진자는 더 늘어날 수 있다. 반면 파란선은 정부가 봉쇄정책을 편 경우이다. 몇 주 동안 학교와 공장과 사무실의 문을 닫고, 사람들의 이동을 막고, 경제활동을 제한하는 등의 강력한 봉쇄정책을 폄으로써 신규 확진자를 억제하는 것이다.

그런데 안타깝게도 이 두 경우는 정반대의 경제적 충격을 가져온다. 세로축에서 0 이하(푸른색 부분)의 빨간선과 파란선은 불황의 강도를 나타낸다. 봉쇄정책을 펴지 않으며 확진자 및 접촉자의 격리 및 사회적 거리두기 등으로 전염병을 억제한 나라(빨간선)는 '경기하강'의 충

1 Richard Baldwin, Beatrice Weder di Mauro 등(2020.3.18.), "Mitigating the COVID Economic Crisis: Act Fast and Do Whatever It Takes".

격이 덜하다. 왜냐하면 사람들 대다수가 정상적인 경제활동에 종사했을 것이기 때문이다. 반면 전염병 억제를 위해 봉쇄정책을 펴게 된 나라(파란선)는 신규 확진자를 줄일 수는 있지만 극심한 경기불황을 대가로 치르게 된다. 학교와 공장, 사무실의 문을 닫고 경제활동을 일시 중지하는 과정에서 경제성장률이 급격히 하락할 것이기 때문이다.

이 그림이 시사하는 바는 분명하다. 세계 각국이 엄청나게 큰 경제적 타격을 받게 될 수 있다는 이야기다. 따라서 세계의 경제학자들은 '효과가 검증된 경제정책'만 쓰려는 집착에서 재빨리 벗어나서 신속하게 돈을 살포하라고 권고한다.

물론 돈을 살포하는 방법은 9.11 테러 때와 동일하다. 중앙은행이

봉쇄정책과 감염병, 그리고 불황곡선의 관계 자료: 리처드 볼드윈, 베아트리스 웨더 디 마우로 등(2020.3.18)

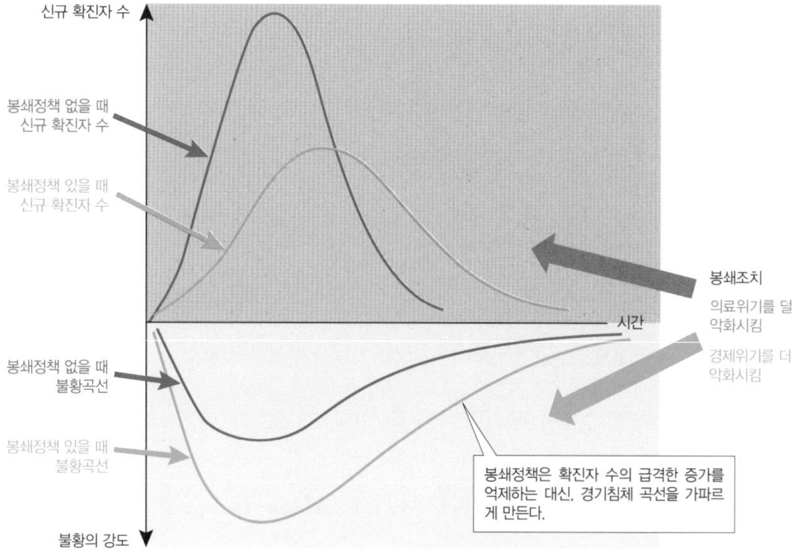

정책금리를 인하하고 정부가 돈을 풀면 된다. 9.11 테러 이후 2001년에는 전쟁터에서 돈을 썼다면, 2020년에는 코로나19 사태로 파산 위험에 처한 기업, 그리고 해고 위험에 처한 근로자들에게 돈을 풀자는 이야기다.

더 나아가 전쟁에서 이기기 위해 집중적인 병력 투입이 필요한 것처럼, 바이러스와의 전쟁에서 승리하기 위해서는 이 책이 출간되는 지금(2020년 4월) 당장 집중적인 돈의 살포가 필요할 것이다. 그리고 그 전쟁에서의 포상은 9.11 테러 이후의 경제상황처럼, 매우 '강력한 경기회복'으로 돌려받을 수 있을 것이다.

2차, 3차 재정정책을 계속 시행하라

물론 이상의 조치만으로 코로나19 쇼크가 순탄하게 마무리되고, 경제가 다시 정상 궤도로 100% 돌아가지 않을 수 있다. 무엇보다 큰 위험은 사회적 격리가 가져온 심각한 사회/경제적 충격에 놀란 각국 정부가 서둘러 '정상으로의 복귀'를 시행했다가, 2차 유행이 생길 위험을 배제할 수 없다는 것이다.

다음의 그림은 지난 1918년 스페인독감이 세계를 휩쓸었을 때, 미국 콜로라도주 덴버시에서 발생했던 일을 보여주고 있다(스페인독감의 전 세계적 유행으로 2년간 3,000만~5,000만 명이 사망한 것으로 추산된다).[2] 그림에서 세로 축은 주간 단위의 인구 10만 명당 비정상 사망자 수, 즉

2 NY Times(2020.3.16.), "Coronavirus Is Very Different From the Spanish Flu of 1918. Here's How".

평년 같은 기간에 비해 얼마나 많은 사람들이 더 사망했는지를 보여준다. 가로 축에서 '회색 막대' 부분은 학교 문을 닫은 시기(학교 폐쇄: School Closure)인데, 1918년 11월 스페인독감으로 인한 사망자 수가 잠시 줄어들자 다시 학교 문을 열었음을 알 수 있다.

그런데 이때를 기점으로 다시 독감으로 인한 사망자(비정상 사망자)가 폭발적으로 늘어나기 시작했다. 섣부른 개학으로 수많은 생명의 목숨을 앗아갔던 셈이다. 이번에도 1918년 덴버시의 경험을 반복한다면 사회/경제적 충격은 이루 말할 수 없을 것이다. 무엇보다 사회적 격리가 장기화될 가능성이 높을 뿐만 아니라 전염병에 대한 공포가 더욱

1918년 스페인독감 세계적 유행 당시, 미국 덴버시의 주간 비정상 사망자 수 추이

자료: 리처드 볼드윈, 베아트리스 웨더 디 마우로 등(2020.3.18)

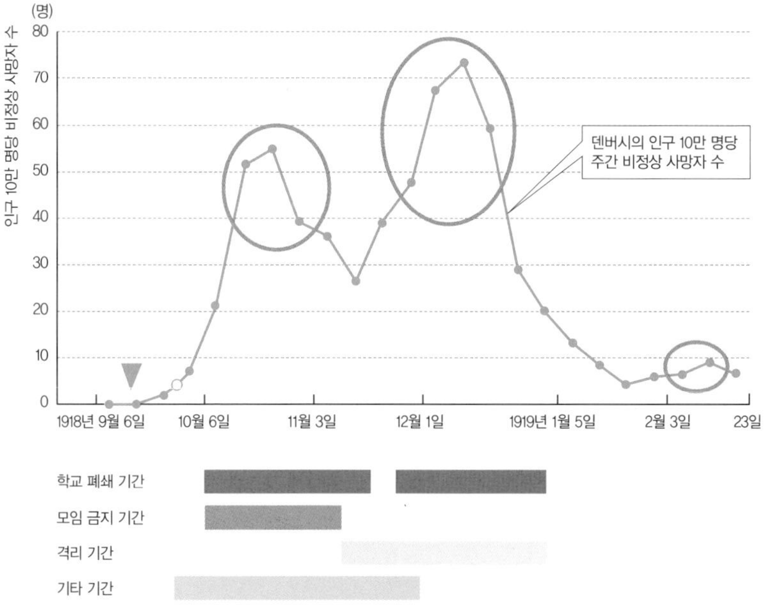

불길처럼 번질 수 있기 때문이다.

따라서 코로나19 쇼크를 성공적으로 극복하기 위해서는 적절한 금융/재정정책뿐만 아니라 치료제의 조기 개발 및 2차 확산 방지 등의 노력이 필요하다. 물론 필자는 경우에 따라서는 2차, 혹은 3차 재정정책을 적극적으로 시행해야 한다고 본다.

그런데 이 대목에서 의문을 품은 독자들이 많을 것이다.

> "정부가 돈을 그렇게 풀어도 인플레이션이 생기지 않을까? 더 나아가 인플레이션으로 인해 금리가 급등하면 정부 재정이 망가지는 것은 아닐까?"

일리 있는 질문이다. 그러나 필자는 한국뿐만 아니라 전 세계가 이미 물가가 계속 상승하는 인플레이션(Inflation, 이하 '인플레')보다는 물가가 지속적으로 하락하는 디플레이션(Deflation, 이하 '디플레')의 압력이 우세한 국면에 접어들었고, 이번 코로나19 사태가 이런 흐름을 더욱 강화시킬 것이라고 생각한다. 왜냐하면 코로나19 쇼크로 인해 미국 등 주요 선진국 경제의 공장설비, 그리고 노동력의 과잉 위험이 높기 때문이다. 이 문제를 살펴보기 위해서는 지난 2008년의 경험을 되새겨 볼 필요가 있다.

2008년 글로벌 금융위기가 가르쳐 주는 것

다음의 그림은 미국의 잠재GDP(국내총생산)와 실제GDP, 그리고

GDP 갭의 관계를 보여준다. 이 지표들에 대해서는 1장에서 좀 더 자세히 다룰 것인데, 간단하게 설명하자면 잠재GDP는 한 나라가 가진 노동력과 자본 등을 충분히 활용했을 때 달성 가능한 GDP를 의미한다. 그리고 GDP 갭은 실제GDP와 잠재GDP의 차이를 나타내는데, GDP 갭이 마이너스라는 것은 경제의 설비와 노동력이 남아도는 상태라는 의미이다.

참고로 2008년 글로벌 금융위기가 발생한 이후 미국의 GDP 갭은 2014년까지도 마이너스 수준을 벗어나지 못했다. 즉, 충격은 일시적일지 모르지만 경제에 미치는 영향은 꽤 장기간 지속되는 셈이다. 미국 연준이 2015년부터 정책금리를 인상하려고 노력했던 이유가 결국 GDP 갭의 플러스 전환 때문이었던 것이다(2015년 12월 16일, 금융위기 이후 처음으로 정책금리 인상). 물론 이번 코로나19의 충격이 얼마나 커질지

2008년 글로벌 금융위기 전후 미국의 GDP와 GDP 갭 추이

자료: 국제통화기금(IMF)

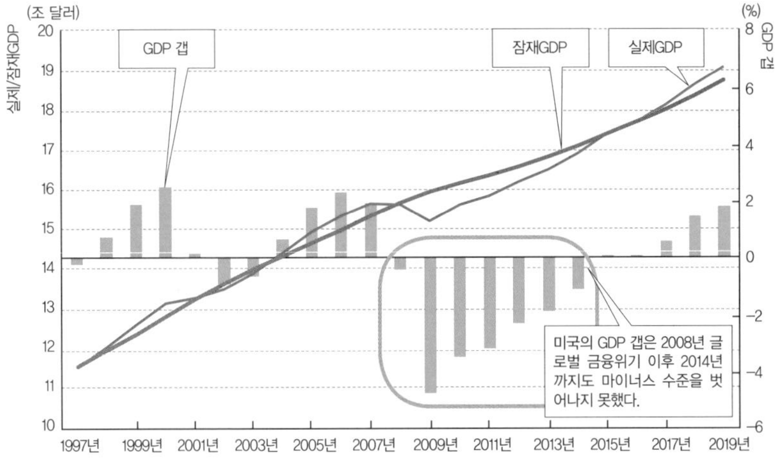

는 아무도 모르지만, 2020년 미국 경제가 큰 폭의 마이너스 성장을 기록할 가능성을 배제할 수 없다. 따라서 앞으로 수년 동안에 걸쳐 미국 등 세계 경제는 지속적인 디플레의 위험에 노출될 것으로 우려된다.

"물가가 안 오르는 것이 뭐가 문제인가?"

물론 이렇게 반문하는 독자들도 있겠지만, 1990년 이후의 일본 사례를 보면 그렇게 쉽게 생각할 일이 아니라는 것을 금방 알 수 있을 것이다.

디플레가 왜 무서운가?

필자는 지난 1990년대 중반 처음으로 일본을 방문했을 때, 물가가 비싼 것에 크게 충격을 받았다. 가장 대표적인 예가 택시비였다. 기본요금이 600엔(당시 우리 돈 5,000원 전후, 이 시기 우리 택시 기본요금 1,000원)이나 했고, 요금이 올라가는 속도도 너무 빨라서 운행 내내 가슴이 조마조마했던 기억이 선명하다. 그러나 최근 일본을 여행한 사람들은 "일본의 물가가 싸다"라고 이야기한다. 택시비나 전철요금은 여전히 비싼 편에 속하지만 숙박비나 음식값이 싸기 때문이다. 이런 현상이 나타난 이유는 지난 25년 동안 일본의 소비자물가가 제자리걸음을 한 데 있다.

물론 생필품 물가가 오르지 않은 것은 소비자 입장에서 좋은 일이다. 그러나 경제 전체로 보면 다음과 같은 두 가지 문제를 일으킨다.

첫째, 디플레는 결국 '장기불황' 때문에 일어나는 현상이라는 점이다. 예를 들어 100만 대의 생산 캐파(Capacity, 생산능력)를 가진 자동차회사가 있는데, 판매량이 90만 대에 그친다면 어떤 일이 벌어질까? 이 회사는 제품가격을 인하하고, 더 나아가 고용하고 있던 파트타임 근로자들을 해고하려고 들 것이다.

그런데 이것이 1년이 아니라 2~3년 이상 지속되면 어떻게 될까? 아마 이 회사의 자동차 가격은 지속적으로 내려가고 정규직 근로자들마저 해고의 위험에 노출될 것이다. 물론 소비자 입장에서는 자동차 가격이 떨어지니 좋아할지도 모른다. 그러나 근로자들이 해고되고, 기업이 경영난을 맞아 판매부진을 타개하기 위해 차를 저렴하게 파는 것이 경제에 좋은 일일까?

둘째, 소비와 투자가 연쇄적으로 얼어붙게 된다.

생각해보라! 앞으로 제품가격이 계속 떨어질 것이 확실한 상황에서 누가 정가를 주고 물건을 구입하려고 들까? 물가가 지속적으로 내려갈 것이라는 기대가 자리잡으면, 기업은 신제품을 개발할 의욕을 가지기 어렵다. 열광적인 마니아층이 제품을 구입하고, 이들이 입소문을 퍼트리면서 히트작으로 발돋움하는 선순환이 원천 봉쇄되는 셈이다. 따라서 디플레가 시작되면 경제에 지속적인 악순환이 발생한다. 기업들은 혁신을 게을리하고 근로자들을 해고할 것이며, 가계는 소비를 미루고 저축에 몰두하게 될 테니 말이다.

디플레는 '남의 일'이 아니다

물론 우리나라가 일본처럼 디플레의 악순환에 빠져들었다고 주장하려는 것은 아니다. 다만, 2019년 한해 동안 한국의 소비자물가 상승률이 0.4%에 그치고, 일시적이지만 마이너스를 기록한 현상을 무시해서는 안 된다는 이야기를 하려는 것이다.[3] 특히 코로나19 쇼크로 한국 경제의 성장 엔진인 수출이 어려움을 겪고 음식, 숙박, 여행, 소매 등 주요 내수산업이 무너질 위험에 처한 만큼 디플레 위험은 더욱 커졌다고 할 수 있다.

또한 물가가 제로 수준으로 떨어지고 저금리 현상이 고착화되면, 자산시장에도 큰 변화가 나타날 수밖에 없다. 미국 주식시장이 코로나19 쇼크로 급락하기 전까지 11년이나 상승했던 이유도, 결국 사상 초유의 저금리로 기업들의 이익이 늘어나고, 돈이 채권시장에서 주식시장으로 이동했기 때문이다. 이런 현상은 한국에도 고스란히 적용된다. 서울의 아파트 가격이 2014년 이후 6년 연속 상승하는 데에는 저물가·저금리 현상이 큰 영향을 미쳤다.

집값이 급등했는데, 왜 저물가 타령인가?

잠깐! 이 대목에서 다음과 같은 의문을 품는 독자들이 있을 것이다.

"요 몇 년 집값이 그렇게 급등해 난리였는데, 왜 소비자물가 상승률

3 통계청(2019. 10. 1),「2019년 9월 소비자물가 동향」.

"물가가 안 오르는 것이 뭐가 문제인가?" 하지만 디플레는 남의 일이 아니다.

이 낮게 나왔는가? 더구나 마이너스라니!"

이 의문에 간단하게 답하자면, 일단 소비자물가나 생산자물가 등을 산정할 때는 '주택가격'이 포함되지 않기 때문이다. 물가를 산정할 때는 집값이 아니라 전세나 월세 같은 집세가 포함된다. 따라서 물가 흐름을 볼 때는 전세나 월세 가격의 변화가 더 중요하다.[4] 게다가 소비

4 물론 소비자물가에 월세나 전세 같은 집세가 아니라 주택가격을 포함시켜야 한다는 주장도 있긴 하다. 하지만 소비자들의 지출에서 비중이 높은 품목의 물가를 조사한다는 원

한국의 집세 물가와 전세가격 상승률 추이 자료: 한국은행경제통계시스템(ECOS), KB국민은행

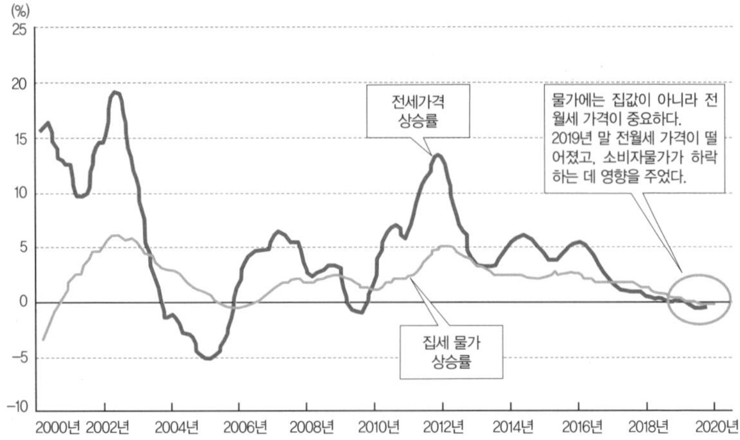

자물가에 포함되는 집세의 비중도 9.37%밖에 안 되는데다, 최근 전국 전세 및 월세 가격이 안정되었기에 집값 급등에도 불구하고 소비자물가 상승률이 제로 수준에 머무르고 있다(집값 이야기는 8장에서 좀 더 자세히 다룰 예정이다).

소비자물가 상승률이 목표 수준(2%)을 크게 밑돌고 있음에도 불구하고, 물가안정을 책임지고 있는 주무관청인 한국은행의 태도는 태평한 듯하다. 매년 경제전망을 발표할 때마다 낙관적인 물가전망을 내놓은 후 이를 수시로 하향 조정하는 일을 되풀이하고 있기 때문이다.

가장 대표적인 사례가 2019년 7월의 경제전망이다.[5] 이때 한국은

래의 취지를 생각하면, 집값이 아니라 집세를 기준으로 측정하는 것이 맞다고 본다. 통계청 홈페이지의 "집값이 오르면 소비자물가지수도 상승한다?" 참조.

5 한국은행(2019. 7), 「경제전망 보고서」.

행은 2019년 한 해의 소비자물가 상승률을 0.7%로 예측했는데, 사실 이것은 2018년 10월에 한 예측치인 1.6%에서 0.9%포인트나 하향 조정한 것이다.[6] 참고로 덧붙이자면 실제 2019년 한 해의 소비자물가 상승률은 단 0.4%에 불과했다.

2019년에만 이런 일이 벌어진 것이 아니다. 2017년 10월 발표한 「경제전망 보고서」에서는 2018년 소비자물가 상승률을 1.8%로 예상했지만, 실제로는 1.5%에 그쳤다.[7]

상황이 이렇다 보니, 개인과 기업 입장에서는 스스로 알아서 대비할 수밖에 없다. 물론 코로나19 사태로 기준금리를 인하하고 추가경정 예산안(이하 '추경')을 편성하기는 했지만, 기준금리 인하의 타이밍과 추경의 규모는 아쉬운 부분이 크기에 하는 말이다.

정부와 기업, 개인은 어떻게 대응해야 할까?

필자는 금융시장에 오래 몸담았던 이코노미스트이기에 '재테크'가 위기의 시대를 돌파하는 데 좋은 무기가 될 것으로 생각한다. 즉 저물가, 저금리 환경이 지속될 때 어떤 자산에 투자하는 것이 유망한지, 더 나아가 디플레 위험이 현실화될 때에는 어떤 자산에 투자하는 것이 바람직한지 등에 대해 고민할 때로 보인다.

물론 모든 전망에는 근거가 뒷받침이 되어야 한다. 따라서 이 책

6 한국은행(2018. 10), 「경제전망 보고서」.

7 한국은행(2017. 10), 「경제전망 보고서」.

에서 거의 절반에 해당되는 **1~5장은 전 세계 중앙은행이 아무리 돈을 풀어도 물가가 오르지 않는 기현상이 출현한 배경**을 살펴본다. 최근 세계적인 이슈인 '불평등' 문제가 디플레의 원인이라는 지적이 담겨 있으니, 이 부분에 흥미를 가진 독자들의 관심도 기대해본다.

6장은 디플레 위험에 대응해 정부와 중앙은행이 어떤 경제정책을 펼 것인지를 예측한다. 아마 이 부분이 가장 빗나갈 가능성이 높을 것이다. 금리인하 등 확장적인 통화공급은 물론이고 적극적인 재정확대가 이루어질 것으로 예상하지만, 이는 정치지형의 변화에 따라서 얼마든지 달라질 수 있다. 가장 대표적인 예가 2010년을 전후한 일본의 경제대책이다.

당시 일본의 민주당 정부는 글로벌 금융위기 이후 발생한 경기침체에 대응해 적극적인 재정정책을 쓰는 것을 극력 기피했다.[8] 장기불황의 늪에 빠져 있으면서도 '재정 건전화' 공약을 지키려고 애를 쓰다가, 2011년 동일본 대지진까지 겹치면서 경제가 연쇄적인 악순환의 늪에 빠져들며 선거에서 참패하고 말았다. 따라서 6장의 전망은 '필자의 희망'을 듬뿍 담고 있음을 고백하는 바이다.

7~8장은 주식 및 부동산 시장의 미래에 대해 살펴본다. 저물가, 저금리 기조가 장기화될 때에는 자산시장도 영향을 받을 수밖에 없다. 저금리 여건이 출현할 때 주식 및 부동산 시장에 어떤 영향을 미치는

8 우준희(2012), 「일본 민주당의 집권과 반(反)자민당 정책노선의 딜레마」, 『국가전략』 18권, 3호, 세종연구소.

지 공부하다 보면, 어떤 스타일의 주식이나 부동산에 투자해야 할지 감을 잡을 수 있을 것이다. 무엇보다 부동산시장은 '가격' 변수에 못지않게 주택공급의 변화가 결정적 영향을 미치는 요인이라는 점을 지적한 부분이 8장의 백미가 될 것이다.

특히 필자는 저금리 환경에서 부동산 투자의 매력이 높아진다는 점을 강조할 것이다. 물론 이른바 '영끌('영혼까지 끌어모으다'의 속된 표현)'을 해서 주택에 투자하는 것은 반대이지만, 코로나19 쇼크로 시장의 조정이 출현할 때 적절한 레버리지를 활용해 주택을 구입하는 것은 삶의 질을 향상시킬 뿐만 아니라 재테크 수익률 측면에서도 결코 나쁜 선택이 아닐 것이기 때문이다.

물론 이와 같은 전망이 빗나가지 않을 것이라는 보장은 없다. 따라서 **9장은 6장에서 거론했던 리플레이션 정책에 대한 기대가 무산되는 상황, 특히 경제를 파국으로 몰아넣을 잠재적인 위험 요인들**에 대해 짚어본다. 최근 발생한 코로나19 쇼크의 영향과 이에 따른 주요 기업의 기업부채 위험, 그리고 중국의 부채위기 가능성까지 점검했다. '시나리오 경영'에 관심이 많은 기업의 관계자들은 9장을 주목해보면 좋을 것이다. 특히 코로나19 쇼크 이후 경기가 회복될 기미가 보일 때, 저가매수에 나서는 투자자들이 주목해야 할 기업 유형도 추천했으니 참고하기 바란다.

10장에서는 공격형/중립형/안정지향형의 세 가지 포트폴리오 전략

을 제시했다. 다양한 포트폴리오를 제시하는 것은 두 가지 이유 때문이다. 먼저 주택을 보유한 투자자라 할지라도, 저금리 환경에서 노후를 설계하기 위해서는 적절한 자산배분을 통해 투자해야 할 필요성이 높기 때문이다. 한편 아직 주택을 보유하지 못한 투자자라면, 자신에게 적합한 자산배분을 통해 투자에 필요한 종잣돈을 마련할 수 있을 것이다.

공격형 포트폴리오는 자산시장의 호황 가능성을 높게 보는 사람이나 젊은 투자자에게 어울리는 투자법이다. 다소의 위험이 따를 수 있지만 매우 간명한 투자법이며, 노르웨이 석유기금 등 세계적인 투자자들이 채택하여 큰 성과를 거둔 전략이니 꼭 읽어보기 바란다.

중립형 포트폴리오는 한국의 국민연금이 2001년 이후 연 평균 6.3%의 놀라운 수익률을 기록하게 만들어준 전략을 담고 있다. 공격형 포트폴리오가 부담스러웠던 투자자들에게 좋은 선택이 될 것이다. 필자도 이 포트폴리오를 이용해 자산을 운용하고 있다.

마지막으로 **안정지향형 포트폴리오**는 일본 국민연금이 2013년까지 운용했던 포트폴리오를 참조했다. 이 포트폴리오는 국내외 채권의 비중을 70%에 가깝게 늘렸기에, 만에 하나 세계 경제가 디플레의 구렁텅이에 빠져들더라도 플러스 수익을 기대할 수 있을 것으로 예상된다. 투자를 통해 안정적인 연금소득을 희망하는 보수적인 투자자에게 안성맞춤의 전략이라고 생각한다.

끝으로 책을 마무리하는 입장에서 신세진 분들에게 감사의 말을 전하고 싶다. 오랫동안 원고를 기다려준 스마트북스의 관계자 여러분들, 10장의 자산배분 전략을 테스트하고 보기 좋게 정리해준 김성일 작가, 그리고 귀한 데이터를 아낌없이 제공해준 한지영 애널리스트와 최재원 리서치 어시스턴트에게 고마운 마음을 전하고 싶다. 마지막으로 늘 아들이 잘되기를 기도하시는 어머님과 사랑하는 여동생들, 그리고 채훈과 우진, 두 아들을 키우느라 수고 많은 아내에게도 감사하다는 말을 전한다.

2020년 4월

홍춘욱

차례

3 미국 경제는 왜 인플레가 일어나지 않을까?

4 돈을 그렇게 풀었는데, 왜 물가가 안 오를까?

5 2000년대 중반 같은 강력한 인플레가 발생할 가능성은?

8 저금리·재정확장 시대의 부동산시장은?

9 경제가 갑자기 붕괴될 위험은 없을까?

1

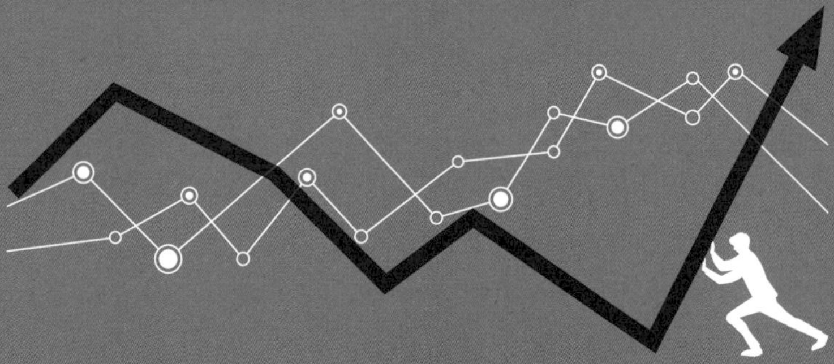

물가하락의 원인

디플레 위험을 무시하기 어려운 세 가지 이유

최근 부쩍 '디플레이션(Deflation, 이하 '디플레')'이라는 말이 자주 언론에 등장한다. 아마 2019년 한 해 동안의 소비자물가 상승률이 0.4%에 그쳤고, 또 잠깐이지만 마이너스를 기록한 것이 큰 영향을 미쳤으리라 짐작된다.

여기서 소비자물가란 사람들이 자주 사용하는 제품이나 서비스의 가격 변화를 추적한 것이다. 예를 들어 10년 전 쌀 한 가마니의 가격이 5만 원이었는데 지금은 10만 원이라면, 이는 그동안 물가가 100% 오른 것으로 볼 수 있다. 실제로 경제학자들은 조선시대나 로마시대의 물가가 어떻게 변했는지 측정하기 위해 쌀값이나 밀값의 변화를 장기간 추적하기도 한다. 그런데 쌀값만 가지고 물가의 변화를 측정하면 몇 가지 문제가 있다.

첫째는 쌀 말고도 중요한 품목이 많다는 점이다. 예를 들어 한국인의 전체 소비에서 가장 높은 비중을 차지하는 것은 주택·수도·전기·연료 등이다. 즉, 집세라든가 수도요금, 전기요금, 난방비 등이 전체 소비지출에서 약 16.6%를 차지한다. 따라서 이들 부문의 물가가 한 해에 10% 오르면 다른 물가가 전혀 오르지 않더라도 전체 소비자물가는 1.66% 상승하게 된다. 또한 주택·수도·전기·연료 이외에 음식·숙박 부문은 가중치가 13.2%이므로, 이들 부문의 가격이 10% 오른다면 다른 물가가 전혀 오르지 않아도 소비자물가는 1.32% 상승할 것이다.

소비자물가를 측정할 때 두 번째로 신경 써야 할 문제는 사람들의 소비 패턴 변화이다. 소득수준이 낮았던 시절에는 쌀을 비롯한 식료품이 소비에서 차지하는 비중이 절대적이었다. 그러나 최근에는 식료품이 전체 소비에서 차지하는 비중이 나날이 낮아지고 있다. 이러한 소비 패턴의 변화는 소비자물가 측정에도 반영되고 있다. 식료품·비주류음료의 가중치는 2020년 현재 13.8%에 불과하다.

한편 통계청은 2017년의 소비지출 조사를 기준으로 품목별 가중치를 변경했는데, 2010년에는 음식·숙박의 가중치가 12.0%였지만 2017년에는 13.2%로 상승했다.[1] 이는 사람들이 집에서 음식을 해 먹기보다 외식 혹은 배달음식에 의존하는 경향을 보이기 때문으로 짐작된다. 한국의 통계청이나 미국 노동부 등 소비자물가를 측정하는 주무부서는 항상 소비 변화를 추적하여 가중치를 조정함으로써 물가의 변

1 통계청(2018. 12. 18), 「2017년 기준 소비자물가지수 가중치 개편 결과」.

화를 정확하게 반영하기 위해 노력하는 중이다.

이상의 지식을 가지고, 2019년 소비자물가 동향을 분석해보면, 농축수산품 물가의 급락이 매우 큰 영향을 미쳤던 것으로 보인다. 통계청이 제공하는 품목별 기여도를 보면, 2019년 소비자물가는 0.37% 상승했는데, 농축수산품 물가만을 보면 -0.13%를 기록했다.[2] 여기서 기여도란 각 부문의 변화가 전체 물가, 혹은 성장에 어떤 영향을 미쳤는지 측정하는 것이다. 예를 들어 2019년 4분기 한국 경제는 전년 같은 기간에 비해 2.0% 성장했는데, 정부의 재정지출이 성장률의 절반인 1.0%를 기여한 것으로 나타났다. 즉, 정부의 재정지출을 제외한 나머지 부문(수출, 내수 등)의 성장 기여도가 1.0%에 불과했던 셈이다. 결국 농축수산품의 물가 변동이 없었다고 가정하면 2019년 소비자물가 상승률은 0.5%였을 것이다.

통계청은 2019년 농축수산품 물가가 급락한 것은, 그 전년인 2018년 여름 혹서(酷暑)의 영향으로 농축수산품 가격이 급등했고, 이에 따라 그 기저효과(기준시점과 비교시점의 상대적 수치에 따라 결과에 큰 차이가 나타나는 현상)로 2019년 여름 물가가 안정되어 보였다고 설명했다. 이러한 당국의 설명은 충분히 일리가 있다(그래프 참조). 실제로 다음 달인 2019년 10월에는 기저효과가 사라짐에 따라 소비자물가 상승률이 미미한 수준이기는 하지만 플러스를 기록했다.

2 통계청(2019. 12. 31), 「2019년 12월 및 연간 소비자물가 동향」.

한국의 소비자물가와 식료품 물가 추이 자료: 한국은행경제통계시스템(ECOS)

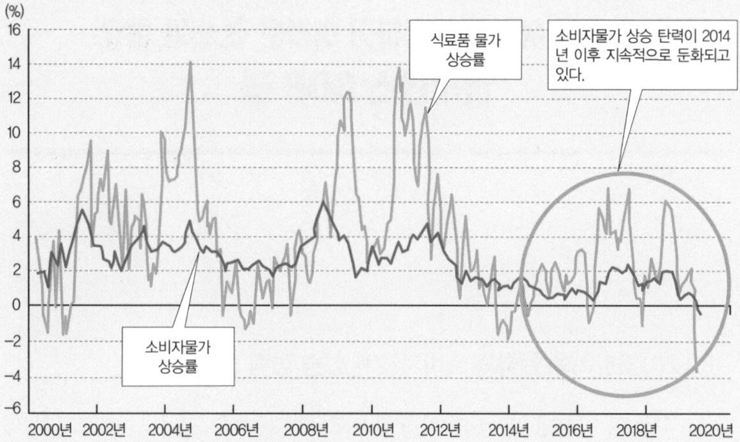

그럼에도 불구하고 의문이 남는다.

"농축수산품 물가의 변동이 없었다고 해도, 2019년 농축수산품을 제외한 소비자물가 상승률이 0.5%에 그친 것은 아무 문제가 없을까? 디플레 위험은 없는 것일까?"

이 문제를 좀 더 자세히 살펴보자.

1

디플레 위험을 무시하기 어려운 첫 번째 이유
마이너스 GDP 갭

2013년 이후 한국의 소비자물가 상승 탄력 둔화

디플레 위험을 마냥 무시하기 어려운 가장 큰 이유는 소비자물가 상승률이 2013년 이후 연간 단위로 단 한 차례도 한국은행의 물가 목표 수준(2.0%)에 도달하지 못하고 있다는 점이다. 즉, 2019년 여름 물가만 잠깐 급락한 것이 아니라, 33쪽의 그림에서 보듯 2013년 이후 소비자물가의 상승 탄력이 지속적으로 둔화되고 있는 것에 주목할 필요가 있다.

물가상승률이 수년째 계속 둔화되는 데에는 유가를 비롯한 국제상품 가격의 하락이 가장 큰 영향을 미쳤다. 하지만 우리나라의 GDP 갭이 지속적으로 마이너스를 기록 중이라는 사실 또한 무시할 수 없다. 그렇다면 GDP 갭이란 무엇이고, 물가와 어떤 관계가 있으며, GDP 갭이 마이너스라는 것은 어떤 의미일까?

2012년 이후 한국의 GDP 갭은 마이너스 기록

GDP 갭이란 잠재GDP와 실제GDP의 차이로서, 경기의 과열 또는 침체 상태를 보여주는 척도이다. GDP 갭과 물가의 관계를 쉽게 이해하기 위해 자동차회사를 예로 들어 설명해보자.

B 자동차회사는 연간 100만 대의 생산능력을 가지고 있다고 하자. 즉, 연간 생산 캐파(Capacity, 생산능력)가 100만 대에 이르는 꽤 큰 회사다.

그런데 신형 모델의 인기가 좋아서 연 120만 대의 주문이 왔다면 어떻게 될까? 지난 1980년대 후반과 1990년대 초반에 한국에서도 이런 일이 허다했다.

1989년 현대자동차에서 출시된 신형 소나타를 사기 위해 선친과 함께 자동차 대리점에 갔을 때, "지금은 반년 이상 기다려야 합니다"라는 이야기를 들었던 기억이 지금도 선명하다. 그런데 당시 대리점 직원은 "풀 옵션 모델은 한 달 안에 받을 수 있어요"라고 제안했다. 이것은 결국 사실상의 가격 인상인 셈이다. 즉, 가격을 대놓고 인상하기 어려울 때 할인을 축소하거나, 또는 마진이 많이 남는 옵션이 들어 있는 상품을 결제하도록 유도하는 일이 빈번하다.

반대로 B 자동차회사의 모델이 잘 팔리지 않을 때는 어떤 일이 벌어질까?

먼저 공짜로 내비게이션이나 블랙박스 등의 옵션을 제공해주는 등의 인센티브를 확대할 것이고, 그래도 차가 잘 팔리지 않으면 결국 비용절감에 나설 수밖에 없다. 우선 파트타임 근로자부터 해고할 것이고, 그렇게 해도 수요가 회복되지 않으면 정규직 근로자를 대상으로 정리해고를 단행할지도 모른다. 최근 한국의 일부 자동차회사에서 실제로 진행되고 있거나, 혹은 진행되었던 일이다.

이 사례를 통해, 수요가 어떤 나라의 생산 캐파보다 더 많이 발생하면 경제가 들뜨고 물가가 상승하며, 반대로 수요가 생산 캐파보다 부족할 때는 고용이 줄고 인플레이션 압력도 약화된다는 사실을 알 수 있다.

여기서 '캐파'가 곧 잠재GDP에 해당된다. 잠재GDP는 한 나라의 경제가 보유한 인력과 장비를 이용해 달성 가능한 최대의 성과로 볼 수 있으며, 실제GDP에서 잠재GDP를 뺀 것이 바로 GDP 갭이다. 따라서 GDP 갭이 플러스를 기록하면 물가가 상승할 가능성이 높고, 반대로 GDP 갭이 마이너스를 기록하면 물가가 오르기 어려운 이른바 '디플레'의 시대가 펼쳐지게 된다.

한국의 GDP 갭과 소비자물가 상승률 추이

자료: 국제통화기금(IMF)

문제는 한국이 2012년 이후 GDP 갭이 지속적으로 마이너스를 기록하는 데 있다. 이렇다 보니 경제 전체의 인플레 압력이 낮아질 수밖에 없다. 참고로 국제통화기금(IMF)은 2020년 한국의 GDP 갭이 코로나19 쇼크 등으로 인해 마이너스 폭이 더욱 심화될 것으로 예상하고 있다.

물론 최근의 물가상승률 하락 현상은 한국만 겪는 일이 아니다. 그런데 어쩌면 이것이 더 무서운 일일지도 모른다. 다음에서는 이 문제를 좀 더 자세히 살펴보자.

2

디플레 위험을 무시하기 어려운 두 번째 이유
한국만 물가가 떨어지고 있을까?

한국과 미국의 물가는 같은 방향으로 움직인다

앞에서 최근 발생한 마이너스 물가가 '경기둔화'에 의해 벌어진 현상이라는 것을 알 수 있었다. 따라서 경기를 부양해서 GDP 갭을 플러스로 만들면 디플레 위험이 사라질 것이라고 생각하기 쉽다. 그러나 문제는 그렇게 간단하지 않다. 왜냐하면 최근의 인플레 압력 둔화에는 위와 같은 순환적인 요인(=경기둔화) 이외에 구조적인 문제도 큰 영향을 미치는 것으로 보이기 때문이다.

간단하게 다음의 그림을 한번 보자. 미국과 한국의 소비자물가 상승률의 흐름을 살펴보면, 물가 수준의 차이는 있지만 기본적으로 같은 방향으로 움직인다는 사실을 알 수 있다. 왜 이런 현상이 벌어졌을까?

한국과 미국의 물가상승률이 같은 방향으로 움직이는 데에는 여러 이유가 있겠지만, 가장 큰 이유는 '글로벌 경제 트렌드'의 변화에서 찾을 수 있다. 이 문제를 살펴보기 위해 B 자동차회사 이야기로 다시 돌아가보자.

한국과 미국의 소비자물가 상승률 추이 자료: 세인트루이스 연방준비은행

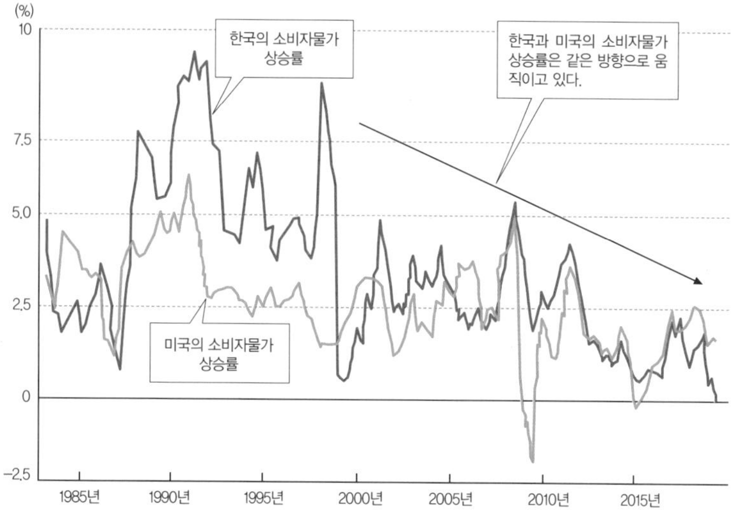

포트자동차의 생산성 혁신이 가르쳐주는 것들

B 자동차회사는 연간 100만 대의 생산 캐파를 가지고 있는데, 120만 대의 주문이 들어왔다고 하자.

이 경우 회사의 선택은 '장기'냐, '단기'냐에 따라 달라진다. 1년 이내의 '단기간' 동안에는 아주 쉽다. B 자동차회사는 직원들에게 초과근무 수당을 주면서 주말이나 일요일에도 회사에 나와 일하도록 독려하고, 파트타임 근로자 위주로 사람을 충원하면 된다. 그러나 생산 캐파를 훨씬 넘어서는 주문이 2년 이상 지속되면 문제는 달라진다.

왜냐하면 B 자동차회사의 '이윤'이 어마어마한 수준에 도달하면서 다른 경쟁기업의 진입을 불러일으키기 때문이다. 즉, 제품가격을 지

속적으로 인하하고 품질을 개선하지 않으면 다시 '정글'로 돌아갈 위험이 높아진다. 이런 일이 벌어진 가장 대표적인 사례를 20세기 초반 미국 포드사와 그 경쟁자들이 벌인 혁신에서 찾아볼 수 있다.

포드자동차가 1908년 'T형 자동차'를 생산했을 때, 연간 생산량은 1만 대에 불과했고 판매가격은 825달러 수준이었다(2017년 물가로 환산하면 2만 2,500달러). 이때만 해도 T형 자동차는 투박한 외관과 비싼 가격 때문에 인기를 끌지 못했다. 그러나 포드가 1910년에 설립한 새로운 공장인 '하이랜드 파크'에 컨베이어벨트라는 혁신적인 공정기술이 도입되면서 역전극이 시작되었다

물론 컨베이어벨트 시스템이 포드의 발명품은 아니다. 포드자동차의 창립자인 헨리 포드는 시카고의 도축공장을 방문한 뒤 컨베이어벨트 시스템에 대한 아이디어를 얻었다. 당시 도축공장에서는 가축을 갈고리에 걸어 늘어뜨린 다음 이동시켜 수십 명의 근로자가 자기가 맡은 부위만 전문적으로 고기를 발라내는 시스템을 갖추고 있었다. 물론 자동차는 무겁기 때문에 갈고리에 걸 수는 없었고, 대신 포드는 큰 벨트 위에 자동차의 차대를 놓는 식으로 공정기술을 수정했다.

아무튼 이처럼 혁신적인 공정을 도입한 결과 생산성이 폭발적으로 향상되었다. 1908년 1만 대에 불과했던 생산량은 1918년 66만 4,000대로 늘어났다. 그러나 한 가지 문제가 있었으니, 다름이 아니라 하이랜드 파크 공장의 이직률이 대단히 높았다는 것이다. 1913년 하이랜드 파크 공장에는 5만 명 이상의 노동자가 필요했지만, 고용 인원은

포트사의 T형 자동차. 그림은 1909년형 모델이다.

고작 1만 3,500명에 불과할 정도로 인력 부족이 심각했다.[3]

1913년 3월 한 달에만 공장을 떠난 사람이 7만 명에 이를 정도로 이직률이 높았다. 아무리 혁신적인 설비를 갖추었더라도 이직이 잦으면 생산이 제대로 될 수 없다. 포드는 이 문제를 해결하기 위해 이른바 '효율임금'을 지급했다. 간단하게 말해, 당시 디트로이트 자동차회사들이 지급하던 수준을 크게 넘어서는 고임금을 준 것이다. 1914년 헨리 포드는 하루 작업시간을 9시간에서 8시간으로 줄이면서도 최저임금을 기존의 2배 이상인 일당 5달러로 인상하는 조치를 했다. 뜻밖

3 팀 하포드(2014), 『당신이 경제학자라면』, 웅진지식하우스, 202~204쪽.

의 고임금 지급 소식에 디트로이트 일대에는 난리가 났다. 그 추운 겨울에도 수천 명이 일자리를 얻으려고 매일 포드 공장 주위에 모여들었다. 하루는 폭동까지 일어나서 경찰이 군중을 해산하기 위해 소방호스를 사용했을 정도였다니, 그 열기를 짐작할 수 있을 것이다.[4]

물론 모든 응시자들이 하루 5달러의 임금을 받을 수 있었던 것은 아니었다. 6개월의 수습기간이 있었으며, 그 기간 동안 가정을 안정적으로 이끌고 있음을 입증하지 못하면 떠나야 했다. 이런 조건을 달았던 이유는 포드가 '회사에 충성하는', 아니 적어도 '안정적인 생활을 영위하는 것에 관심 있는' 근로자들만 채용하고 싶어 했기 때문이다.

이후 근로자들의 근태가 개선되고 근속기간이 길어지며 숙련 수준이 향상되자, 포드는 어마어마한 이익을 누리게 되었다. T형 자동차

한국의 생산성 증가율과 소비자물가 상승률

자료: 국제노동기구(ILO), 국제통화기금(IMF)

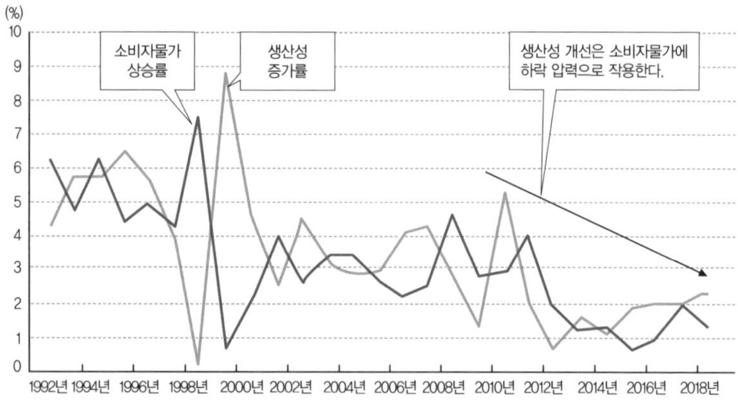

• 여기서 생산성은 2010년 미국 달러 기준 근로자 1인당 생산량을 의미한다.

4 팀 하포드(2014), 앞의 책, 207~209쪽.

의 가격은 1908년 825달러에서 1914년 440달러로 내린 데 이어 1922년에는 319달러까지 떨어졌는데, 이 가격은 2017년 물가로 환산하면 4,662달러(약 501만 원)에 불과할 정도였다. 이처럼 자동차 가격이 약 13년에 걸쳐 60% 이상 떨어지고 혁신적인 생산기술 덕분에 품질도 개선되니 안 팔릴 이유가 없었다. 1908년에 단 1만 대가 팔렸던 T형 자동차는 1923년에는 200만 대가 넘게 판매되었다. 물론 경쟁자들도 이런 상황을 그냥 지켜보고만 있지는 않았다. 쉐보레는 컨베이어벨트 시스템을 받아들이는 한편, 단일 모델만 판매하는 포드의 약점을 공략해 다양한 모델을 판매함으로써 시장점유율 1위를 빼앗기에 이른다. 그리고 이 과정에서 미국은 물론 전 세계의 자동차회사는 더욱 효율적으로 변모했으며, 또한 경제 전체의 물가 상승률이 떨어졌다.

글로벌 경제 트렌드 변화와 한국의 물가

이상의 사례에서 본 것처럼, 세계적인 경쟁이 가속화되는 환경에서는 제품가격이 인상되기 어렵다. 특히 한국처럼 자유무역협정(FTA)을 연이어 체결하는 등 시장이 빠르게 개방되는 나라일수록 '글로벌 경쟁'의 압박이 물가수준 자체를 더욱 억누르게 된다.

결국 경제가 더 개방될수록, 그리고 강력한 경쟁자가 대두될수록 제품가격은 인하될 가능성이 높아진다. 따라서 당분간은 전 세계적인 생산성의 개선이 한국의 물가 압력을 약화시키는 일이 지속된다고 보아야 할 것이다. 이것이 바로 우리가 디플레 위험을 무시하기 어려운 두 번째 이유이다. 이제 세 번째 이유를 만나러 가보자.

3

디플레 위험을 무시하기 어려운 세 번째 이유
물가 측정의 문제

디플레의 위험을 무시하기 어려운 마지막 이유는 '인플레 과다 추정'의 위험 때문이다. 정부가 공식적으로 측정해 발표한 물가상승률 수치가 실제보다 높을 수 있다는 말이다.

최근 통계청은 소비자물가 가중치를 개편했는데, 그 결과 과거에 측정했던 소비자물가 상승률이 실제 인플레 수준보다 높았던 것으로 나타났다.[5] 예를 들어 2018년 소비자물가 상승률은 기존에는 1.6%로 나왔지만, 개편된 지표에 따르면 1.5% 상승에 그친 것으로 나타났다. 왜 이런 일이 벌어지는 것일까?

공식 물가상승률은 왜 실제보다 높게 나타날까?

세인트루이스 연방준비은행은 최근 발간한 흥미로운 보고서를 통해, 정부 당국이 집계하는 소비자물가 상승률이 실제보다 높게 계산되는 경향이 있는 이유를 다음과 같이 설명한다.[6]

5 통계청(2018. 12), 「2017년 기준 소비자물가지수 가중치 개편 결과」.

6 St. Louis Fed(2019), "The Fed's Inflation Target: Why 2 Percent?".

첫째, 품질의 극적인 개선이 소비자물가에 반영되지 않기 때문이다. 예를 들어 소비자물가지수에 배기량 2,000cc 자동차의 가격이 반영된다고 하자. 20년 전의 자동차와 현재의 자동차는 배기량이 2,000cc로 같더라도, 기술발전으로 품질이 꽤 다를 수밖에 없다. 그러나 소비자물가를 계산할 때에는 배기량을 기준으로 자동차 가격을 비교하기에 품질의 극적인 개선이 반영되지 않는다.

기술발전과 소비자물가 측정의 이러한 한계에 대해서는 노벨경제학상 수상자인 윌리엄 노드하우스(William D. Nordhaus)도 연구에서 언급한 바 있다. 그의 연구에 따르면, 산업혁명 이후 1,000루멘(Lumen)의 빛을 얻기 위해 투입되는 비용은 급격히 줄어들었다.[7] 참고로 루멘이란 가시광선의 양을 측정하는 단위로서, 보통 대형 영화관에 쓰이는 영사기가 2만 루멘이니 1,000루멘이면 꽤 밝은 양의 빛이라고 할 수 있다.

그런데 문제는 장작을 산더미처럼 쌓아서 얻은 1,000루멘의 빛과, LED 전등을 이용해 만든 1,000루멘의 빛은 같은 빛이 아니라는 데 있다. 모닥불은 그을음도 심하고 비나 바람 등 외부여건의 변화에 따라 제대로 사용할 수 없는 경우가 허다하다. 반면 LED 전등은 장작불과 비교할 수 없을 정도로 에너지를 절약해주는 데다가 빛의 품질도 탁월하다. 그러나 노드하우스 교수에 따르면, 소비자물가는 절대적인

7 William D. Nordhaus(1994), "Do Real Output and Real Wage Measures Capture Reality? The History of Lighting Suggests Not", Cowles Foundation Discussion Papers 1078, Cowles Foundation for Research in Economics, Yale University.

1,000루멘의 빛을 얻기 위해 필요한 비용의 변화

자료: 윌리엄 노드하우스(1994)

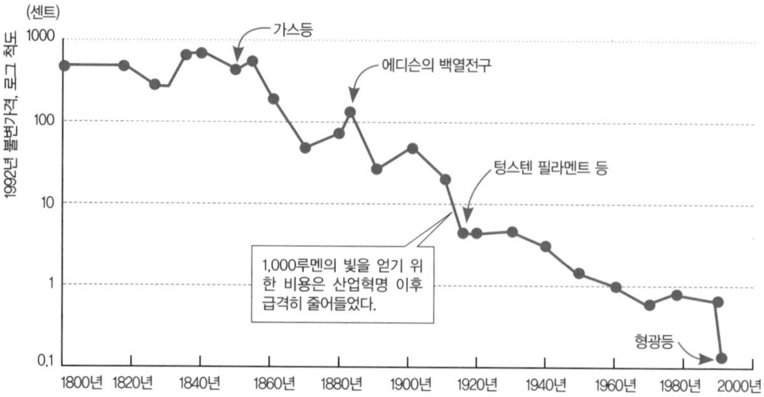

1,000루멘 빛의 가격만 측정할 뿐 빛의 품질에 대해서는 눈을 감고 있다는 것이다.

둘째, 의류건조기처럼 기술발전과 경쟁으로 가격이 빠르게 떨어지는 품목이 소비자물가 계산에서 누락되는 문제도 있다.

의류건조기는 처음 출시되었을 때 매우 비쌌지만, 기술발전과 경쟁으로 가격이 떨어지고 그 덕에 폭발적인 인기를 끌고 있다. 그러나 통계청은 '평균'적인 가정을 기준으로 소비자물가 바스켓을 작성하기 때문에, 의류건조기처럼 이제 막 보급이 시작된 제품은 소비자물가 바스켓에 넣기 어렵다. 훗날 의류건조기가 소비자물가지수에 편입될 때는 그동안 진행되었던 가격 하락이 뒤늦게 반영되며 전체 소비자물가를 끌어내리는 역할을 하게 될 것이다.

참고로 통계청이 2017년 소비자물가의 가중치를 변경한 주요 품목을 살펴보면, 가중치가 크게 상승한 품목은 해외 단체여행비(+3.8),

커피(+2.1), 휴대전화기(+1.7) 등이다. 즉, 소비자들의 지출이 꾸준히 늘어난 품목일수록 가중치가 늘어나는 것을 알 수 있다. 결국 소비자물가가 하향 조정되는 것은 커피나 휴대전화기 등 가중치가 증가한 품목의 가격이 꾸준히 떨어졌거나 오르지 못했기 때문이라고 볼 수 있다.

보스킨 보고서, 소비자물가가 연 1.1%포인트나 과대 계산되고 있다고?

소비자물가가 현실보다 더 과장되어 있다는 논란은 미국 의회에서도 문제가 된 바 있다. 1995년 미국 상원은 노동부의 소비자물가 측정방법의 정확도를 평가했다.[8] 흔히 '보스킨 위원회(Boskin Commision)'라고 불리는 이 위원회는 소비자물가지수가 생계비의 변화를 매년 1.1%씩 과대평가하고 있다고 결론을 내렸다.[9] 보스킨 보고서의 내용을 조금만 더 인용하자면, 물가의 과대평가 현상이 나타나는 이유는 다음의 세 가지 때문이라고 한다.

첫째, 소비자들은 물가가 급등한 제품에 대해서는 신속하게 소비를 줄인다. 예를 들어 버터 값이 급등하면 마가린을 비롯한 다른 대체재로 신속하게 소비를 바꾸기에 소비자들의 지출 꾸러미에서 차지하는 버터의 비중이 줄어드는데, 소비자물가지수는 이를 제대로 포착하지 못한다는 것이다.

8 찰스 윌런(2020), 『돈의 정석』, 부키, 212쪽.

9 '보스킨 위원회'의 정확한 명칭은 '미국 소비자물가지수 연구를 위한 자문위원회(US Advisory Committee to Study the Consumer Price Index)'였다.

둘째, 어떤 제품의 가격이 급등하면 소비자들은 이 제품을 '아직' 싸게 살 수 있는 곳으로 달려간다. 코로나19 바이러스 때문에 마스크가 품귀 현상을 빚자, 사람들이 아직 조금이나마 싸게 구입할 수 있는 곳으로 몰렸던 것을 생각하면 이해하기 쉬울 것이다.

셋째, 소비자물가는 제품의 품질 향상을 과소평가하고, 새로운 제품을 편입하는 데 너무 느리다. 예를 들어 휴대전화가 미국 소비자물가에 반영된 것은 1998년이었다. 하지만 당시는 이미 휴대전화 가입자가 5,500만 명을 넘어섰고, 그 이전 10년 사이에 휴대전화의 이용요금은 51%나 떨어진 상태였다. 한국의 의류건조기 사례와 비슷한 일이 벌어졌던 셈이다.

이상과 같은 분석은 다음의 가능성을 시사한다. 즉, 현재 소비자물가 상승률이 1%를 밑돌고 있다면 현실적으로는 '이미 물가하락 중일' 수도 있다는 것이다. 다시 말해, 2018년 이후 한국은 '이미 디플레가 시작되었을' 수도 있다는 말이다. 따라서 관계 당국은 물론 가계와 기업 모두 디플레가 앞으로 지속될 수 있으며, 또 우리의 삶에 큰 영향을 미칠 수 있음을 인지하고 여기에 대비해야 할 것이다.

아직 풀리지 않은 문제들

앞에서 우리는 디플레 위험을 무시하기 어려운 세 가지 이유를 살펴보았다. 첫째, 한국은 GDP 갭이 마이너스인 상태가 계속되고 있고, 둘째, 한국뿐만 아니라 미국 등에서도 물가하락이 지속되며 같은 방향으로 움직이고 있는 점, 셋째, 정부가 공식적으로 발표하는 물가가 실제보다 높게 측정되고 있는 점 등이 바로 그 이유이다. 이상과 같은 세 가지의 이슈를 감안할 때, 한국이 디플레의 위험에서 완전히 자유롭다고 말하기는 어려울 것 같다.

물론 여기에서 한 가지 의문을 제기하는 사람들이 있을 것이다.

"혹시, 미중 무역분쟁 때문에 물가가 상승할 가능성은 없을까?"

꽤 설득력 있는 의문이다. 2장에서는 무역분쟁 속에 미국 등 선진국의 물가가 상승할 가능성은 없는지 살펴볼 것이다.

한 걸음 더

일본의 GDP 갭과 물가 흐름이 주는 교훈

GDP 갭은 이코노미스트들이 각자 추정하기도 하지만, 필자는 국제통화기금(IMF)의 추정치를 가장 중시한다.

다음의 그림은 일본의 GDP 갭과 물가상승률의 관계를 보여준다. 일본은 1990년 주식시장(그리고 1991년 부동산시장)이 폭락한 이후 GDP 갭이 지속적으로 마이너스를 기록하고 있다.

그런데 이런 의문을 품는 독자들이 있을 것이다.

"일본은 1997년이나 2014년 GDP 갭이 마이너스인데, 왜 물가가 올랐을까?"

아마 일본 사정에 밝은 독자들이라면 짐작할 수 있을 것이다. 바로 '소비세 인상' 때문이다. 일본 정부는 1997년과 2014년에 각각 소비세를 2%포인트와 3%포인트 인상했다. 이것이 물가상승에 반영된 것이다.

그런데 경제가 극심한 불황에 시달리는 상황(= GDP 갭 마이너스)에서 소비세를 인상하는 조치가 과연 타당한 것이었을까?

일본 정부가 이 부분을 신중하게 생각했다면 일본 경제가 그토록 긴 불황을 겪지 않았을 것이라고 생각한다(6장에서 적절한 재정정책 문제를 좀 더 자세히 다룰 예정이다. IMF의 경제통계를 조회하는 방법은 52쪽의 〈한 걸음 더〉를 참고하기 바란다).

일본의 GDP 갭과 소비자물가 상승률 추이

자료: 국제통화기금(IMF)

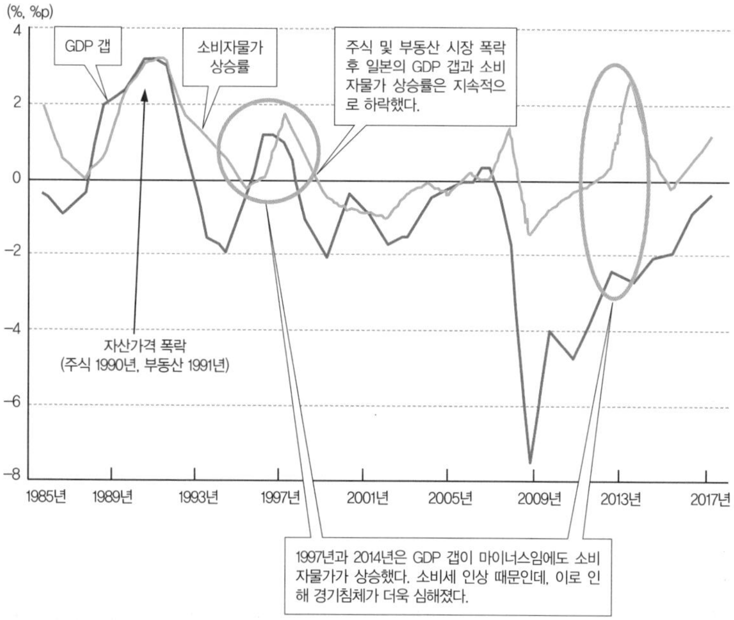

한 걸음 더

GDP 갭은 어떻게 파악할까?

GDP 갭의 흐름을 파악할 수 있는 데이터를 제공하는 공신력 있는 통계기관은 국제통화기금(IMF)밖에 없다. 데이터를 파악하는 방법을 알아보자.

1. 국제통화기금 홈페이지(www.imf.org)에 접속한다. 초기 화면이 열리면 상단 메뉴에서 DATA 항목을 선택한 다음, 하위 메뉴가 열리면 World Economic Outlook Databases를 누른다. 우리가 찾으려는 IMF 데이터베이스를 볼 수 있는 메뉴이다.

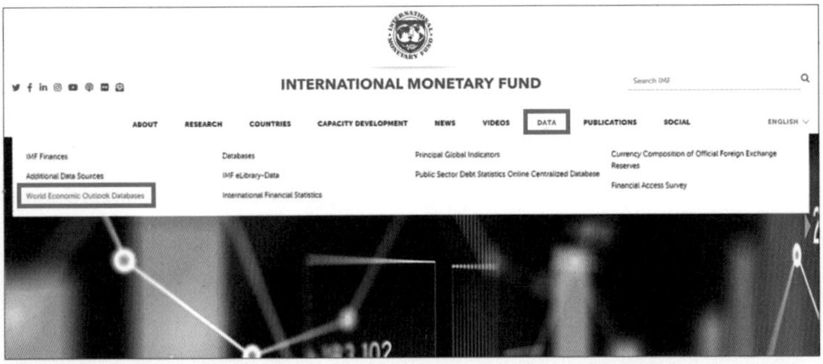

2. 다음과 같은 화면이 열린다. 여러 자료가 나오지만, 이럴 때에는 최상단에 있는 Database를 선택하자. 이왕이면 가장 최근에 발표된 전망치가 포함된 데이터베이스를 보는 게 좋지 않겠는가.

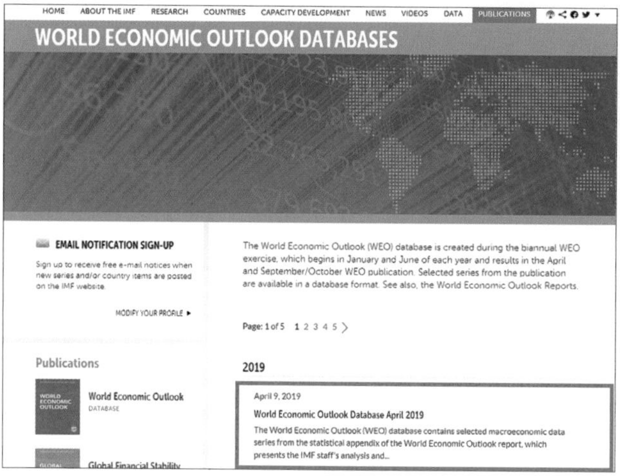

3. World Economic Outlook Database 화면이 열린다. 우리는 지금 한국의 GDP 갭을 찾으려 하므로 By Countries(country-level data)를 클릭하자. 참고로 세계 경제성장률 혹은 신흥국 경제성장률처럼 '국가 그룹'의 데이터를 찾고 싶을 때에는 바로 옆의 By Country Groups를 클릭하면 된다.

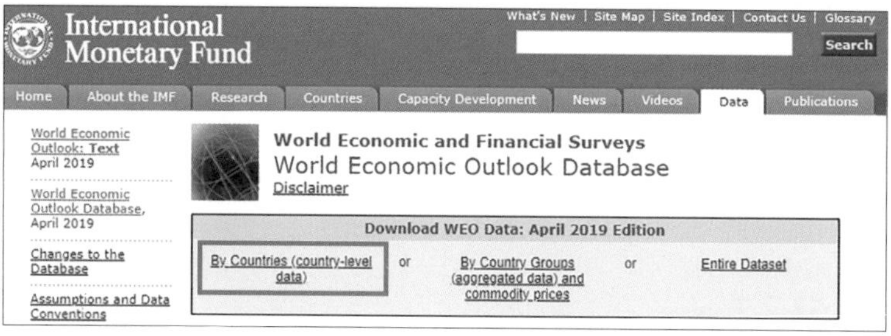

4. 이제 한국의 데이터를 찾는 과정이다. 국가 그룹 선택 항목에서 Advanced economies를 클릭한다. 참고로 한국은 국제통화기금에서는 39개의 선진국 중 하나로 분류된다.

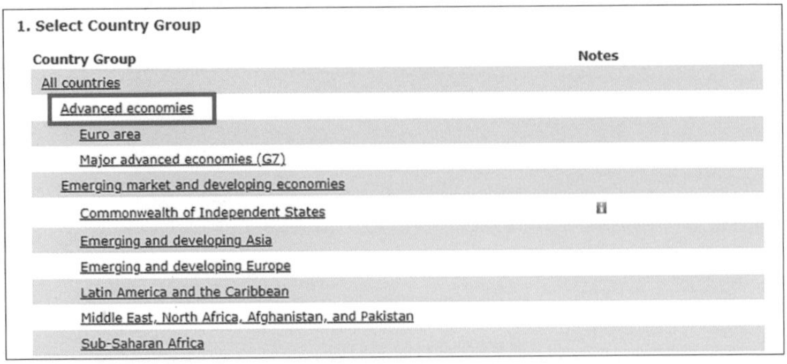

5. 다음 화면에서 '한국'을 찾아서 아래의 리스트가 열리면, 여기에서 Output Gap을 선택하면 데이터를 다운받을 수 있다. 물론 이외에도 경제성장률과 소비자물가 상승률 등의 통계(1980년도 이후 자료)를 다운받을 수 있으니 꼭 시도해보기 바란다.

World Economic Outlook Database가 제공하는 다양한 통계 리스트

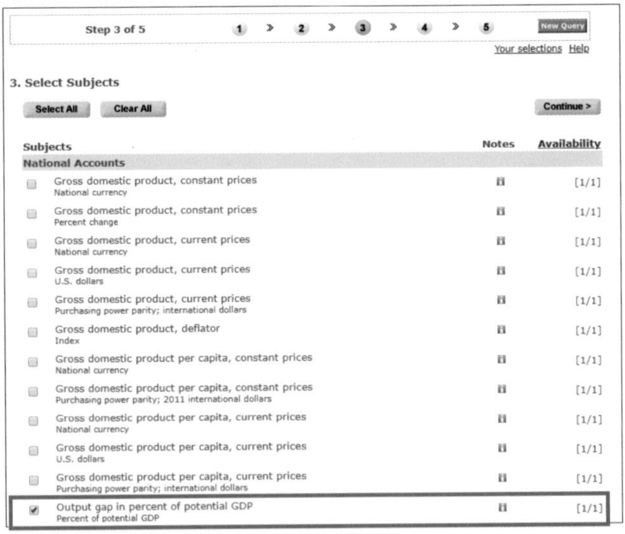

2

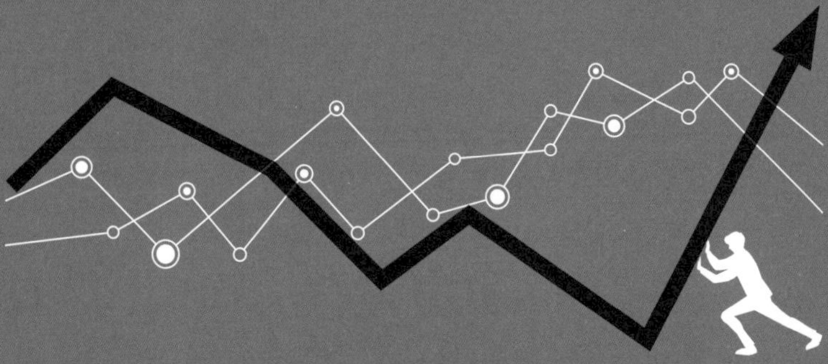

미중 무역분쟁으로 인한 인플레 가능성은?

2018년부터 미국과 중국의 갈등이 고조되고 있다. 2018년 7월 6일 미국은 340억 달러 규모의 중국 제품에 대해 25%의 수입관세를 부과한 데 이어, 다음 달인 8월 23일에는 160억 달러 규모의 제품에 대해 25%의 관세를 매겼으며, 다시 한 달 뒤인 9월 24일에는 2,000억 달러 규모의 제품에 대해 10%의 관세를 부과했다.[1]

다행히 최근에는 다소 긴장이 완화되고 있으나, 필자가 보기에 미중 무역갈등은 앞으로도 상당 기간 지속될 가능성이 높다. 코로나19 사태로 국제적 교류가 위축될 가능성이 높아졌을 뿐만 아니라, 전염병의 세계적 유행이 중국에서 시작된 만큼 이에 대한 반감도 부각될 위험성을 배제할 수 없기 때문이다.

2장에서는 중국 제품에 대한 대대적인 관세부과가 미국의 물가에 미친 영향, 그리고 미중 무역갈등이 격화된 원인 등에 대해 살펴본다.

일단 팩트부터 확인해보자면, 미국과 중국이 서로 연이어 관세를 부과했으니, 수입물가부터 최종 제품가격까지 잇따라 상승했을 것으로 생각하기 쉽다. 하지만 현실은 달랐다.

다음의 그림은 중국의 대미 수출물가와 미국의 수입물가를 비교

1 연합뉴스(2019. 10. 2), "미국 · 중국 무역분쟁 주요 일지".

한 것이다. 그림을 보면, 2018년부터 시작된 관세부과에도 불구하고 중국의 대미 수출물가는 오히려 하락했음을 쉽게 알 수 있다. 이런 기현상이 나타난 이유는 무엇일까? 연구자들에 따라 크게 세 가지 입장이 있는데, 2장에서 찬찬히 살펴보자.

중국의 대미 수출물가와 미국의 수입물가지수 자료: 세인트루이스 연방준비은행

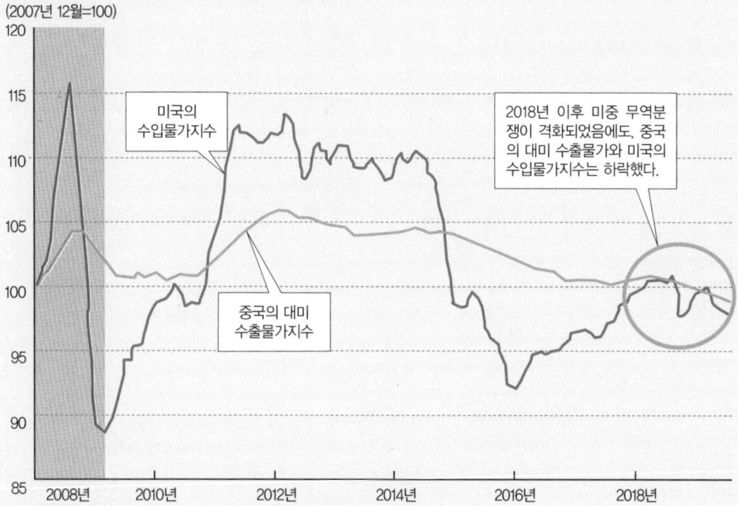

• 음영으로 표시된 부분은 전미경제분석국에서 불황으로 판정한 시기.

1

무역분쟁의 영향은 아직 본격화되지 않았다!?

트럼프 행정부가 대대적인 관세부과에 나섰는데도, 미국에서 아직 중국산 제품의 가격이 오르지 않은 이유는 무엇일까?

첫 번째 주장은 '2018년 하반기부터 시작된 관세부과의 효과가 아직 본격화되지 않았다'는 것이다. 이 주장을 펼치는 사람들은 관세부과로 인해 실제로 중국 제품의 가격이 상승하고 있다는 점을 지적

미국의 주요 가정용품 소비자물가 변화

자료: 전미경제분석국(NBER, 2019)

왜 미국에서 중국산 제품의 가격이 오르지 않았을까?

한다.

옆의 그림을 보면, 중국산 비중이 높은 주요 가정용품의 물가는 2018년 초부터 상승세를 보이고 있다. 특히 트럼프 행정부가 중국산 제품에 대한 관세부과의 폭과 범위를 더욱 확대하는 만큼, 관세부과에 따른 효과는 앞으로 본격화될 것이라고 주장한다. 즉, 이들은 관세부과 효과가 아직은 크게 나타나지 않았지만, 앞으로는 본격적으로 나타날 것이라고 주장하는 것이다.

2

환율전쟁으로 관세부과의 효과는 소멸된 것 아닌가?

앞의 주장은 매우 설득력이 있지만, 이런 보고서가 나온 다음에도 중국산 제품의 대미 수출제품 가격이 하락한 것을 설명하기에는 역부족이다. 특히 미국은 중국과의 무역에서 적자 규모가 오히려 늘어나고 있다는 지적까지 나오는 상황이다.[2]

결국 최근 미국의 수입물가 하락을 관세부과의 시차 문제만으로 설명하기는 어렵고, 다른 요인이 개입되었다고 보아야 할 것이다. 그렇다면 어떤 요인이 개입되었을까?

중국의 환율전쟁 때문이다?

가장 먼저 제기되는 주장이 바로 달러에 대한 위안화 환율의 상승, 즉 중국 정책당국의 '환율전쟁' 때문이라는 해석이다.

다음 그림에 나타난 것처럼, 1달러에 대한 중국 위안화 환율은 2018년 무역분쟁 이후 6.3위안에서 7.0위안으로 약 10% 상승했다. 물

2 IMF(2019), "The Impact of US-China Trade Tensions".

중국의 위안화 환율 추이 자료: 세인트루이스 연방준비은행

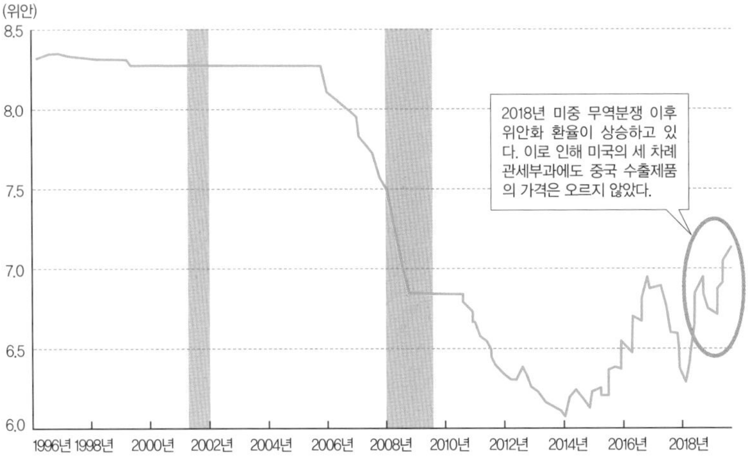

• 음영으로 표시된 부분은 전미경제분석국에서 불황으로 판정한 시기.

론 환율 상승이 중국 정책당국의 의지 때문'만'이라고 주장하려는 것은 아니다. 다만, 중국은 1990년대 초반의 한국처럼 정부가 직간접적으로 외환시장에 개입하는 관리변동환율제도를 채택하고 있으므로, 이러한 환율 변동이 중국 정책당국의 의지를 상당 부분 반영한 것은 부인할 수 없는 사실일 것이다.

달러/위안 환율과 애플의 아이폰&샤오미의 홍미노트

이 대목에서 잠깐 환율에 대한 기초지식을 점검해보자. 환율은 한 나라 화폐의 상대적인 가치를 말한다.[3] 한국은 원, 중국은 위안, 미국은

3 홍춘욱(2016), 『환율의 미래』, 에이지21, 17~18쪽.

달러 등 각 나라의 화폐가 다양하게 존재하며, 각 화폐들의 교환비율을 '환율'이라고 한다. 신문이나 방송에서 어제 달러/원 환율이 1,100원이었다고 하면 미화 1달러가 원화 1,100원으로 교환되었다는 뜻이다.

그렇다면 환율이 움직이면 어떤 영향이 있을까?

예를 들어 달러/위안 환율이 어제 6.0위안에서 오늘 7.0위안까지 상승했다고 하자. 미국에서 1,000달러에 팔리고 있는 애플의 아이폰을 어제는 중국 돈 6,000위안에 구입했지만, 오늘은 어제보다 1,000위안이 늘어난 7,000위안을 지불해야 한다. 그런데 같은 기간에 중국 샤오미 홍미노트의 가격이 5,000위안에 머물러 있다면, 예전보다 많은 사람이 샤오미 제품을 구매하려 들 것이다.[4] 물론 소비자 입장에서는 선택의 폭이 줄어드는 등 손실이 발생한다고도 볼 수 있다. 특히 홍미노트 같은 대체재가 없는 제품, 이를테면 휘발유나 경유 같은 경우에는 환율 상승이 곧바로 소비자 가격의 상승으로 연결될 것이다.

반대로 어제 7.0위안이었던 달러/위안 환율이 오늘 6.0위안으로 떨어졌다면 어떤 일이 벌어질까? 미국에서 1,000달러에 팔리는 아이폰의 위안화 환산 가격은 어제 7,000위안에서 오늘 6,000위안으로 1,000위안 떨어질 것이며, 홍미노트를 비롯한 경쟁제품은 상대적으로 가격이 비싸 보일 것이다. 대신 소비자 입장에서는 싼 가격에 해외에서 수입된 물건을 구입할 수 있어, 환율 하락으로 구매력이 개선되는 효과를 얻을

4 참고로 최신 제품인 샤오미 홍미노트7 프로는 중국 출시 가격이 1,599위안으로 애플의 아이폰에 비해 저렴하다. 더 고가제품을 비교대상으로 드는 것이 적합했겠지만, 한국에서 가장 대중적으로 팔리는 중국 스마트폰이 홍미노트라는 점을 감안했다.

수 있다.

이상의 설명에서 짐작할 수 있듯, 환율이 변하면 기업들의 경쟁구도에 변화가 생긴다.

미중 무역분쟁에도 왜 중국의 수출물가가 오르지 않았을까?

미중 무역분쟁 이후 달러에 대한 위안 환율이 상승하면, 중국의 소비자들이 느끼는 수입물가는 상승할 가능성이 높지만, 중국 수출기업들의 경쟁력이 개선된다. 예를 들어 트럼프 대통령이 중국산 제품에 대해 관세를 10% 부과했더라도, 위안 환율이 10% 오른다면 중국 수출기업 입장에서는 굳이 '달러 수출가격'을 높일 이유가 없어질 것이다. 따라서 미중 무역분쟁 이후 관세가 높아졌음에도 미국의 소비자물가가 오르지 않았다는 것이다.

그러나 이 주장에도 한 가지 문제가 있다. 미중 무역분쟁 이후 위안 환율이 6.3위안에서 7.0위안으로 10%가량 오른 데 비해, 미국의 대중 관세율은 10%를 훌쩍 뛰어넘기 때문이다. 예를 들어 2018년 7월 부과된 1차 관세는 340억 달러 규모의 중국 제품에 대해 25% 관세를 부과했으며, 8월의 2차 관세는 160억 달러 규모에 대해 25% 관세를 매겼고, 9월에는 또다시 2,000억 달러 규모에 대해 10% 관세를 부과한 바 있다. 따라서 최근 중국의 대미 수출물가의 하락은 '환율 상승 효과'만으로 설명하기에는 한계가 있다.

그렇다면 미국의 수입물가가 오르지 않은 것은 무슨 이유 때문일까?

3

중국 기업의 가파른 생산성 향상 때문?

미중 무역분쟁으로 미국이 2018년 중국 제품에 대해 세 차례에 걸쳐 대규모 관세를 부과한 이후 1년이 넘게 흘렀는데도, 중국의 대미 수출 물가가 상승하지 않는 일은 '시차'나 '위안화 약세'만으로 설명하기 어렵다. 대체 중국 기업들은 어떻게 관세부과에 따른 비용 증가를 흡수할 수 있었을까?

여러 후보를 제외하고 남은 답은 하나뿐이다. 바로 중국 기업들이 생산성을 높여 수출제품의 가격 상승을 억제한 것이다. 다시 말해, 중국 기업들은 같은 설비와 노동력을 활용해 더 많은 제품을 생산하는 데 성공한 것이다.

중국 기업, 생산성 향상에 성공했다

물론 중국 기업들이 마진을 축소해서 관세부과의 충격을 흡수했을 수도 있지만, 이 가능성은 그리 높지 않다. 왜냐하면 중국 수출기업의 수익성이 '크게' 악화되었다는 징후를 발견하기 어렵기 때문이다.

최근 한국은행이 발간한 자료에 따르면, 2019년 상반기 중 중국 기업들의 수익성이 악화되기는 했지만 '급격한' 악화까지는 아니었다.[5] 예를 들어 2018년 중국 공업기업들의 경상이익은 1~5월 중 16.5% 증가에서 2019년 같은 기간 2.3% 감소로 돌아섰는데 이를 '급격한 악화'로 볼 수 있을지는 의문이다. 또한 중국 수출기업이 마진을 줄여서 제품가격의 인상을 막는 것도 단기적으로나 가능한 일일 뿐, 기업의 현금 흐름이 악화될 때에는 제품가격을 인상하거나 아예 수출을 포기하는 등의 결단을 내려야 한다.

물론 이런 어려움에 처한 기업들에도 '대안'은 있다. 즉, 노동생산성을 향상시키면 된다. 쉽게 이야기해, 같은 시간을 일하더라도 이전보다 더 많은 양의 물건을 생산하면 단위당 생산가격이 떨어질 것이고, 동일한 제품을 생산하는 데 필요한 비용이 줄어드니, 기업의 입장에서는 얼마든지 관세 '폭탄'의 충격을 상쇄할 수 있다. 물론 생산성이 높아진 만큼 근로자들에게 예전보다 더 많은 임금을 지급해야 하는 부담이 생길 수 있다. 그러나 생산성 향상이 지속될 수만 있다면, 더 나아가 생산성 향상이 기계장비 등 투자 증가에 기인한 것이 아니라면, 전체 비용에서 차지하는 임금의 비중은 높지 않을 것이니 임금인상도 얼마든지 가능하다.

전통적 농업사회, 생산성 향상 굉장히 힘들었다!

앞에서 '자본장비에 대한 투자 없는 생산성 향상'을 거론했는데,

5 한국은행(2019. 7. 18), 「최근 중국의 부채리스크 동향 및 시사점」.

이는 매우 최근에 벌어진 현상이다.

1820년을 전후해 영국에서 산업혁명이 시작되기 전, 인류의 삶은 매우 힘들었다. 또 인구의 대부분이 농업에 종사하다 보니 생산성의 향상 속도가 대단히 느렸다. 대부분의 사람들은 살아가는 동안 삶의 수준이 개선된다고 느끼기 어려울 정도였다. 농업 부문의 생산성 향상이 느린 현상, 아니 생산성이 오히려 줄어드는 현상을 '수확체감' 현상이라고 한다. 여기서 수확체감이란 동일한 토지에 예전보다 많은 인력을 투입하더라도 생산량의 증가속도가 둔화되거나, 심지어 감소하는 현상을 말한다.

예를 들어 10마지기의 논에 1명이 농사를 지으면 10가마의 쌀을 수확할 수 있다고 가정해보자. 그런데 이 논을 2명이 경작한다면 어떻게 될까? 김매기를 자주 하는 등 노동력을 더 투입하고, 예전에 작물을 심지 않았던 논두렁에 콩도 심으면 수확량이 늘어날 것이다. 덕분에 이 논에서 곡물을 20가마 수확했다면, 1인당 수확량은 10가마로 이전과 같을 것이다.

이제 조건을 바꾸어 이 논에서 4명이 농사를 짓는 경우를 생각해보자. 이전보다 수확량이 늘어나겠지만, 예전처럼 1인당 10가마를 생산하기는 어려울 것이다. 아마 1인당 8가마니 정도가 한계가 될 것이다. 그런데 인구증가가 멈추지 않아 10마지기의 논에 8명이 투입된다면 어떤 일이 벌어질까?

인구증가의 속도에 맞추어 새로운 농법이 보급되거나, 혹은 쌀 수확량을 급격히 늘릴 새로운 품종이 출현하지 않는 한, 쌀 생산량이 급증하기는 힘들 테니 1인당 수확량은 6가마에도 미치지 못할 것이다. 이처럼 추가로 투입된 노동자의 생산량이 줄어드는 현상이 앞에서 말한 수확체감 현상이다.

결국 토지가 한정되어 있는 전통적인 농업사회에서 인구증가는 축복이 될 수 없다. 한나라나 명나라 등 중국 역대 왕조가 짧은 전성기를 누린 후에 농민 반란이나 외세의 침입에 시달리다가 멸망했던 이유도 바로 '1인당 수확량의 감소' 때문이었다. 그리고 청나라가 1840년 아편전쟁에서 인구가 1/20도 안 되는 영국에 처참한 패배를 당했던 이유도, 당시의 농업기술로 중국의 4억 인구를 부양하기에는 토지가 부족했던 것이 문제를 일으켰다고 볼 수 있다.

반면 영국은 당시 인구가 2,000만 명에 불과했지만, 국민 개개인의 생산성이 중국보다 월등히 높았다. 즉, 영국은 산업혁명으로 농업국가에서 제조대국으로 변신하며 4억 인구 대국인 중국을 압도했던 것이다.

학습곡선이 완만한 산업은 생산성 향상이 더디다

제조업이 경제 전체의 생산성 향상을 주도하는 이유는 가파른 '학습곡선'을 탈 수 있기 때문이다. 여기서 학습곡선(Learning Curve)이란 생산량의 변화에 따른 생산성 변화를 그림으로 표시한 것이다.[6]

예를 들어 면방직 공장에서 근로자 100명이 연 1만 야드의 제품

6 이리야마 아키에(2019), 『경영학 수업』, 에이지21, 81쪽.

을 생산하다가 추가 고용 없이 연 2만 야드를 생산했다면, 이 회사의 생산성은 연 100% 증가한 셈이다. 그러나 2년차에는 생산성이 3만 야드에 못 미칠 것이고, 3년차에는 3만 5,000야드 생산도 쉽지 않을 것이다. 왜냐하면 공장 설비가 막 도입되었을 때에는 생산성 향상이 쉽지만, 근로자들의 숙련 및 기계에 대한 이해 수준이 높아져 어느 정도에 이른 뒤에는 생산성이 처음만큼의 비율로 향상되기는 쉽지 않을 것이기 때문이다.

따라서 면방직 공업의 학습곡선은 처음에는 가파르게 상승하다가 상승 속도가 점점 줄어들 것이다. 물론 농업과는 달리 제조업의 1인당 생산량이 줄어드는 일은 거의 벌어지지 않는다.

이렇듯 학습곡선이 완만한 산업은 새로운 경쟁자의 출현에 취약하다. 기술 자체가 19세기 산업혁명 때 개발되어 오랫동안 개량되었기에 선발주자와 후발주자 간에 격차가 크지 않기 때문이다. 따라서 면

면방직 공업의 학습곡선

자료: 이리야마 아키에(2019), 『경영학 강의』, 에이지21, 81쪽

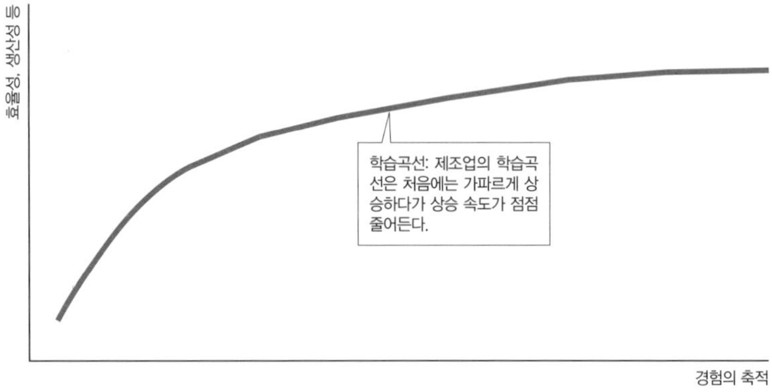

방직 공업은 1960년대에는 한국, 1980년대에는 중국, 지금은 인도네시아 등 인건비가 싼 나라로 무게 중심이 이동하는 경향이 있다.[7]

물론 중국이 이대로 머물러 있다면 생산성 향상 속도가 둔화되며, 결국은 '중진국 함정'에 빠져들지도 모른다. 그러나 중국 정부도 이처럼 자국이 처한 위험을 잘 알고, 그에 대비하기 위해 이른바 '제조업 2025' 등 다양한 정책을 시행에 옮기고 있다.

중국의 '제조업 2025' — 학습곡선이 매우 가파른 산업 육성

중국 정부가 '제조업 2025' 등을 통해 적극적으로 육성하려는 산업은 어떤 것이 있을까?

여러 산업이 후보에 오르지만, 가장 핵심이 되는 것은 생산량이 늘어날수록 생산단가가 지속적으로 떨어지는 산업, 즉 학습곡선이 매우 가파른 산업이다. 실제로 중국 당국은 반도체와 전기차 등 자본투자의 비중이 높으면서 생산성 향상 속도가 빠른 산업을 육성하기 위해 총력을 기울이고 있다.[8]

반도체 산업에는 '무어의 법칙(Moore's Law)'이라는 매우 유명한 학습곡선이 존재한다. 참고로 무어라는 이름이 붙은 이유는 세계적인 반

7 물론 해외로의 설비 이전을 유발하는 요인이 학습곡선만 있는 것은 아니다. 더 중요한 원인은 섬유산업에 규모의 경제(Scale of Economy)가 잘 작동하지 않는 데 있을 수도 있다. 일반적으로 공장의 규모가 커질수록 생산비용이 더 절감되는데, 이를 '규모의 경제'라고 한다. 그런데 직물/방직 공장은 공장의 규모가 커진다고 해서 단위당 생산비용이 떨어지는 폭이 크지 않다. 워런 버핏이 1965년 매수했던 섬유공장 버크셔 해서웨이가 지속적인 투자에도 불구하고 결국 폐쇄된 것이 대표적인 사례가 될 것이다.

8 KOSTEC(2019), 「중국 정보통신산업 13차 5개년 발전계획」.

도체업체 인텔의 공동 설립자인 고든 무어(Gordon Moore)가 반세기 전에 이를 처음 주장했기 때문이다. 무어는 2년마다 집적회로(IC)의 저장능력이 2배로 늘어난다는 사실을 발견했는데, 이 흐름은 1960년대 이후 2010년대까지 이어졌다. 다시 말해 동일한 성능을 가진 집적회로의 제품가격은 2년마다 절반으로 떨어지게 될 것이다.

다음의 그림은 인텔의 집적회로에 트랜지스터가 얼마나 들어가 있는지를 보여준다. 인텔에서는 1971년 트랜지스터가 3,500개인 인텔 4004로 시작하여 10억 개 이상 들어간 인텔 코어 i7까지 무어의 법칙이 지속되었음을 알 수 있다.

무어의 법칙은 정보통신산업의 끝없는 생산성 향상을 대표하는 가장 중요한 사례라고 할 수 있다. 따라서 세계의 주요국들은 가파른

무어의 법칙 진행 과정 자료: Fossbytes(2016 .2. 11), "Moore's Law Is Finally Dead – How Did This Happen?"

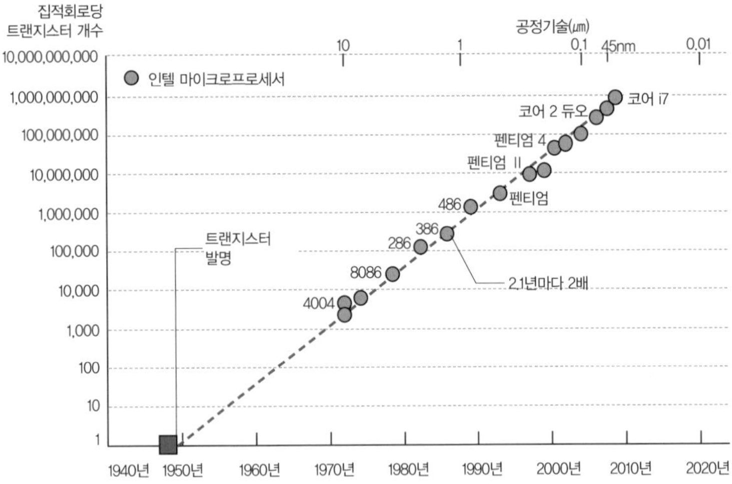

학습곡선을 타는 산업을 육성하기 위해 노력하고 있다.[9] 참고로 그림에서 세로 축의 한 칸은 10배씩 늘어난다.

여기에서 한 가지 궁금증이 제기될 수 있다.

"왜 반도체 산업 같은 일부 산업은 가파른 학습곡선을 타는 것일까?"

여러 가지 이유가 있겠지만, 가장 핵심적인 원인은 치열한 경쟁 속에 혁신이 지속되기 때문이다. 기업이 혁신을 지속하는 것을 묘사한 다음의 인용문 내용은 음미할 가치가 있을 것이다.

> 혁신은 진화의 과정으로 설명할 수 있습니다. 한 가지 예를 들어보겠습니다. 우리는 길을 가고 있습니다. 인생이든 직장생활이든 우리는 어쨌든 길을 가고 있습니다. (중략) 기업들은? 대부분의 기업들은 뜁니다. 그것도 어떻게 뛰느냐 하면, 정신없이 달립니다. 밤낮없이 뜁니다. 뛰고, 또 뛰고, 계속 뜁니다. 그렇게 뒤도 안 돌아보고 막 뛰다 보면 낭떠러지를 마주하는 경우가 생깁니다. 선으로 얘기하자면 불연속점이 생깁니다. 이럴 때 여러분은 어떻게 하시겠습니까?
>
> 제 생각에는 세 가지 옵션이 있습니다. 첫째 멀리 뛰는 것, 둘째

9 반도체만 가파른 학습곡선을 타는 것은 아니다. 통신망의 대역폭은 집적회로보다 훨씬 빠른 속도로 확대된다. 이른바 '길더의 법칙(Gilder's Law)'이다. 조지 길더(George Gilder)는 통신망의 대역폭이 집적회로의 계산능력 향상 속도의 3배 크기로 증가한다는 사실을 밝혀냈다. 최근 클라우드 서비스가 활성화된 데에는 저장/연산 능력의 개선뿐만 아니라 전송처리 능력의 발달도 큰 기여를 했음을 알 수 있다.

높이 뛰는 것, 셋째 아래로 뛰어내리는 것.[10]

이 비유에서 확인되듯, 반도체 산업은 끊임없는 '제약'에 부딪힌다. 신기술이 발명되기도 하고, 고객의 기호가 바뀌기도 하며, 규제나 표준이 바뀌기도 한다. 기존의 생산방식을 개선하는 것만으로는 생산성을 향상시키는 것이 거의 불가능하다. 그러나 이때 혁신기업들이 과감하게 '아래로 뛰어내림'으로써 현재까지 혁신이 끊임없이 이어지고 있다. 그 가장 대표적인 사례가 하드디스크 드라이브 산업이다.

> 디스크 드라이브 산업에서 발생한 대부분의 기술변화는 '존속성 혁신'들로 이루어져 있었다. 이와 대조적으로 '와해성 기술(=파괴적 기술)'이라고 불리는 또 다른 종류의 기술변화들은 그 수가 매우 적었음에도 불구하고, 기존 선도기업들은 이러한 변화로 인해 도태되었다.
>
> 가장 중요한 파괴적 기술은 드라이브 크기를 작게 하는 구조적 혁신이었다. 이를 통해 직경이 14인치였던 디스크가 8인치, 5.25인치, 그리고 3.5인치로 축소되더니 급기야 2.5인치에서 1.8인치까지 작아졌다. (중략)
>
> 이런 기술은 기존 시장 고객들의 기대에 못 미치기 때문에 초기에는 기존 시장에서 거의 각광받을 수 없었다. 즉, 이러한 기술은 주력시장과 동떨어져서 별로 중요하게 여겨지지 않는 신규 시장에서만

10 김재범, 김동준, 조광수, 장영중(2012), 『포스트 잡스, 잡스가 멈춘 곳에서 길을 찾다』, 지식공간, 172~173쪽.

가치를 인정받을 수 있는 새로운 속성들을 제공하였던 것이다.[11]

혁신의 과정을 가장 잘 보여주는 사례가 바로 스마트폰이다. 2000년대 중반 휴대폰 업계의 공룡이었던 노키아는 스마트폰을 개발해 놓고도 대량생산을 하지는 않았다. 왜냐하면 시장을 이미 지배한 상태에서 고객이 '필요로 하지 않는 신제품'을 생산할 동기를 느끼지 못했기 때문이다. 결국 2007년 6월 말에 애플이 아이폰을 출시하며 휴대폰 시장은 새로운 국면으로 바뀌었고, 경제에 거대한 수요를 불러일으키게 되었다.

물론 '무어의 법칙'이 앞으로도 지속될 것인지에 대해서는 불확실한 면이 많다. 세계적인 경제학자 로버트 고든(Robert Gordon) 교수는 그의 역작 『미국의 성장은 끝났는가』를 통해 2000년대 중반을 고비로 무어의 법칙이 깨졌다고 지적한다. 고든 교수는 그 이유를 수요에서 찾는다. 즉, "데스크톱에 슈퍼 속도를 내는 칩을 필요로 하는 사람이 없기 때문"에 무어의 법칙이 깨졌다는 것이다.[12]

물론 그의 주장에 대해서는 많은 반론이 제기된다. 반도체 산업의 생산성 향상 흐름이 앞으로도 지속될 것이라는 주장도 만만찮기 때문이다.

다만, 다음의 그림은 매우 중요한 정보를 담고 있다. 1990년 이후 미국의 생산자물가와 반도체 가격의 흐름을 보여주는 그래프이다. 여

11 클레이튼 M. 크리스텐슨(1999), 『성공기업의 딜레마』, 모색, 64~65쪽.

12 로버트 J. 고든(2017), 『미국의 성장은 끝났는가』, 생각의힘, 635쪽.

미국의 생산자물가와 반도체 물가 추이

자료: 세인트루이스 연방준비은행

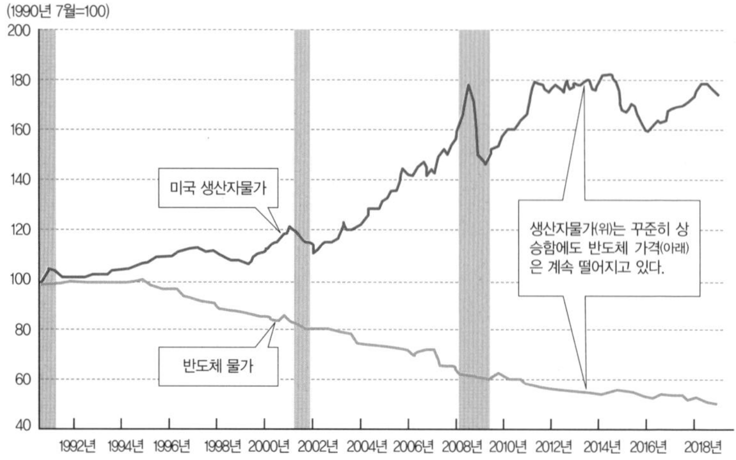

• 음영으로 표시된 부분은 전미경제분석국에서 불황으로 판정한 시기.

기서 생산자물가란 기업들끼리 거래하면서 지불하는 물가이다. 그림을 보면, 미국의 생산자물가는 꾸준한 상승 흐름을 보이고 있지만, 반도체 가격은 끝없이 하락하는 것을 알 수 있다. 즉, 반도체 등 정보통신산업이 주도하는 혁신의 속도는 떨어질지 모르지만, 제품가격의 하락 흐름 그 자체는 앞으로도 계속될 가능성이 높다.

중국의 생산성 향상 속도는?

이제 마지막으로 중국의 생산성 향상 속도를 살펴보자.

다음의 그림에 나타난 것처럼, 중국의 고성장 원인은 대부분 '노동생산성'의 향상에서 비롯되고 있다. 예를 들어 2000년 이후 중국 경제는 연간 9.0% 성장했는데 같은 기간 근로자의 1인당 생산량(=노동생산성)은 8.6% 증가했다. 잠깐 첨언하자면, 중국의 노동생산성 향상은 순수하게 기술의 발달에서 비롯된 것으로 볼 수 없는 면도 있다. 그러나 과거의 추세만 놓고 본다면, 중국 사람들은 예전보다 조금씩 '물량'보다는 '기술'에 기반한 혁신을 추구하는 데 익숙해지고 있다고 볼 수 있을 것이다.[13]

물론 중국의 노동생산성이 앞으로도 이런 속도로 향상될 수 있을지 단언할 수는 없다. 미중 무역분쟁의 영향으로 화웨이나 샤오미 같은 수출기업들이 무너진다면 생산성 향상에 제동이 걸릴지도 모르는 일이다. 다만, 현재까지 주어진 정보로만 본다면 중국 기업들은 생산성을 열심히 향상시키면서 관세부과 충격을 완화하는 데 부분적으

중국의 1인당 소득과 노동생산성 추이 자료: 국제노동기구(ILO)

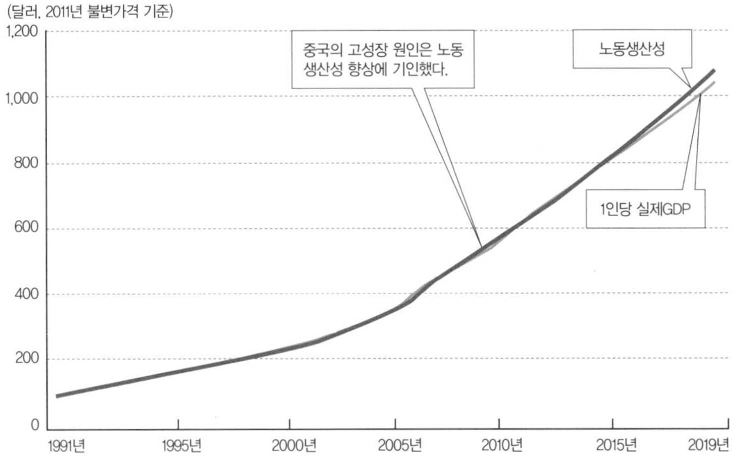

13 이 부분에 대해서는 77쪽의 〈한 걸음 더〉 '중국은 중진국 함정에 빠질까?'를 참고하라.

중국의 생산성 향상은 미국의 인플레를 억제하는 요인 중 하나다. 중국 정부는 '제조업 2025'를 통해 생산성 향상에 박차를 가하고 있다.

로는 성공하고 있다고 볼 수 있다.

앞의 이야기를 종합해보면, 미중 무역분쟁이 격화되고 있음에도 미국의 인플레 압력이 낮아진 이유는 중국의 위안화 평가절하(=달러/위안 환율 인상)와 생산성의 지속적인 향상 때문임을 알 수 있다. 따라서 미중 무역분쟁이 다시 격화된다고 해도 세계적 인플레가 일어나기는 쉽지 않을 전망이다.

이제 한발 더 나아가 반도체처럼 생산성이 빠르게 개선되는 산업의 비중이 높아지면 경제에 어떤 일이 벌어질지에 대해 살펴보자. 3장에서는 이 의문을 풀어보게 될 것이다. 참고로 경제학의 세계에서는 이 문제를 '숙련 편향적인 기술진보'라고 한다. 정보통신 산업이나 바이오 산업 등 교육수준이 높은 사람들을 주로 뽑는 산업이 늘어날 때, 경제에 어떤 일이 벌어질지에 대해 살펴볼 것이다. 이를 통해 앞으로 세계 경제에 인플레 압력이 약화될 가능성이 대단히 높다는 점을 알게 될 것이다.

한 걸음 더

중국은 중진국 함정에 빠질까?

중진국 함정이란 신흥경제국의 1인당 국민소득이 중진국 수준(4,000~1만 달러 정도)에서 장기간 정체되는 현상을 말한다. 1960~70년대 이후 브라질, 아르헨티나, 칠레 등 남미 국가와 필리핀, 말레이시아 등 동남아시아 국가가 대표적 사례에 속한다.[14]

중진국 함정은 왜 출현할까?

중진국 함정이 출현하는 이유는 크게 보아 두 가지 때문이다.

첫째, 경제성장을 막 시작한 나라의 경우 생산성 향상이 대부분 노동력의 증가에 의지하게 된다. 농촌의 노동력이 도시로 이동하는 이른바 이촌향도(離村向都) 현상을 통해 많은 노동력이 공급되고, 이 노동력의 임금 수준까지 낮으면 경제성장의 가능성은 높아질 것이다.

그런데 다음의 표에 나타난 것처럼, 중국의 경제성장에서 노동공급이 차지하는 기여도를 보면, 1980년대에는 경제성장률에서 2~3%포인트를 차지했지만 1990년대 이후에는 0%포인트 수준까지 떨어졌다.[15]

14 한국은행(2011),「중국의 중진국 함정 논란과 시사점」.

15 기여율이란 GDP의 성장에서 각 개별 항목이 얼마나 공헌했는지를 측정하는 지표이다. 예를 들어 GDP가 100만큼 성장하는 데 노동공급이 20을 기여했다면 기여율은 20%가 될 것이다. 기여도는 경제성장률에 대한 개별 항목의 공헌도를 측정한 것이다. 예를 들어

중국 경제성장의 각 부문별 기여도

자료: 중국 국무원 발전연구센터(2010)

연도	경제성장률	자본 기여도	노동 기여도	총요소 생산성(TFP)• 기여도
1978~2007년	9.8%	6.3%p	0.9%p	2.6%p
1978~1985년	9.8%	5.1%p	1.2%p	3.5%p
1985~1989년	7.9%	5.5%p	2.2%p	0.2%p
1990~1997년	11.5%	6.8%p	0.4%p	4.3%p
1997~2000년	8.0%	6.5%p	0.4%p	1.0%p
2000~2007년	10.4%	7.5%p	0.4%p	2.5%p

• 노동 및 자본과 같은 물리적 투입요소 증가 이외에 기술발전, 인적자본 향상 등 성장률을 높이는 여러 요인 포괄.

둘째, 중진국 함정이 출현하는 또 다른 이유는 투자를 무한정 늘리기 어렵기 때문이다. 제조업체의 규모가 작을 때는 돈을 조금만 투자해도 생산성을 크게 높일 수 있었다. 예를 들어 어떤 회사에서 선반(기계를 절삭 가공하는 기계) 1대를 가지고 물건을 만들다가 하나를 더 도입하면, 생산규모가 2배, 아니 그 이상도 확충될 것이다. 그러나 선반 100대를 가진 회사에서 1대 더 추가한다고 생산량이 급격히 늘어나기는 어려울 것이다. 아니, 어쩌면 생산라인에 혼란이 가중되면서 생산량이 줄어들지도 모른다. 이런 까닭에 추가적인 자본투자의 효과는 낮아지며, 자본투자의 효과를 발휘하기 위해서는 아주 큰 규모의 투자결정이 필요할 것이다. 결국 경제

중국의 경제성장률이 10%인데 노동공급이 20%의 기여율을 기록하고 있다면, 노동공급의 경제성장 기여도는 2%포인트가 될 것이다. 식으로 기여율과 기여도의 관계를 나타내면 다음과 같다. 기여도 = 각 부문 기여율 × 경제성장률

가 점점 발달할수록 자본이나 노동력의 투입보다는 기술혁신과 개개인의 능력(앞의 표에서는 '총요소 생산성')이 경제성장을 좌우하게 된다.

그런데 기술혁신을 통한 경제성장은 무척 어려운 일이다. 기계장비 혹은 노동력의 추가 고용 없이 생산량을 늘리는 것은 '지시'나 '강압'으로 이루어질 수 없다. 또한 기술혁신이 이루어지기 위해서는 무엇보다 근로자의 교육수준이 높아져야 하고, 더 나아가 생산성을 향상시켰을 때 주어질 보상 등이 잘 설계되어야 한다.

결국 그동안 브라질부터 필리핀에 이르기까지 수많은 나라들이 '기술혁신'이 주도하는 경제성장의 길을 안정적으로 걸어가는 데 실패하고 말았다. 정치적 불안, 심각한 불평등, 더 나아가 불운 등이 겹친 결과였다.

물론 중국은 아직 '중진국 함정'을 돌파하는 데 실패했다고 보기 어렵다. 무역분쟁이 심화되는 불운이 겹치기는 했지만, 중국도 나름의 '수'가 존재하기 때문이다. 그것이 바로 앞에서 설명한 '제조업 2025' 등 학습곡선이 가파른 산업을 적극적으로 육성하는 정책이다. 그리고 지금까지의 상황으로 보면 중국은 물량보다 기술에 기반한 혁신을 추구하는 데 익숙해지고 있으며, 생산성을 열심히 향상시키며 미중 무역분쟁으로 인한 충격을 완화하는 데 부분적으로 성공하고 있다고 볼 수 있다.

한 걸음 더

아마존은 세상의 가격을 어떻게 바꾸나?

생산성 혁명은 핸드폰이나 노트북 같은 정보통신 제품의 가격을 떨어뜨린 주된 요인이다. 그런데 하버드 비즈니스 스쿨 알베르토 카발로(Alberto Cavallo) 교수의 최근 연구에 따르면, 아마존을 비롯한 전자상거래 업체의 성장도 경제 전반의 물가를 안정시키는 요인으로 작용한다고 한다.[16]

가격 조정 주기가 짧아진다

카발로 교수는 유통업체의 가격 조정 주기가 점점 짧아지는 현상에 주목했다. 편의점이나 대형마트를 자주 방문하는 고객들이라면 금방 눈치를 챘겠지만, 유통업체들은 가격표를 자주 바꾸어 달지 않는다. 가격표를 수정하는 데 따르는 비용이 적지 않은 데다가, 가격 수정이 제대로 이루어지지 않을 경우에는 큰 혼란을 초래할 수 있기 때문이다.

그러나 오프라인 매장을 운영하지 않는 아마존 등 온라인 소매업체는 가격표를 바꾸어 다는 데 주저함이 없다. 온라인 매장에서는 가격표를 바꾸는 비용이 거의 들지 않고, 경쟁기업에 비해 낮은 가격을 신속하게 제시해 고객을 더 많이 유인한다면 큰 이익을 누릴 수 있기 때문이다.

16 Alberto Cavallo(2018), "More Amazon Effects: Online Competition and Pricing Behaviors", Jackson Hole Economic Symposium Conference Proceedings.

그 결과 미국 유통업체들은 제품의 가격표를 과거와 비교할 수 없을 정도로 빈번하게 교체하기 시작했다. 가장 대표적인 예가 가구 및 가정용품이다. 2008~10년에는 가격표를 약 14개월마다 한 차례 바꾸었지만, 2014~17년에는 5개월마다 교체할 정도로 가격 조정이 점점 더 빈번해지고 있다.

가격 동질화가 가속화된다

카발로 교수는 가격 조정 주기뿐만 아니라 이른바 로컬 가격의 소멸 현상에도 주목했다. 미국은 국토가 넓기 때문에 음식료품(F&B)을 중심으로 지역별로 가격을 다르게 책정하는 것이 일반적이었다. 그러나 아마존 등 강력한 온라인 소매판매 기업들이 등장한 이후 이런 현상이 점차 소멸되고 있다.

미국의 업종별 가격 조정 주기

자료 : 알베르토 카발로(2018)

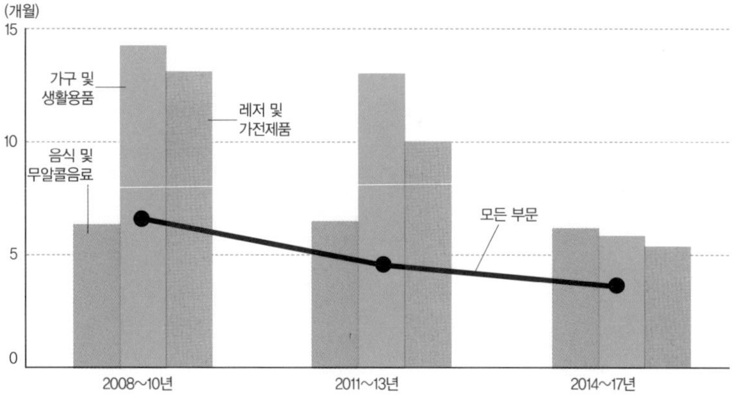

예를 들어 월마트에서 판매하는 제품 중에서 아마존에서도 파는 제품은 지역별 가격 차이가 크지 않다. 지역별로 조달되기에 가격의 차이가 클 수밖에 없는 식료품조차 아마존에서는 가격의 동질성이 84%에 이른다. 참고로 레저 및 가전제품의 경우에는 아마존에서 팔거나 안 팔거나에 상관없이 가격 동질성이 99%에 이른다고 하니, 경쟁이 얼마나 심화되고 있는지 짐작할 수 있다.

특히 최근 아마존은 일정 비용을 매년 내면 신속하게 물건을 무료로 배송해주는 이른바 '프라임 회원'을 적극적으로 유치하며 이런 흐름을 더욱 강화하고 있다.

> 아마존 프라임 회원은 충성도가 높아 아마존의 매출을 보장해주며, 연간 구매금액이 비회원에 비해 약 40% 더 높다. 만일 아마존 프라임이 지금의 속도로 계속 성장하고 사람들이 미래에도 아마존에 충성한다면,

미국의 전통적 소매업체와 아마존의 전국 가격 동질성 비교 자료: 알베르토 카발로(2018)

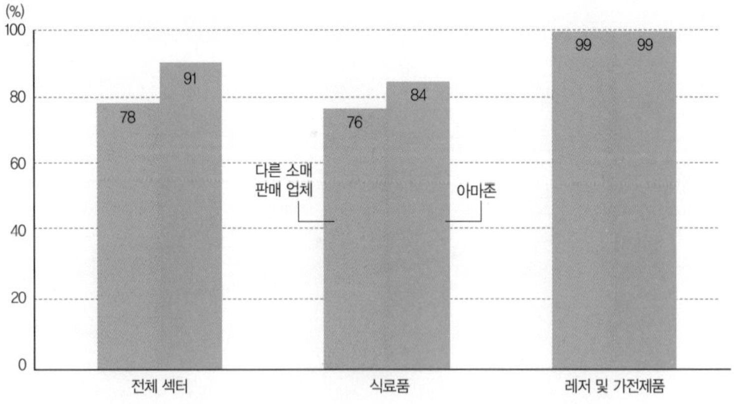

앞으로 8년 안에 아마존 프라임 회원 가구는 케이블 TV 서비스에 가입한 가구보다 많아질 것이다. (중략) 아마존의 인프라는 세계에서 가장 부유한 가구들로 이어지는 강력한 네트워크를 효과적으로 구축하고 있다. 예컨대 미국의 고소득 가구 중 70%가 아마존 프라임 회원이다.[17]

미국은 강력한 배송 시스템 덕분에 가격표가 이전보다 더 신속하게 바뀌고 있으며, 지역별 가격 차이도 좁혀지고 있다. 그러나 이와 같은 온라인 상거래의 영향력 확대는 또 다른 경제적 영향을 미치게 된다.

가격이 외부환경에 더 민감해졌다

카발로 교수는 월마트의 판매상품을 대상으로 아마존에서도 구입이 가능한 상품과 그렇지 않은 상품을 구분하여, 유가와 환율 변화에 따른 가격전가율(Pass-through)을 조사했다.

'아마존에서도 주문 가능한' 품목과 아닌 품목의 가격전가율 자료: 알베르토 카발로(2018)

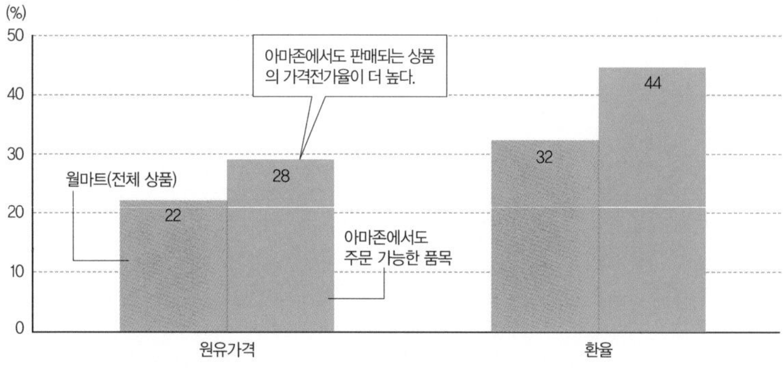

17 스콧 갤러웨이(2018), 『플랫폼 제국의 미래』, 비즈니스북스, 82~83쪽.

앞의 그림에 잘 나타난 것처럼, 월마트와 아마존 모두에서 구매할 수 있는 상품은 가격이 원유나 환율 등 외부환경의 변화에 즉각적인 영향을 받았다. 다시 말해 즉각적인 가격 비교가 가능한 상품일수록 가격이 외부환경의 변화에 민감하게 반응했다.

결국 미국 소매시장은 아마존 등 전자상거래 업체의 출현으로 갈수록 경쟁이 심화되고 있으며, 이는 앞으로도 상당 기간 인플레 압력을 낮추는 요인으로 작용할 가능성이 높아 보인다.

3

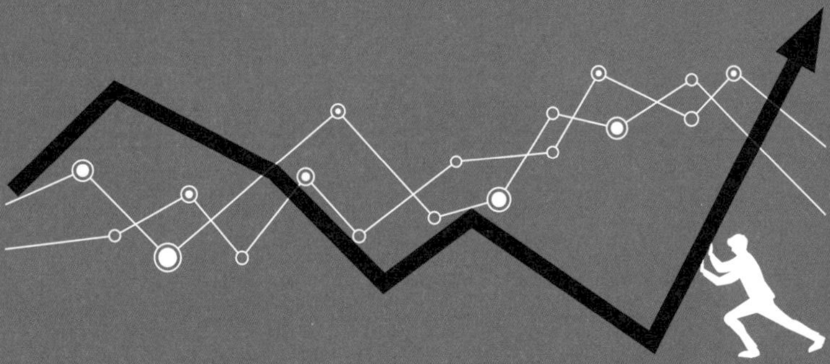

미국 경제는 왜 인플레가 일어나지 않을까?

2장에서 반도체 산업을 중심으로 한 '혁신산업'이 얼마나 강력한 생산성 향상을 일으키는지 알아보았다. 3장에서는 1990년대 이후 미국 경제에 나타난 변화가 인플레에 어떤 영향을 미칠 것인지에 대해 살펴볼 것이다. 물론 다음과 같은 의문을 품는 독자들이 적지 않을 것으로 예상된다.

"한국의 인플레를 전망하는데, 굳이 미국 경제를 알아야 하나?"

한국의 소비자물가와 수입물가의 관계 자료: 한국은행 경제통계정보시스템(ECOS)

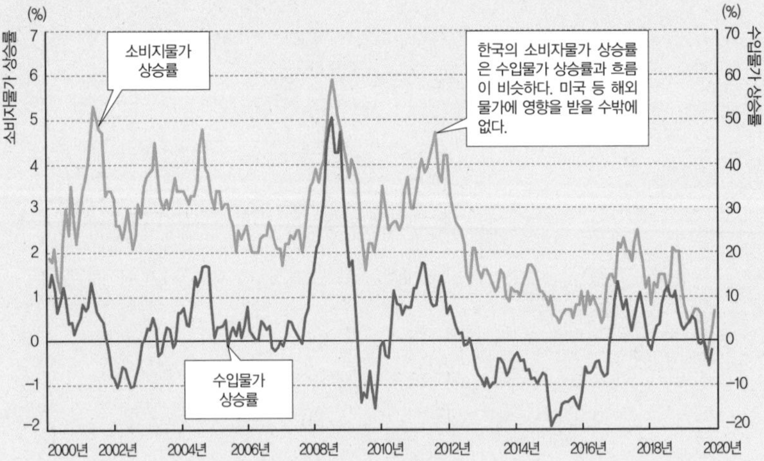

당연한 궁금증이다. 1997년 이전까지만 해도 이런 질문은 타당했다. 그러나 외환위기 이후 우리나라 경제가 개방되면서 한국의 소비자물가는 세계의 물가 흐름에 연동되기 시작했다. 다시 말해 최근 우리나라 소비자물가가 하락한 것에는 국내 요인 외에 해외 요인의 영향도 있음을 잊어서는 안 된다. 이른바 '직구' 붐은 이런 흐름을 가장 잘 보여준다.

그럼, 해외 물가는 왜 상승 압력이 떨어진 것일까? 특히 미국은 코로나19 쇼크 이전까지 그렇게 경기가 좋았다는데 왜 물가가 오르지 않았을까? 3장에서 이 의문을 풀어보자.

1

미국 임금이 생산성보다 못 오르는 일이 30년 넘게 지속되고 있다!

미국 기업의 단위노동비용은 제자리

다음의 그림은 미국 소비자물가와 단위노동비용(Unit Labor Cost)의 흐름을 보여준다. 미국 경제가 코로나19 쇼크 전, 즉 2019년 말까

미국의 소비자물가와 단위노동비용의 변화 자료: 세인트루이스 연방준비은행

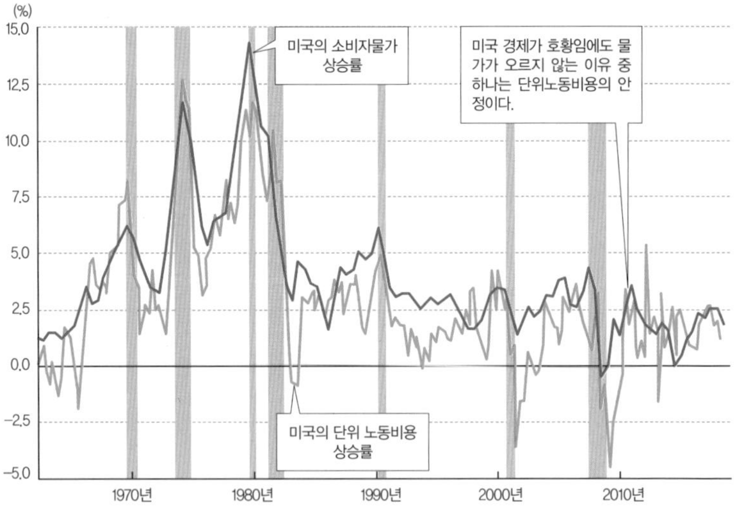

• 음영으로 표시된 부분은 전미경제분석국에서 불황으로 판정한 시기.

지 호황을 누렸음에도 불구하고 물가가 오르지 않는 이유가 단위노동비용의 안정에 있음을 알 수 있다.

단위노동비용이라는 말은 좀 어렵지만, 담고 있는 내용은 그리 어렵지 않다. 예를 들어 B 자동차회사의 근로자들이 단체협상을 통해 임금을 10% 인상하는 데 성공했더라도, 근로자 1인당 자동차 생산량이 20% 늘어났다면 이 회사가 느끼는 체감 인건비는 10% 떨어진 셈이다.

물론 반대의 경우도 종종 발생한다. 대표적인 경우가 1980년대로, 당시에는 단위노동비용이 연 10%씩 계속 상승했다. 결국 단위노동비용이란 임금상승률에서 생산성 개선율을 뺀 값이며, 기업이 느끼는 '체감 인건비'라고 할 수 있다.

그런데 단위노동비용이 크게 상승하거나 하락하면 경제에 어떤 일이 벌어질까?

이는 경쟁구도에 따라 달라질 것이다. 경쟁이 치열한 상황이면 기업들은 단위노동비용이 하락할 때에는 적극적인 가격인하 정책을 사용할 가능성이 높다. 상점가를 걸어가다가 '폭탄세일'이라는 팻말을 보면 눈이 저절로 돌아가지 않던가?

반대로, 단위노동비용이 상승할 때에는 경쟁력을 가진 기업부터 가격을 인상하기 시작할 것이며, 가장 경쟁력이 약한 기업이 가장 나중에 가격 인상에 나설 것이다. 얼마 전에 라면 가격이 인상될 때, 어떤 회사가 가장 먼저 가격을 올렸는지를 보면 금방 짐작할 수 있을 것이다.[1] 이런 연유로 단위노동비용이 떨어질 때에는 경제 전반의 물가상승

1 한겨레신문(2016. 12. 16), "신라면 값 올랐다…농심, 평균 5.5% 인상".

압력이 떨어지며, 반면 단위노동비용이 급등할 때에는 물가상승 압력이 높은 '인플레'의 시대가 열리게 된다.

그런데 또 한 가지 궁금증이 생긴다.

"미국은 코로나19 쇼크 전까지 실업률이 사상 최저 수준이었는데, 단위노동비용이 왜 오르지 않았을까?"

다음에서 그 이유를 파헤쳐보자.

미국의 단위노동비용은 왜 오르지 않았을까?

미국이 2019년 말까지 경기가 좋았는데도 단위노동비용이 오르지 않은 이유는 임금이 인상되지 않았기 때문이다.

물론 미국의 명목임금은 꾸준히 상승했다. 하지만 실질임금은 거의 오르지 못하고 있다. 실질임금이란 물가를 감안한 임금으로, 예를 들어 임금이 10% 상승했더라도 소비자물가가 10% 올랐다면 실질임금의 상승률은 0%가 될 것이다.

다음 그림은 미국의 노동생산성과 실질임금의 장기적인 흐름을 보여준다. 그림을 보면 1970년대까지만 해도 노동생산성과 실질임금이 나란히 상승했다. 즉, 근로자들의 1인당 생산량이 늘어나면 기업도 그에 맞추어 임금을 인상해주었다. 그러나 이런 좋은 시절은 오래가지 않았다.

1980년대로 접어들면서부터 실질임금은 생산성 향상 속도에 비해 별로 오르지 않기 시작했다. 특히 1990년대 이후 정보통신 혁명 덕

1953년 이후 미국 노동생산성과 실질임금 추이

자료: 세인트루이스 연방준비은행

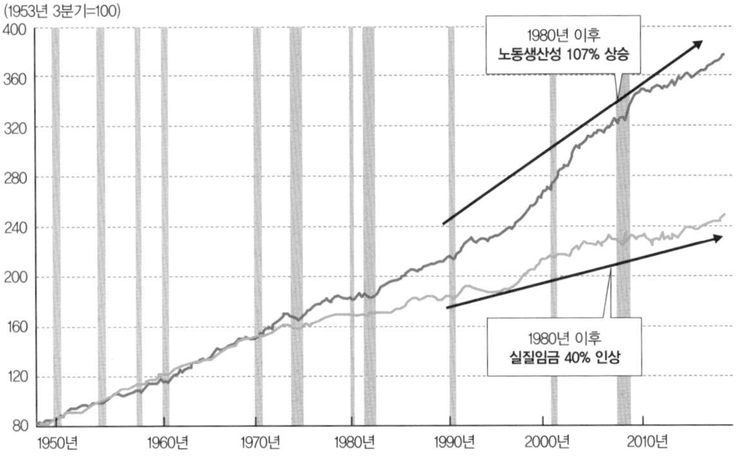

• 음영으로 표시된 부분은 전미경제분석국에서 불황으로 판정한 시기.

분에 생산성이 더욱 빠르게 향상되었는데도 실질임금은 정체 상태를 벗어나지 못했다.[2]

결과적으로 미국의 노동생산성은 1953년 이후 3.8배 상승했지만, 같은 기간 근로자들의 실질임금은 단 2.5배 오르는 데 그쳤다. 1980년 이후로 한정해보면 더욱 참혹하다. 1980년 이후 미국의 노동생산성은 107% 상승했지만 근로자들의 실질임금은 단 40% 인상되었다.

물론 생산성의 향상이 나쁜 일은 아니다. 생산성이 향상되면 기업들의 경쟁력이 개선되며, 더 나아가 경제도 성장한다. 다만, 생산성이 크게 향상되었음에도 실질임금이 별로 오르지 않으면, 결국 생산성 향

2 Bureau of Labor Statistics(2011), "The Compensation-productivity Gap: A Visual Essay".

상의 이득이 기업에만 집중된다는 문제가 생긴다.

불평등이 디플레 위험을 높인다

생산성이 빠르게 개선되는데, 실질임금이 이를 따르지 못하면 어떻게 될까?

B 자동차회사의 생산성이 100% 개선되었는데 직원들의 연봉 총액이 40% 올랐다고 가정해보자. 노사협상 담당 임원은 분명 승진했을 것이다. 기업의 입장에서는 단위노동비용, 즉 체감 인건비가 떨어진 셈이니 그만큼 이익이 늘어났을 것이다. 이 이익을 고스란히 누리는 측은 누구일까? 바로 최고경영자와 주주들이다.

최고경영자는 실적 개선에 따른 보너스를 두둑하게 챙겼을 것이고, 주주들은 배당 혹은 자사주 매입 등을 통해 충분한 보상을 받았을 것이다. 미국 주식시장이 지난 1990년 이후 2019년 말까지 지속적인 상승세를 보인 이유 중에 하나도 단위노동비용 하락이라고 본다.

그런데 기업의 단위노동비용이 하락한다는 것은 결국 노동자에게 돌아가는 몫이 줄어드는 셈이다. 이런 현상은 불평등이 심화되는 문제를 낳는다. 특히 미국의 중산층 및 근로계층의 경우 주식 보유 비중이 낮기 때문에, 기업의 실적개선 및 주가 상승의 효과는 상류층에만 집중되는 문제가 생긴다. 대부분의 가계는 주식투자의 비중이 낮아 주가 상승의 혜택을 거의 누리지 못하고 있는 것이다.

특히 UC버클리대학 경제학과 이매뉴얼 사에즈(Emmanuel Saez) 교수 등의 분석에 따르면, 1920년대와 달리 최근의 불평등 확대는 대부분 '임금 격차'로 설명이 가능하다고 한다. 즉, 최고경영자 및 1류급 엔니지어의 연봉은 폭발적으로 상승한 반면, 대다수의 근로자 임금은 정체되는 일이 벌어진 것이다.[3]

물론 최고경영자 등의 연봉이 급등한 것은 연봉인상뿐만 아니라 스톡옵션 제도의 확산에 힘입은 바 크다. 스톡옵션이 없는 근로자들은 퇴직연금 계좌 등을 통해 주가 상승의 혜택을 누릴 수 있지만, 안타깝게도 다수 근로자들의 주식투자 규모는 고소득층에 비해 그리 크지 않은 것이 현실이다.[4]

미국의 단위노동비용 및 GDP 대비 기업이익의 변화

자료: 세인트루이스 연방준비은행

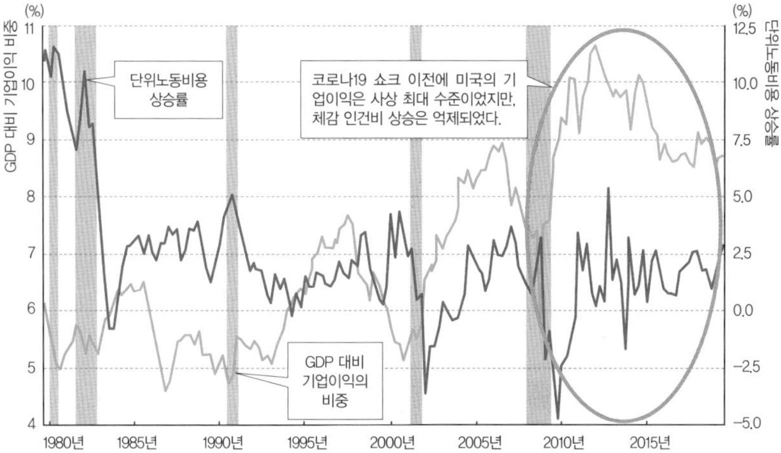

• 음영으로 표시된 부분은 전미경제분석국에서 불황으로 판정한 시기.

3 Thomas Piketty & Emmanuel Saez(2003), "Income Inequality in The United States, 1913–1998", The Quarterly Journal of Economics, February 2003.

4 미국 가계의 자산 배분에 대해서는 107쪽 〈한 걸음 더〉 '선진국 가계의 자산구성은?'을 참고하면 된다.

2

미국의 실질임금이 오르지 않는 첫 번째 이유
숙련 편향적 기술진보

이제 화제를 바꾸어 미국 근로자의 실질임금이 상승하지 못한 부분에 초점을 맞추어보자. 실질임금의 정체를 불러온 요인은 매우 다양하지만, 크게 보아 숙련 편향적 기술진보와 세계화, 그리고 인구 고령화가 원인인 것으로 보인다.

숙련 편향적 기술진보는 어떻게 실질임금 상승을 억누를까?

'숙련 편향적 기술진보(Skill-biased Technological Change, SBTC)'는 1990년대를 전후해 발생한 기술혁신으로 인해 전통적인 일자리들이 사라지는 반면, 정보통신 분야에서 새로운 산업이 왕성해지면서 나타난 '노동시장의 양극화' 현상을 말한다.

다음의 그림은 1990년대 중반 이후 대졸자와 고졸자의 임금상승률 추이인데, 숙련 편향적 기술진보가 경제에 미치는 영향을 잘 보여준다. 경기가 호황이든 불황이든 상관없이 항상 대졸자의 임금상승률이 고졸자보다 높은 것을 알 수 있다.

원래 대졸자의 연봉이 더 높은 편인 데다가 임금상승률마저 높으

미국의 학력별 임금상승률

자료: 애틀란타 연방준비은행, "Wage Growth Tracker"

• 음영으로 표시된 부분은 전미경제분석국에서 불황으로 판정한 시기.

면, 결국 교육수준에 따른 양극화 문제가 더욱 심각해질 수밖에 없다.

학력별 소득 양극화 현상이 나타나는 주된 이유는 정보통신 혁명 때문이다.[5] 생산성이 빠르게 향상되는 산업의 비중이 높아지고, 소비자들의 지출이 이 부문에 집중되면 보상의 수준도 커지기 마련이다.

미국 대졸 신입사원의 연봉은 4만 8,000달러 내외인데, 기술혁신의 총아인 이른바 STEM 전공자들은 훨씬 높은 연봉을 받는다. STEM이란 과학(Science), 기술(Technology), 공학(Engineering), 수학(Mathematics) 전공의 앞 글자를 따서 만든 조어이다.

반면, 정보통신 산업의 성장에 피해를 입는 산업은 어려움이 날로

5 최강식, 조윤애(2013), 「숙련 편향적 기술진보와 고용」, 산업연구원.

가중된다. 예를 들어 문학이나 철학 같은 인문학 전공자들은 사회 평균에 크게 미달하는 소득(연 3만 달러 전후)에 그칠 뿐이다.[6]

이 대목에서 잠깐 개인 경험을 풀어놓자면, 대학을 다니던 1980년대 후반에 학교 신문사에서 일한 경험이 있다. 마음껏 글을 쓸 수 있는 데다가, 조금이지만 학비 보조도 받을 수 있어서 지방에서 올라온 돈 없는 학생 입장에서는 최고의 자리였다. 당시 모교 선배가 운영하던 신문사에서 학보의 조판작업을 했는데, 수십 년 경력을 자랑하는 식자공(植字工)의 빠른 손놀림에 경탄했던 기억이 선명하다. 200자 원고지에 빽빽하게 적힌 글에 해당되는 활자를 순식간에 골라내고, 신문 조판에 맞추어 자간 및 줄 간격을 적절하게 조절하는 모습을 보며 입을 다물지 못했던 기억이 선명하다.

그러나 1993년 필자가 경제연구소에 입사했을 때에는 세상이 바뀌어 있었다. 컴퓨터가 빠르게 보급되는 가운데, 연구소에서 발간하는 보고서는 모두 전자출판으로 바뀌었다. 서울 을지로에 있는 인쇄소 골목에서 보고서를 출간하기 직전에 인쇄 상태를 사전 점검하는 용도로 잠깐 방문하면 일이 끝났다. 컴퓨터 덕분에 일은 간편해지고 생산성은 이전보다 훨씬 올라갔다. 그러나 그 과정에서 식자공들은 대부분 일자리를 잃어버렸다. 물론 식자공들이 전자출판 업무를 배우는 방법도 있겠지만, 나이가 들고 또 오랫동안 동일 업무에 종사했던 사람이 새로운 일(혹은 학문)을 시작하는 것은 많은 어려움이 있을 수밖에 없

6 The Wall Street Journal(2019. 5. 10), "What's a Liberal Arts Degree Worth?".

다. 따라서 정보통신 혁명이 급격히 진행될수록 노동시장에는 강력한 양극화가 발생할 가능성이 높다.

더 중요한 문제는 전 세계적으로 볼 때 대졸자는 소수에 불과하다는 점이다. 대학을 졸업한 사람들의 소득수준이 사회 평균보다 월등하게 높음에도 불구하고, 미국 등 주요 선진국의 대학 진학률은 오히려 떨어지는 중이다.[7] 2018년 미국의 대학 진학률은 40%인데, 이는 2000년의 35%에 비하면 높은 수준이지만, 2010년에 기록했던 정점(41%)에 비해서는 떨어졌다.

한편 최근 미국 대졸자의 55% 이상이 여성이라는 점도 영향을 미친다.[8] 왜냐하면 미국 대졸 여성들의 고용률은 남성에 비해 훨씬 낮기 때문이다. 예를 들어 미국 25~34세 여성의 경제활동참가율은 1996년 75.4%에서 2016년 74.5%로 0.9%포인트 줄어들었다. 특히 35~44세 여성의 경제활동참가율은 1996년 77.5%에서 2016년 74.5%로 3%포인트 낮아졌다. 결국 대학을 힘들게 졸업한 뒤에 일자리를 갖지 않거나, 가지지 못하는 여성들의 비율이 꾸준히 늘어난 셈이다.

이렇게 되면, 사회 전반의 임금상승 압력은 더욱 낮아질 수밖에 없다. 대졸자에게 아무리 임금을 더 많이 주더라도, 대졸자 비율 자체가 높지 않고, 또 대졸자의 다수를 차지하는 여성의 경제활동참가율이 낮아진다면 사회 전체의 평균 임금은 오히려 하락할 수도 있기 때문이다.

7 NCES(2019), "College Enrollment Rates".

8 이 문제에 대해서는 110쪽 〈한 걸음 더〉 '미국 남학생의 대학 진학률이 왜 낮을까?'를 참고하기 바란다. 한국의 경우 서울 소재 주요 명문대 기준으로 여학생 비중은 2010년대 중반 대부분 40%를 넘어섰다.

이 대목에서 미국 대졸 여성이 노동시장에서 빠져나가는 이유가 궁금한 독자들이 많을 텐데, 이 책의 주제와 직접적인 연관이 없기에 간단하게만 설명한다. 여러 요인이 있지만, 가장 중요한 것은 '사랑' 때문이다. 대졸 여성들은 결혼시장에서 인기가 높다. 머리가 좋다는 것이 대학 졸업으로 이미 입증된 데다가 생애에 걸친 기대소득도 높기 때문이다.

최근 발간된 흥미로운 책 『결혼시장(Marriage Markets)』의 저자들은 다음과 같이 미국 결혼시장의 현실을 설명한다.

> 두 저자(미네소타대학의 준 카본 교수와 조지워싱턴대학의 나오미 칸 교수)는 결혼제도가 아이를 기르는 데 가장 효과적이라는 믿음이 많은 미국인에게 이제는 매력이 없거나, 아니면 성취하기 어려운 것이 되었다고 지적한다. 결혼한 부부의 절반이 이혼하는 상황이고, 미국에서 태어나는 아이의 40%가 미혼모(Single mother)를 부모로 두고 있다. (중략)
>
> 미국 소득 상위 30%(=대졸자)의 사람들에게 결혼은 여전히 과거와 비슷한 모습이다. 이혼율은 낮고 이들은 너무 바빠서 결혼시장에 다시 돌아갈 여유가 없다. 특히 부유한 부모는 결혼제도의 장점과 혜택을 아이에게 물려줄 수 있다. 두 저자는 미국 사회에서 소득 상위계층만이 자녀들에게 투자할 시간과 돈이 있다고 말한다.[9]

9 The New York Times(2014. 7. 26.), "If Marriage Moves Beyond Our Means".

슬픈 이야기다. 미국에서 이미 결혼제도는 '소수'에게만 의미 있는 것이 되었고, 특히 교육을 잘 받은 남녀만이 결혼할 수 있는 세상이 도래한 셈이니 말이다.

따라서 미국 고학력 여성의 경제활동참가율은 날이 갈수록 낮아진다. 왜냐하면 출산과 육아 부담을 여성이 지고 있는 상황에서 결혼이 곧 '노동시장에서의 이탈'로 이어지기 때문이다. 더 나아가 고소득층의 출산율이 높아지는 현상도 고학력 여성의 경제활동참가율을 떨어뜨리고 있다.[10]

결론적으로 숙련 편향적 기술진보로 인해 임금 격차가 커지고 있는 상황에서 미국의 대학 진학률이 떨어지고 있으며, 대졸자의 55%를 차지하는 여성들의 경제활동참가율이 떨어지는 것은, 미국 실질임금 상승 가능성을 더욱 어둡게 하고 있다. 특히 2020년 발생한 코로나19 사태로 실업률이 급등하고 있는 만큼 실질임금은 하락 압력을 더 크게 받을 것 같다.

10 Pew Research Center(2018. 1. 18), "They're Waiting Longer, but U.S. Women Today More Likely to Have Children Than a Decade Ago".

3

미국의 실질임금이 오르지 않는 두 번째 이유
기술진보에 못지않게 중요한 요인, 세계화

미국의 실질임금이 상승하지 못한 또 다른 이유는 무엇일까? 앞에서 말했듯, '기술진보'가 미국 사회에 큰 충격을 준 요인이지만, 이슈 혹은 폭발력 측면에서만 보면 '세계화' 문제가 훨씬 더 큰 영향을 미치고 있다.

트럼프 대통령의 당선에서 확인되듯, 미국의 상당수 유권자들은 중국을 비롯한 신흥국으로의 일자리 이동, 더 나아가 외국인 근로자들의 유입 때문에 자신의 삶이 어려워졌다고 판단하는 비율이 더 높다. 그렇다면 다음과 같은 의문을 품은 독자들이 적지 않을 것이다.

> "미국의 유권자들은 왜 '정보통신 혁명'에 따른 일자리의 상실보다 세계화의 충격에 더 민감하게 반응할까?"

그 이유는 '눈앞에 보이기' 때문이다. 자신이 일하던 공장이 문을 닫고, 중국 혹은 멕시코로 이전하며 발생한 대규모 실업사태는 잊을 수 없는 충격을 주었다. 실제로 미국 노동경제학계의 스타 데이비드 오터(David Autor) 등이 분석한 보고서는 세계화의 충격이 특정 지역에

집중되는 특성을 가지고 있음을 여실히 보여준다.[11]

세계화가 미국 일자리와 임금 상승에 준 충격

다음 그림은 미국에서 중국과의 교역으로 일자리를 잃어버린 지역을 표시한 것이다. 그림에서 색이 점점 진해질수록 일자리가 많이 사라진 지역이다. 한눈에 5대호 연안의 자동차산업 및 철강산업 밀집지, 그리고 동부의 섬유 및 의류 관련 일자리가 가장 많이 사라진 것을 확인할 수 있다. 그리고 독자들이 짐작하듯, 이들은 2016년 대통령 선거에서 공화당의 트럼프 후보를 적극적으로 지지한 유권자들이 많이 자리잡고 있는 지역이다.

미국에서 중국과의 무역으로 일자리를 잃어버린 지역

자료: 월스트리트저널(2016. 4. 11.), "Why China Trade Hit U.S. Workers Unexpectedly Hard".

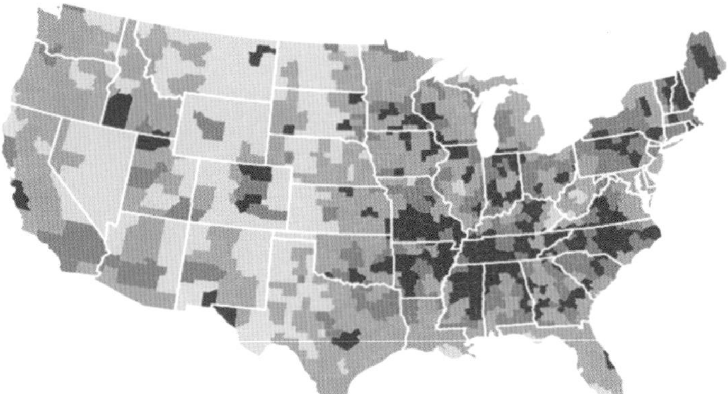

지도에서 색이 진할수록 일자리 감소 규모가 크다. 주로 5대호 연안의 자동차산업 및 철강산업 밀집지, 동부의 섬유 및 의류 관련 일자리가 많이 사라졌다.

11 NBER(2016), "The China Shock: Learning from Labor Market Adjustment to Large Changes in Trade".

참고로 미국이 중국과의 교역에서 잃어버린 일자리는 대략 98만~200만 개로 추정된다. 미국의 일자리 수는 1억 4,800만 개이므로, 전체 일자리에서 차지하는 비중이 0.6~1.3% 정도에 불과하다. 하지만 근로자들의 입장에서는 사업주가 "저임금 근로자들이 있는 중국으로 공장을 이전하겠다"라고 위협하는 것만으로도 임금협상 등에서 우위를 잃게 될 것이기에, 임금 상승의 압력을 낮추는 역할을 하게 된다.

잠깐 덧붙이자면, 모든 국제무역이 일자리를 사라지게 만드는 것은 아니다. 유럽 등 선진국과의 교역에서는 일자리가 급격히 사라지는 충격이 두드러지지는 않는다. 왜냐하면 상대적으로 강점을 가지고 있는 분야, 예를 들어 고급 자동차 분야에서는 독일이 우위를 가지고 있더라도, 정보통신 분야에서는 미국이 우위를 가지고 있어 경제 전체의 효율성을 높이고 파이를 키우는 면이 더 부각되기 때문이다.

반면 중국 등 신흥국과의 교역에서는 일자리 문제가 두드러진다. 왜냐하면 중국이나 인도 등의 신흥국 소비자들은 아직 구매력이 적은 데다가 시장 개방성도 낮아서 미국이나 독일 등 선진국으로부터의 수입이 턱없이 부족하기 때문이다. 따라서 신흥국과의 교역이 증가하면 경제 전체의 인플레 압력이 낮아져 소비자들의 구매력이 개선되는 대신, 일자리 측면에서는 '순유출'이 부각될 수밖에 없다. 이는 선진국의 임금 상승을 억제하는 효과도 가져오게 된다. 이래저래 미국의 실질임금 상승 가능성이 높지 않은 것이다.

4

미국의 실질임금이 오르지 않는 세 번째 이유 기술진보와 세계화보다 어쩌면 더 중요한 요인, 고령화

미국의 실질임금 상승 압력을 약화시키는 마지막 요인으로는 '고령화'를 들 수 있다. 예전에는 베이비붐 세대가 은퇴함에 따라 경제활동인구가 줄어들어 인건비가 상승하고, 은퇴한 노인들이 그동안 모은 돈을 인출해 소비하기에 금리와 물가가 오를 것이라는 예상이 지배적이었다.[12] 그러나 현실은 정반대다.

2000년대 중반부터 베이비붐 세대의 은퇴가 시작되었지만 물가와 임금, 그리고 금리의 상승은 나타나지 않았다. 아니, 오히려 물가와 임금, 금리 모두 하락하고 있다. 이런 현상이 나타난 이유는 무엇일까?

베이비붐 세대 은퇴, 그런데 왜 임금이 하락할까?

가장 큰 이유는 2008년 발생한 글로벌 금융위기겠지만, 또 다른 이유는 노인 인구의 행동 변화에 있는 것으로 보인다.

다음의 그림은 미국 노인들의 경제활동참가율을 보여주고 있

12 NBER(2011), "The Determinants and Long-term Projections of Saving Rates in Developing Asia".

다. 1996년 미국의 65세 이상 74세 이하 노인의 경제활동참가율은 단 12.1%에 불과했다. 그러나 2006년에는 이들의 경제활동참가율이 15.4%로 높아졌으며, 2016년에는 19.3%까지 상승했다.

이런 기현상이 나타난 가장 큰 이유는 '건강'이다. 1971년 미국의 45~49세 사망률(1,000명 중에 그해 사망한 사람의 비율)은 7.37명이었다. 그러나 2015년 미국의 50~54세 사망률이 6.08명까지 낮아졌다. 즉, 지금의 50대는 40년 전의 40대보다 더 건강하다는 것이다. 이렇다 보니 미국에서 1946~64년에 태어난 7,800만 명의 베이비붐 세대가 노동시장에서 은퇴하는 시기가 갈수록 늦어지고 있다.

문제는 미국 고령층의 임금수준이 사회 평균보다 훨씬 낮은 편에 속한다는 점이다. 애틀랜타 연방준비은행의 통계에 따르면, 2009년 이후 미국 55세 이상 근로자의 연 평균 임금상승률은 1.47%를 기록한 반면, 25~54세의 임금상승률은 2.81%로 노년층이 1.34%포인트 낮은

미국 노인 인구의 경제활동참가율 변화

자료: 미국 노동통계국, 고용예측프로그램(2019)

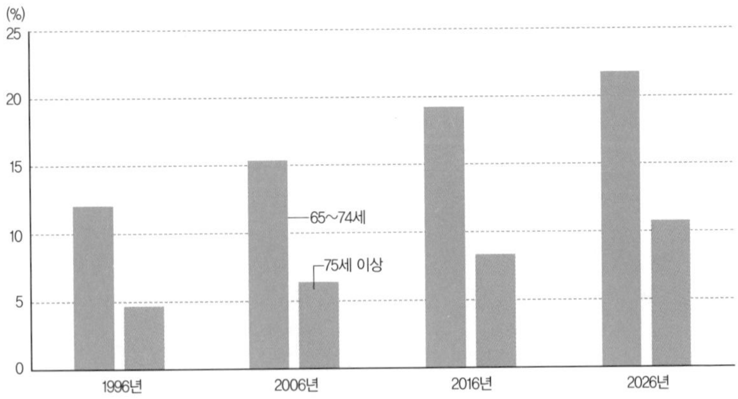

것으로 나타났다. 이처럼 미국 고령자의 임금상승이 억제되는 가장 큰 이유는 일자리 구조의 변화 때문이다.

최근 발표된 미국 노동부의 일자리 전망에 따르면, 향후 10년간 일자리 전망이 밝은 곳은 헬스케어 관련 직업이며, 그다음이 컴퓨터 및 수학적 업무 등이라고 한다.[13] 즉, 일자리가 늘어나는 직업의 대부분이 노동강도가 높거나 높은 학력을 요구하는 것에 비해, 베이비붐 세대는 나이가 들어 근력이 떨어지고 상대적으로 정보통신 사회에 걸맞은 교육을 받지 못해 이런 흐름에서 소외되고 있다고 볼 수 있다. 따라서 최근 미국의 금리 하락은 상당 부분 '고령화' 때문이라는 분석이 제기되고 있다.[14]

미국의 금리, 물가 하락에 고령화가 미치는 영향

간단하게 세인트루이스 연방준비은행이 발간한 보고서의 내용을 요약하자면, 첫 번째 경로는 잠재성장률의 하락이다. 고령층이 늘어나면 경제 전체의 성장 탄력이 떨어지며, 이들이 노동시장에 참여한다고 해도 생산성이 낮은 편이기에 경제 전체적으로는 성장 탄력을 떨어뜨리는 면이 있다.

고령화가 금리를 떨어뜨리는 두 번째 경로는 경제활동인구가 미래에 대한 불안감을 가진 데 있다. 60세 이상의 베이비붐 세대가 은퇴하지 못하고 계속 일자리를 찾는 모습을 본 젊은 세대들이 장차 자신

13 U. S. Bureau of Labor Statistics(2019), "Employment Projections Program".

14 St. Louis Fed(2019), "Factors Behind the Decline in the U.S. Natural Rate of Interest".

들도 노후 빈곤에 시달릴 수 있다고 걱정하면서 저축을 더 늘리려고 한다는 것이다. 실제로 미국의 저축률은 2005~08년을 바닥으로 지속적으로 상승하고 있다. 따라서 베이비붐 세대의 은퇴 지연 및 고령화 경향은 미국 실질임금의 상승을 억제하고 물가를 떨어뜨리는 효과를 발휘할 것으로 판단된다.

지금까지 살펴보았듯, 결국 기술혁신과 세계화, 그리고 고령화의 파도 속에서 미국 근로자들의 실질임금 상승이 억제되고, 이로 인해 미국의 물가도 상승 탄력이 억제되는 셈이다. 그러나 아직 의문이 남는다.

"물가를 결정짓는 요인이 '임금'처럼 공급 요인만 있을까? 통화당국이 돈을 풍부하게 공급하면 인플레 위험을 높이지 않을까?"

일리 있는 이야기다. 4장에서 이 의문을 풀어보자.

한 걸음 더

선진국 가계의 자산 구성은?

미국 가계는 자산의 70%가 금융자산이라고? — 통계의 착시

금융투자협회에서 작성한 「2014 주요국 가계 금융자산 비교」를 보면, 한국의 가계가 유별나게 부동산 등 비금융자산의 비중이 높다는 것을 알 수 있다. 반면 미국의 가계는 전체 자산의 70% 이상을 금융자산에 투자하고, 금융자산 내에서 주식/펀드의 비중이 40% 이상에 달하는 등 세계에서 가장 주식을 선호하는 것으로 나타났다.[15]

주요국 가계의 자산 구성 비교

자료: 각국 중앙은행

구분	한국	미국	일본	영국	호주
비금융자산	75.1%	29.3%	39.9%	50.4%	60.4%
금융자산	24.9%	70.7%	60.1%	49.6%	39.6%

기준시점 : 한국(2012년), 미국(2013년), 일본(2012년), 영국(2012년), 호주(2013년, 2분기)

그러나 이 통계를 해석할 때에는 한 가지 더 고민할 부분이 있다. 그것은 바로 '평균의 함정'이다.

15 금융투자협회(2015), 「2014 주요국 가계 금융자산 비교」.

선진국의 소득 최상위층과 중하위층은 자산 구성이 어떻게 다를까?

다음의 표는 소득 최상위 20%(5분위)와 소득 61~80% 계층(2분위)의 자산 분포를 보여준다.

주요국 소득 5분위별 가구의 순자산 대차대조표

단위: % | 자료: 국제결제은행

구분	소득 분위	자산					부채		레버리지 (배)
		예금	주식	채권	펀드	부동산	주택담보 대출	기타 부채	
미국	5분위	12.4	15.1	3.4	14.6	54.5	90.9	9.1	1.1
	2분위	7.5	0.6	0.2	0.6	91.1	76.1	23.9	3.4
	비중차이	4.9	14.5	3.2	14.0	−36.6	14.8	−14.8	−2.4
영국	5분위	15.8	6.2	4.6	2.5	70.9	92.5	7.5	1.0
	2분위	17.9	1.6	1.1	0.1	79.3	87.8	12.2	1.7
	비중차이	−2.1	4.6	3.5	2.4	−8.4	4.7	−4.7	−0.6
프랑스	5분위	11.9	7.3	0.9	3.4	76.5	73.0	27.0	1.1
	2분위	34.5	1.2	0.0	0.8	63.5	78.4	21.6	1.6
	비중차이	−22.6	6.1	0.9	2.6	13.0	−5.4	5.4	−0.6
독일	5분위	16.2	3.8	3.4	5.0	71.7	91.8	8.2	1.1
	2분위	57.1	0.9	0.0	1.8	40.2	66.7	33.3	1.4
	비중차이	−40.9	2.9	3.4	3.2	31.5	25.1	−25.1	−0.3
이탈리아	5분위	8.5	1.3	5.1	2.8	82.2	69.9	30.1	1.0
	2분위	13.7	0.3	2.2	0.6	83.1	80.4	19.6	1.2
	비중차이	−5.2	1.0	2.9	2.2	−0.9	−10.5	10.5	−0.2
스페인	5분위	12.5	3.3	0.5	2.7	80.9	84.3	15.7	1.1
	2분위	5.1	0.2	0.1	0.3	94.4	89.7	10.3	1.3
	비중차이	7.4	3.1	0.4	2.4	−13.5	−5.4	5.4	−0.2

소득 최상위층인 5분위 가계가 중산층 하위 그룹인 2분위 가계보다 금융자산의 비중이 높고, 빚을 내어 투자하는 레버리지를 적게 사용한다.

먼저 미국을 보면, 소득 최상위 20% 계층(5분위)은 전체 자산의 15.1%를 주식에 투자하고, 14.6%를 펀드에 투자하는 반면, 부동산에 대한 투자 비중은 54.5%에 불과하다. 즉, 미국 사람들을 소득에 따라 1등부터 100등까지 줄을 세웠을 때, 1등부터 20등에 해당되는 소득을 가진 상위층은 주식이나 펀드의 투자 비중이 사회 평균보다 훨씬 높다.

그러나 중산층 하위 그룹(소득 61~80% 계층, 2분위)은 전체 자산의 91.1%를 부동산에 투자하고 있는 반면 주식투자의 비중은 단 0.6%에 불과하다. 결국 미국 가계의 '평균' 주식투자 비중이 높은 것도 최상위층의 주식 사랑 때문임을 알 수 있다.

이런 현상은 비단 미국만의 일이 아니다. 영국도 가계의 전체 자산에서 부동산 비중이 단 50.4%에 불과하지만, 중산층 하위 그룹의 부동산 보유 비중은 79.3%에 이른다.

따라서 주식가격의 상승은 대부분의 중산층 입장에서 '자기와 상관없는 문제'로 취급된다. 소득 최상위 계층이야 주가 상승으로 큰 혜택을 보지만, 대신 그들은 저축도 많이 하기에 주가 상승의 효과가 경제 전반에 고루 퍼지기는 어렵다. 반면 럭셔리 제품 등 소득 상위 계층이 선호하는 일부 산업은 주가 상승의 혜택을 볼 여지가 충분할 것이다.

한 걸음 더

미국 남학생의 대학 진학률이 왜 낮을까?

앞에서 미국의 대학 진학률이 낮아지는 것이 실질임금의 상승을 억제하고, 이는 물가상승 및 경제성장의 탄력 약화로 이어지고 있다고 지적한 바 있다. 그런데 최근 미국의 대학 진학률 흐름을 살펴보면 한 가지 특징을 발견할 수 있다. 바로 남학생에 비해 여학생의 대학 진학률이 월등히 높다는 점이다. 이는 인종/민족 집단의 여하를 막론하고 나타나는 일이다. 그렇다면 이런 의문이 생길 수 있다.

미국의 성별/인종별 대학 진학률 변화

자료: 미국교육통계센터(NCES, 2019)

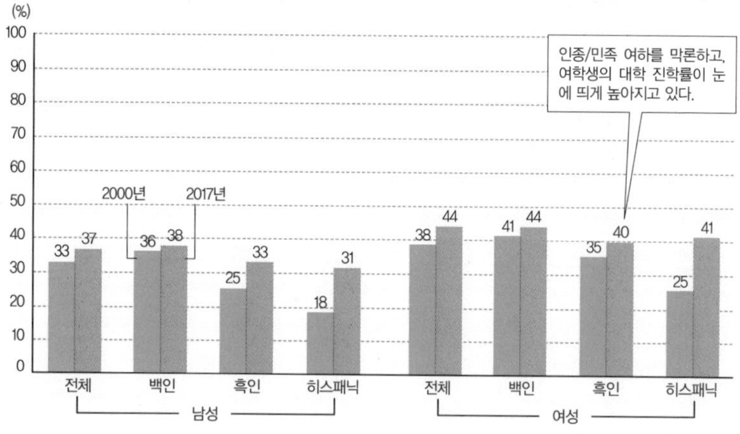

"미국에서 대학 졸업자들이 취직도 더 잘되고 임금도 높은데, 왜 남학생들은 여학생들만큼 대학에 진학하지 않는 것일까?"

여러 이유가 있겠지만, 최근 전미경제분석국의 여러 학자들이 발간한 흥미로운 보고서는 젊은 남성의 대학 진학률 하락 및 경제활동참가율 둔화의 원인을 '게임'에서 찾는다.[16]

다음의 그림에 나타난 것처럼, 21~55세 전체 남성의 고용률은 글로벌 금융위기 이후 빠르게 회복되고 있다. 하지만 대학에 진학하지 못한 젊은 남성(21~30세)의 고용률은 금융위기 이전부터 이미 하락하고 있었을 뿐만 아니라 21~55세 전체 남성의 고용률과 격차를 좁히지 못하고 있다.

논문의 저자들은 이 부분에 주목했다. 왜 미국의 젊은 남성들은 대학

미국의 연령대에 따른 대졸 및 비대졸 남성의 고용률

자료: 미국 노동통계국

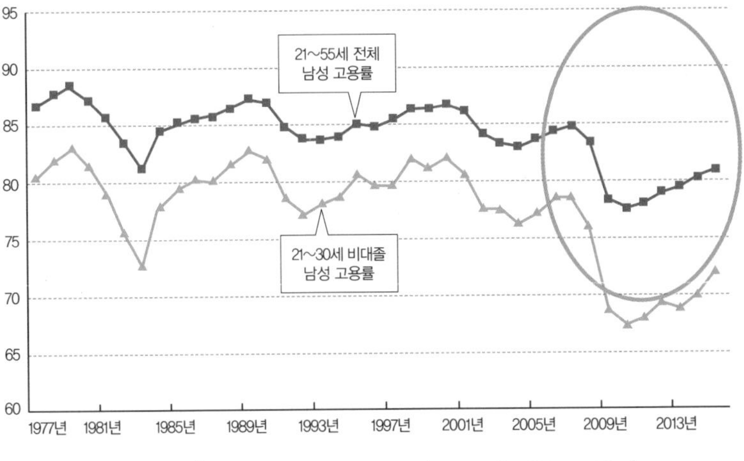

16 자료: NBER(2017), "Leisure Luxuries and The Labor Supply of Young Men".

미국 남성의 교육수준에 따른 게임 관련 소비 비중

자료: NBER(2017), "Leisure Luxuries and The Labor Supply of Young Men".

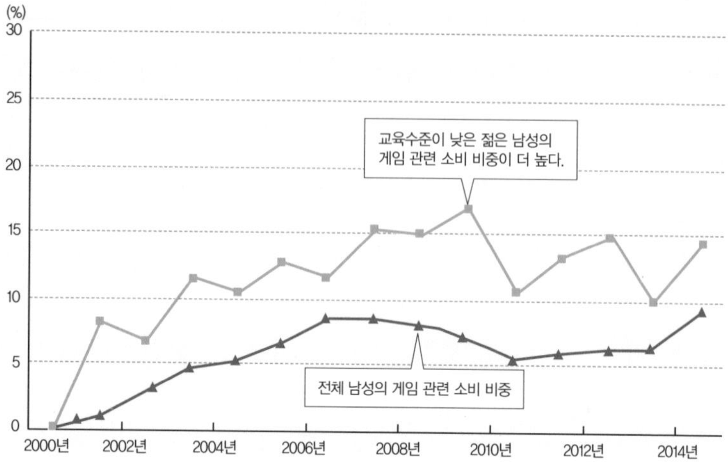

도 덜 가고 취직도 덜 하는 것일까?

저자들은 소비자지출 조사를 활용해 젊은 남성, 특히 교육수준이 낮은 남성(LEYM, Less Educated Young Men)의 소비지출을 같은 나이대 남성들의 평균과 비교했다. 그 결과 교육수준이 낮은 젊은 남성일수록 소비지출 성향이 높았다. 세부적으로는 비싼 레저 제품, 즉 게임 관련 지출의 비중이 15% 수준으로 높은 편이었다. 미국 남성들의 대학 진학률 및 취업률이 낮은 원인 중 하나를 짐작할 수 있는 대목이다.

물론 이 논문에는 한계가 많다. 절망적인 현실에 직면한 젊은 남성들이 게임이라는 도피처를 찾았을 수도 있기 때문이다. 즉, 원인과 결과가 반대일 수 있다. 따라서 이 논문은 현재 미국 청년층이 어떻게 지내고 있으며, 왜 어려움을 겪고 있는지 파악하는 용도로 쓰는 것이 적합할 것이다.

4

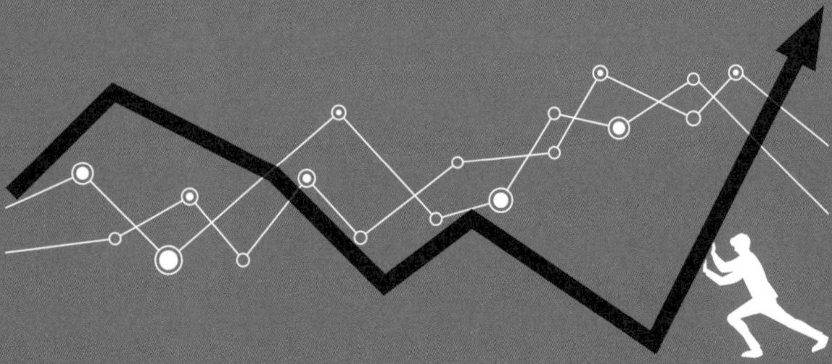

돈을 그렇게 풀었는데, 왜 물가가 안 오를까?

3장에서 미국 경제에 나타난 세 가지 변화를 살펴보았다. 기술혁신과 세계화, 그리고 고령화는 경제 전반의 임금상승률을 떨어뜨리고, 특히 불평등을 심화시킨 요인이었다. 그런데 이 대목에서 한 가지 의문이 떠오를 수 있다.

"물가를 '임금' 같은 공급 측 요인으로만 설명할 수 있을까?"

당연한 궁금증이다. "인플레는 화폐적 현상"이라고 주장한 경제학자도 있지 않았던가? 미국이나 유럽의 중앙은행들이 제로금리, 더 나아가 양적완화 정책을 펴서 그렇게나 많은 돈을 뿌렸는데도 물가는 왜 오르지 않는 것일까? 4장에서 이 의문을 풀어보자.

1

금리를 내리면 경제에 돈이 풀린다!

지난 2008년 글로벌 금융위기 이후 세계 주요국 중앙은행은 금리를 역사상 최저 수준으로 떨어뜨렸다(참고로 미국 연준은 2020년 3월 코로나19 쇼크에 대응해 정책금리 범위를 역사상 최저 수준인 0.0~0.25%로 인하했고, 한국은행도 같은 달에 기준금리를 0.75%까지 낮춘 바 있다). 그 결과 경제 전반에 통화공급이 크게 늘어났다.

다음 쪽의 그림은 미국의 정책금리와 통화공급량의 관계를 잘 보여준다. 그림에서 보듯, 정책금리가 인하될 때마다 시중에 총통화(M2) 증가율이 크게 늘어났으며, 반대로 정책금리가 인상될 때에는 통화공급 증가율이 둔화되었다. 여기서 총통화(M2)란 현금(및 당좌예금)에 저축성 예금을 더한 것을 말한다. 한마디로 현금에다 은행이 고객에게 대출해줄 수 있는 자금의 근원을 합친 것이라고 볼 수 있다.[1]

1 한국은행의 M1, M2에 대한 정의는 다음과 같다.
"M1(협의통화)은 화폐의 지급결제 수단으로서의 기능을 중시한 지표로서, 시중에 유통되는 현금에 예금취급기관의 결제성 예금을 더한 것이다. 즉, 현금과 아울러 우리가 언제든 찾을 수 있는 보통예금, 당좌예금 등이 M1에 속한다. M2(광의통화)는 M1에 예금취급기관의 각종 저축성 예금, 시장성 금융상품, 실적배당형 금융상품, 금융채 및 거주자예금을 더한 것이다."

미국의 정책금리와 통화공급의 변화 자료: 세인트루이스 연방준비은행

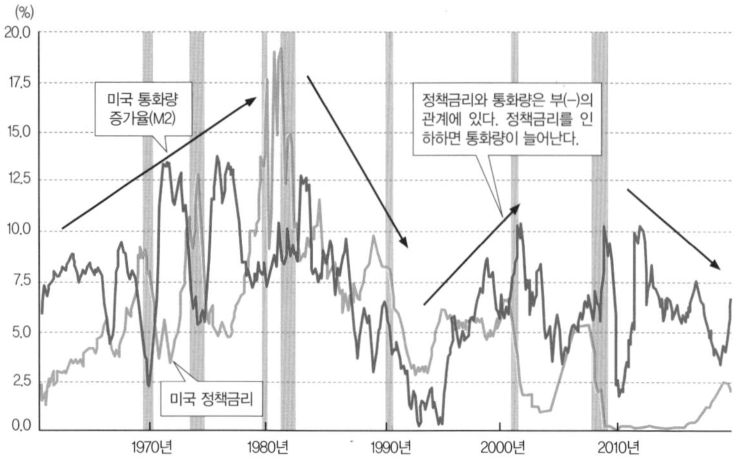

이 대목에서 궁금증을 느끼는 독자들이 있을 것이다.

"예금금리를 낮추었는데 은행의 각종 예금이 늘어나다니! 그 반대가 아닐까?"

일리 있는 지적이지만, 정책금리의 인하가 가져오는 여러 효과를 함께 감안해야 한다.

정책금리 인하 초기와 그 후가 좀 다르다

정부와 중앙은행이 정책금리를 인하하면, 은행의 예금금리가 내리게 되고, 그러면 예금자들은 저축보다는 투자에 매력을 느끼게 될

것이다. 예금금리가 떨어지면 예금보다 대출을 받아 부동산이나 주식 등 이른바 '위험자산'에 투자하는 것이 더 매력적으로 느껴질 것이기 때문이다. 따라서 정책금리 인하 초기에는 은행 예금의 매력이 낮아지며 통화공급이 일시적이나마 줄어드는 현상을 보인다.

그러나 시간이 지남에 따라 은행 예금은 금리가 떨어졌는데도 줄어들기보다는 오히려 늘어나게 된다. 왜냐하면 은행 대출로 풀린 돈이 다시 예금으로 회귀하기 때문이다.

중앙은행이 푼 돈이 얼마나 늘어났을까? — 통화승수

A 자동차회사가 금리인하를 계기로 은행에서 대출을 받아 공장을 짓고 근로자를 고용했다고 하자. A사가 대출받은 돈으로 하청업체와 근로자에게 기계 납품대금과 임금을 지급하면, 이 돈은 이들의 예금통장으로 들어올 것이다. 그러면 하청업체와 근로자들은 이 돈을 고스란히 은행에 저축하는 것이 아니라 다시 부품을 구입하거나 생계에 필요한 물품을 사기 위해 지출하게 된다. 돈은 이런 과정을 거치면서 끊임없이 순환하며, 순환하는 돈은 은행 등 금융기관을 매개체로 계속 몸집을 불려나가게 된다.

이런 현상을 측정하기 위해 개발된 지표가 통화승수[2]이다. 간단

2 한국은행의 통화승수에 대한 정의는 다음과 같다.
"중앙은행이 공급한 본원통화는 예금은행의 신용창출 과정을 통해, 이의 수배에 달하는 통화를 시중에 유통하게 한다. 통화승수(money multiplier)는 본원통화 한 단위가 몇 배에 달하는 통화를 창출하였는가를 나타내주는 지표로서 통화 총량을 본원통화로 나누어 산출한다."

하게 말해, 통화승수는 중앙은행이 푼 돈이 얼마나 불어났는지를 측정하는 지표라고 할 수 있다. 한국의 통화승수는 15배 정도이다. 중앙은행인 한국은행이 금리인하 및 공개시장조작[3]으로 시중에 푼 돈이 대략 15배 이상 불어서 은행 예금창구에 다시 들어온다는 이야기다.

따라서 정책금리를 인하하면 경제에 돈이 풀리고, 또 돈이 풀리면서 경기가 좋아질 가능성이 높아진다. "중앙은행과 맞서지 말라"라는 증시 격언이 존재하는 것은 이런 이유 때문이다.

3 공개시장조작에 대해서는 130쪽 〈한 걸음 더〉 '중앙은행의 공개시장조작, 시중에 돈을 어떻게 풀까?'를 참고하기 바란다.

2

경제에 돈을 넉넉하게 공급했는데, 물가는 왜?

앞에서 중앙은행이 금리를 인하할 때에 통화공급이 늘어나고 경기가 좋아지는 이유를 알 수 있었다. 그러나 이 대목에서 한 가지 의문이 제기된다.

> "2008년 글로벌 금융위기 이후 제로금리 정책이 시행되며 시중에 돈이 어마어마하게 풀렸는데, 왜 물가는 오르지 않을까?"

노벨경제학상 수상자인 밀턴 프리드먼은 "인플레는 화폐적 현상"이라고 주장했다.[4] 그의 주장이 기본적으로 바탕을 두고 있는 '화폐수량설(Quantity Theory of Money)'부터 간단하게 살펴보자.

밀턴 프리드먼, "인플레는 화폐적 현상"이라고?

먼저 명목GDP(명목 국내총생산)는 일정 기간(주로 1년) 한 나라 안

4 한국경제신문(2006. 11. 18), "[밀턴 프리드먼 교수] 물가상승은 언제나 화폐적 현상".

에서 생산된 최종생산물의 시장가치를 합한 것이다. 명목GDP는 계산하기는 편하지만, 한 가지 문제점을 가지고 있다. 왜냐하면 시장가치에는 물가의 변동이 포함되어 있기 때문이다.

예를 들어 100조 원이었던 명목GDP가 다음 해에 120조 원으로 20% 성장했다고 해도, 같은 기간에 물가가 20% 올랐다면 이 나라의 실질적인 성장률은 0%로 보아야 할 것이다. 따라서 다음의 관계가 나타나게 된다.

명목GDP 성장률 = 물가상승률 + 실질GDP 성장률 (1)

그런데 역사적으로 보면 다음의 그림에서 보듯, 통화량과 명목GDP는 비슷한 속도로 상승하는 경향이 있다. 직관적으로 볼 때 이는 꽤 설득력 있다. 왜냐하면 명목GDP는 한 나라가 생산한 총부가가치

미국의 명목GDP와 총통화량(M2) 추이 자료: 세인트루이스 연방준비은행

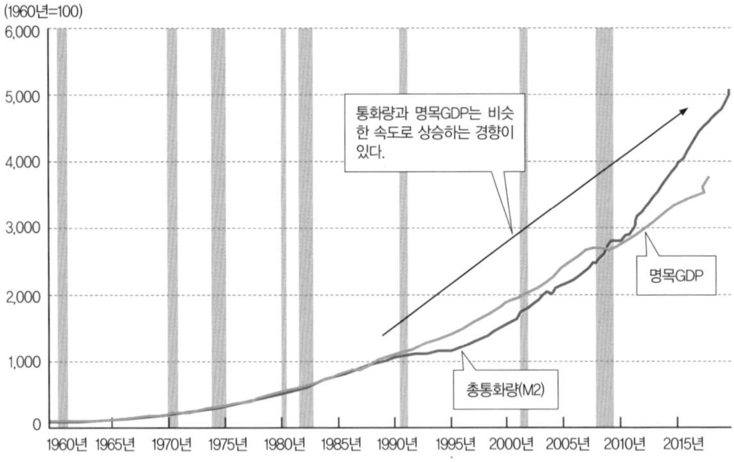

이고, 통화량은 경제의 혈액에 해당되기 때문이다. 그러나 이 관계가 과거에 성립했다고 해서 미래에도 항상 성립하는 것은 아니다. 왜냐하면 화폐는 1년에 한 번 이상 사용될 수 있어 통화량이 꼭 명목GDP와 일치하지는 않기 때문이다. 일단 이 문제를 제쳐두고, 통화량과 명목GDP가 동일한 속도로 늘어난다고 가정하면, 다음의 식 (2)가 성립한다.

통화량 증가율 = 명목GDP 성장률 (2)

이제 식 (1)을 식 (2)에 대입하면 아래와 같이 변형할 수 있다.

통화량 증가율 = 물가상승률 + 실질GDP 성장률 (3)

식 (3)을 물가상승률 입장에서 정리하면 아래와 같이 나타낼 수 있다.

물가상승률 = 통화량 증가율 – 실질GDP 성장률 (4)

식 (4)를 '인플레이션 방정식'이라고 한다. 식 (4)가 뜻하는 바는 명확하다. 통화량 증가율이 실질 경제성장률보다 더 높은 상황, 다시 말해 돈이 풀리는 속도가 경제성장 속도보다 빠르면 물가상승 압력이 높아진다는 것이다. 참고로 식 (4)의 우항(통화량 증가율 – 실질GDP 성장률) 부분을 '과잉 유동성(Excess Liquidity)'이라고 한다.

화폐수량설의 예측이 과연 맞을까?

다음의 그림은 미국의 경제 내 과잉 유동성과 소비자물가 상승률의 관계를 보여준다. 1990년 전후까지는 과잉 유동성이 증가하면 소비자물가 상승률도 높아지는 관계가 잘 들어맞았다. 하지만 그 이후에는 둘 사이에 별로 상관관계가 없어졌다.

가장 대표적인 경우가 1990년에서 1996년 사이이다. 당시 미국에서 과잉 유동성이 급격히 감소했음에도 불구하고 인플레 수준에는 큰 변화가 없었다. 반대로 2008년 글로벌 금융위기 이후에는 과잉 유동성이 크게 높아졌지만 인플레 압력은 오히려 낮아진 것을 발견할 수 있다. 즉 "인플레는 화폐적 현상이다"라는 밀턴 프리드먼의 주장은 적어도 1990년대 이후에는 설득력을 가지지 못하는 것으로 볼 수 있다.

대체 왜 이런 변화가 나타났을까? 그 의문을 풀어보자.

미국의 과잉 유동성과 소비자물가 상승률 추이 자료: 세인트루이스 연방준비은행

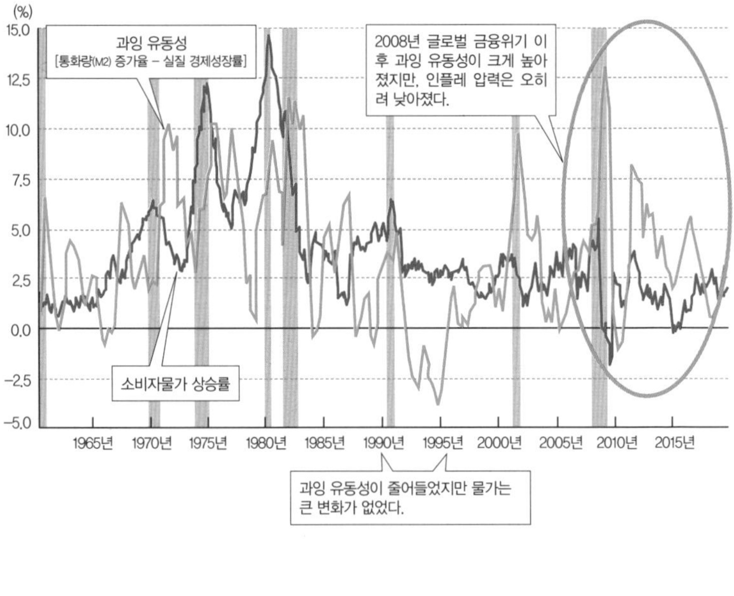

3

1990년대부터 돈을 풀어도 물가가 오르지 않은 이유는?

1990년대 후반부터 돈을 풀었는데도 왜 물가가 오르지 않았을까? 크게 두 가지 이유를 들 수 있다.

첫 번째 요인은 생산성 혁신이다. 정보통신 제품의 가격이 계속 하락하는 가운데 근로자들의 임금인상이 어려워지자, 통화공급이 늘어났음에도 불구하고 물가상승이 억제되었다. 이 부분에 대해서는 2장과 3장에서 충분히 논의했기에 여기에서는 생략한다.

또 다른 요인은 '신용경색' 현상이다. 신용경색이란 간단하게 말해 금융기관들이 은행 파산이나 금융위기 등의 큰 신용 이벤트를 겪은 후 돈을 빌려주지 않으려는 태도를 보여 시중에 돈이 돌지 않는 것을 말한다. 즉, 경기침체로 중앙은행이 금리를 인하하더라도, 은행은 돈을 돌려받지 못할까 봐 기업이나 개인에게 대출하기보다 중앙은행에 다시 맡겨두려고 든다. 이런 경우 중앙은행이 아무리 정책금리를 인하하고 통화공급을 늘려도 실물경제에는 돈이 풀리지 않게 된다.

글로벌 금융위기와 미국 은행의 공포

돈을 풀어도 신용경색 때문에 돌지 않아 물가가 오르지 않는다는 두 번째 주장은, 1990년대보다는 2008년 이후의 상황을 설명하는 데 적합하다.

다음의 그림은 미국 연준에 예치된 초과 지급준비금을 보여주는데, 2015년 한때 초과 지급준비금이 2조 4,000억 달러에 달한 것을 볼 수 있다. 은행들은 예금자의 갑작스러운 인출 요구에 대비하기 위해 예금 중 일정 금액을 중앙은행에 예치하고 있는데, 이를 '지급준비금'이라고 한다. 초과 지급준비금이란 지급준비금에서 정부가 규정한 수준 이상으로 초과해 예치된 금액을 말한다. 이를테면 규정상 예금의 10%만 지급준비금으로 맡겨도 되는데 15% 혹은 20%의 돈을 맡긴 것

미국 예금기관의 초과 지급준비금 추이

자료: 세인트루이스 연방준비은행

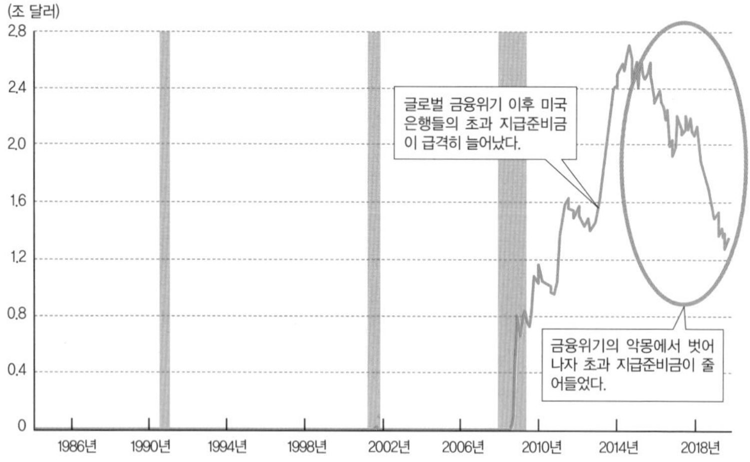

이다.[5] 당시 초과 지급준비금의 금리가 0.00~0.25% 범위였음을 감안할 때, 거의 이자 수입을 올릴 수 없는 상황이었는데도 은행들은 이런 행동을 보인 것이다.

미국 은행들은 왜 2008년 글로벌 금융위기 이후 이처럼 돈을 벌겠다는 생각을 아예 포기한 듯한 행동을 했을까? 그 이유는 '대출 부실화'에 대한 공포 때문이었다.

다음의 그림은 미국의 주택담보대출인 모기지 연체율과 은행 대출 증가율을 비교한 것이다. 여기서 연체율이란 은행에서 빌린 돈에 대한 이자나 원금을 상환하지 못한 대출이 전체 대출에서 차지하는 비중을 말한다. 즉, 연체율이 높아지면 은행이 빌려준 돈을 떼일 위험이

미국의 모기지 연체율과 은행 대출 증가율 추이

자료: 세인트루이스 연방준비은행

5 미국의 경우 예금이 4,430만 달러 미만인 소형 은행의 지급준비금율은 3%이고, 그 이상은 10%이다.

커진다. 실제로 2008년 모기지 연체율이 빠르게 증가할 때 은행들이 대출을 급격히 줄이는 것을 볼 수 있다.

대출 연체율이 급격히 증가하거나 계속 높은 수준을 유지하면, 은행의 수익성이 악화되고 자기자본비율이 떨어지며, 심지어 파산의 위험까지 대두될 수 있다. 은행이 파산하면 시중에 신용경색이 일어나면서 극심한 경기침체에 빠질 수 있다.

따라서 정부는 은행의 대출 연체율이 높아지고 자기자본비율이 떨어지면 강력한 규제를 하게 된다. 자기자본비율이 적정 수준을 밑돌기 시작하면, 처음에는 은행이 직원 해고 등 비용절감을 추진할 것이다. 하지만 회생이 어렵다고 판단될 경우에는 예금보험공사(FIDC) 등 공적 기관이 나서서 은행을 폐쇄하거나 매각하는 등의 구조조정을 단행하게 된다.[6] 따라서 금융기관들은 연체율이 급증하는 등 대출이 부실화될 것이라고 예상될 때에는 최대한 보수적으로 운영하게 된다.

정리하면, 1990년대부터 중앙은행이 돈을 풀어도 물가가 오르지 않은 요인은 생산성 혁신, 그리고 신용경색 때문이라고 볼 수 있다. 특히 2008년 글로벌 금융위기 이후 부실 대출에 대한 금융권의 공포가 큰 영향을 미쳤음을 알 수 있다. 그런데 2020년 코로나19 쇼크로 세계적인 경기침체 위험이 닥치자, 미국 연준과 한국은행 등 각국 중앙은행이 정책금리를 인하했는데, 2008년 글로벌 금융위기 때와 같은 효과를 볼 수 있을까? 다음에는 이 부분을 짚어보자.

6 은행에 대한 자본적정성 규제에 대해서는 134쪽 〈한 걸음 더〉 '글로벌 금융위기와 미국 은행의 자기자본비율'을 참고하기 바란다.

4

코로나19 충격, 2008년 금융위기와 어떻게 다른가?

2008년의 글로벌 금융위기에 대한 공포는 상당부분 완화되었지만, 그 트라우마는 아직 완전히 사라진 것 같지는 않다. 2020년 코로나19 쇼크 이후 세계 금융시장은 또다시 요동치고 있다. 이는 코로나 바이러스로 인한 충격이 금융기관의 건전성을 악화시킬 것이라는 우려가 높아졌기 때문일 것이다.

그러나 다음의 두 가지 면에서 2008년과 최근 '코로나 사태'는 구분될 필요가 있다.

대불황이 아닌 눈폭풍

첫째, 2008년 글로벌 경기침체는 '금융위기'였다. 부동산가격이 폭락하고, 부동산 담보대출 금리가 폭등하며, 원금이나 이자를 제때 내지 못하는 가계가 급증했다. 가계 연체율이 상승하자 시티은행을 비롯한 미국 주요 은행의 건전성이 악화되었으며, 이것이 뱅크런으로 연결되었다.

그러나 이번에는 실물경제 위기다. 전염병 공포가 확산되며, 사람들의 이동이 줄어들고, 더 나아가 사회적 격리가 강화되는 가운데 소비 및 투자가 얼어붙은 것이다. 따라서 이번 위기는 '금융위기'와 다른 속성을 가지고 있다.

얼마 전에 미국의 전 연준 의장 버냉키가 언론과의 인터뷰에서 "이번 위기는 대불황이 아닌 눈폭풍"이라고 말한 것처럼, 사람들이 강력한 외부충격으로 소비와 투자를 줄일 때 경제는 큰 충격을 받게 된다.[7] 그러나 눈폭풍이 멈추고 사람들이 다시 집밖으로 나올 수만 있다면, 그다음에는 강한 경기의 반등이 출현하게 된다. 물론 이번 눈폭풍(=코로나19 사태)은 유례없는 규모이지만, 이것이 금융위기와는 다른 성격의 충격이라는 점을 지적할 필요가 있을 것이다.

은행은 예전보다 건전해졌다

두 번째 특징은 '강력한 규제'다. 주요 은행들의 BIS기준 자기자본비율은 2008년 글로벌 금융위기 이전만 해도 10%대 초반에 불과했지만, 최근 급격히 상승한 바 있다. 예를 들어 미국 상업은행의 BIS기준 자기자본비율은 2019년 6월 말 14.61%에 달했고, 한국의 은행 및 은행지주회사의 BIS기준 자기자본비율은 2019년 말 기준으로 15.25%를 기록하고 있다.[8] 물론 BIS기준 자기자본비율이 높다고 은행의 건전성이 무조건 보장되는 것은 아니지만, 예전에 비해 은행이 더

7 CNBC(2020.3.25.), "Bernanke: Coronavirus disruptions 'much closer to a major snowstorm' than the Great Depression".

8 금융감독원(2020.3.23.), 「2019년 말 은행 및 은행지주회사 BIS기준 자기자본비율 현황(잠정)」.

2008년 금융위기를 불러온 서브프라임 모기지 사태를 엿볼 수 있는 영화 '빅쇼트(The Big Shot, 2015)' 포스터.

위험한 상황이라고 보기는 어렵다고 할 수 있다.

따라서 2008년 직후처럼 금융기관들이 대출을 회수하고 남아도는 돈을 중앙은행에 맡기는 일이 심화될 가능성은 낮다고 본다. 그러나 유례를 찾기 힘든 경제충격이 발생한 데다가, 은행들이 아직 2008년 금융위기의 트라우마에서 벗어나지 못한 만큼 시중에 돈이 빠르게 풀릴 가능성은 높지 않은 것으로 보인다. 결국 미국 연준을 비롯한 세계 중앙은행들이 돈을 풀어도 시중에는 돈이 잘 돌지 않는 '신용경색'의 시기가 상당기간 지속될 것이며, 이는 경제 전반의 디플레 압력을 한층 더 높이는 요인으로 작용할 전망이다.

그러나 아직 모든 의문이 풀린 것은 아니다. 다음 5장에서는 외부충격에 의해 급격한 인플레가 닥칠 위험은 없는지에 대해 살펴보자.

한 걸음 더

중앙은행의 공개시장조작, 시중에 돈을 어떻게 풀까?

우리나라는 매년 8차례 열리는 금융통화위원회에서 정책금리를 결정한다. 그런데 정책금리만 결정한다고 해서 은행의 예금금리가 자동적으로 이 수준에 맞추어지는 것은 아니다. 은행들마다 사정이 있기 때문에 정책금리의 변화를 신속하게 따르는 경우도 있고, 또 천천히 따르는 경우도 있다. 그러나 결국은 시장의 핵심적인 금리들은 정책금리 수준에 모두 수렴한다. 그 이유는 공개시장조작(Open Market Operations) 때문이다.

공개시장조작으로 돈 풀고 거두기

공개시장조작이란 중앙은행이 금리와 은행 시스템에 영향을 미칠 목적으로 증권(주로 정부의 국채)을 사고파는 행동을 말한다.[9] 중앙은행이 결정하는 정책금리는 정확하게 이야기하자면, 만기가 하루인 은행간대출(Overnight Loans)의 금리를 통제하는 것이다(이를 흔히 '1일물 콜금리', 또는 그냥 '콜금리'라고 한다. 콜금리는 금융기관끼리 하루이틀 초단기로 급전을 쓸 때 적용되는 금리다). 즉, 정부가 은행들끼리 돈을 서로 빌려주는 시장의 금리를 결정하는 셈이다.

9 St. Louis Fed(2019), "What are Open Market Operations? Monetary Policy Tools, Explained".

은행들이 은행간시장(Interbank Market)에서 돈을 빌리는 이유는 지급준비금 등 정부가 정한 최소한의 자금을 기한 내에 맞출 필요가 있기 때문이다. 예를 들어 자금사정이 빡빡한 C은행이 지급준비금을 맞추기 위해 은행간시장에서 돈을 빌렸다면, 이때 지급하는 이자는 정책금리 수준에 의해 결정된다.

물론 은행간시장의 금리(이하 '콜금리')가 항상 정책금리 수준에 맞추어지는 것은 아니다. C은행 같은 처지에 놓인 은행이 많으면 콜금리가 정책금리보다 더 높은 수준에서 결정될 수 있다. 이때 중앙은행이 공개시장조작을 단행한다. 예를 들어 콜금리가 한국은행이 목표한 수준(=정책금리)인 0.75%보다 높아지면, 한국은행은 채권시장에서 적극적으로 '사자' 주문을 내서 채권을 사들인다. 시장에서 채권을 사들이고 돈을 지급함으로써, 시장에 돈을 넉넉하게 풀어주는 것이다. 그러면 시중에 돈이 풍부해지니 콜금리도 정책금리 수준(0.75%)까지 떨어지게 된다.

반대로 돈이 시장에 너무 많이 풀려 콜금리가 정책금리(0.75%)를 밑돌 때에는 반대 방향으로 공개시장조작이 단행된다. 즉, 한국은행이 보유한 채권을 금융시장에서 매각하여 그 대신 자연스럽게 돈을 회수하는 것이다. 그러면 시중의 자금사정이 빡빡해지며 콜금리도 정책금리 수준으로 오르게 될 것이다.

결국 정책금리를 인하한다는 것은 은행간시장에 돈을 넉넉하게 공급한다는 뜻이며, 중앙은행이 채권을 적극적으로 매입해 돈을 푼다는 것이다. 금리인하로 인해 가계와 기업의 이자 부담이 줄어들고, 또한 공개시장조작을 통해 공급된 돈이 '경기부양'의 효과를 발휘하는 셈이다.

한 걸음 더

화폐수량설은 이제 흘러간 옛 노래인가?

1990년대 이후를 보면 화폐수량설은 설득력이 약하다

앞에서 살펴보았듯, 미국은 1990년대부터 시중에 돈을 풀어 과잉 유동성이 생겨도 소비자물가 상승률이 크게 움직이지 않았다. "인플레는 화폐적 현상이다", 즉 시중에 통화량이 급격히 늘어나면 인플레가 생긴다는 밀턴 프리드먼의 주장은 적어도 1990년대 이후에는 설득력이 약하다. 이를 보면 화폐수량설은 이제 박물관으로 들어가야 할 신세인 것처럼 보인다. 그러나 장기적으로 보면 꼭 그렇지는 않다.

화폐수량설의 장기 예측

자료: 세계은행 DB

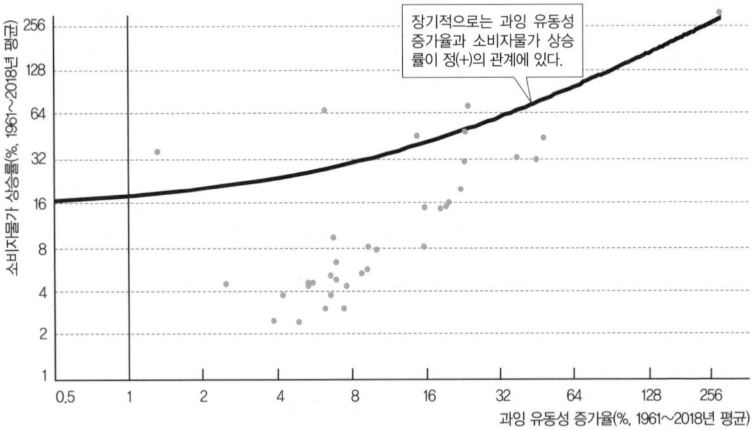

"인플레는 화폐적 현상"이라는 말은 흘러간 옛 노래일까? 사진은 2000년대 극심한 하이퍼인플레를 겪은 짐바브웨의 화폐.

장기적으로는 통한다

옆의 그림은 세계 주요 50개국의 과잉 유동성 증가율(M2 증가율 – 실질 경제성장률)과 소비자물가 상승률의 관계를 살펴본 것이다.

이 그림을 보면 장기적으로는 과잉 유동성 증가율과 소비자물가 상승률이 정(+)의 상관관계를 가지고 있음을 알 수 있다. 즉, 장기적으로는 과잉 유동성 증가율이 상승할수록 소비자물가도 오르는 것이다(참고로 이 그림에 사용된 데이터는 1961~2018년의 평균 소비자물가 상승률과 통화공급 증가율, 그리고 실질 경제성장률이다). 따라서 화폐수량설은 장기적인 관계에는 성립하지만, 특정한 조건 혹은 경제환경의 변화에서는 잘 들어맞지 않는다고 볼 수 있다.

한 걸음 더

글로벌 금융위기와 미국 은행의 자기자본비율

은행은 예금자(및 채권 보유자)와 주주들에게서 조달한 돈을 자금이 필요한 이들에게 대출해주는 곳이다.[10] 이때 주주에게 조달한 돈을 '자본(Capital)'이라고 한다.

만일 은행이 보유한 자산의 가치(≒대출)가 보유한 부채(예금 등)를 밑돌게 되면 주주지분의 가치는 마이너스가 될 것이다. 결국 이 은행은 지급불능 상태가 되고, 예금보험공사는 예금을 대신 물어주느라 큰 손실을 볼 수밖에 없다.

은행이 파산하면 예금보험공사만 곤란을 겪는 것이 아니다. 금융 시스템에도 큰 충격을 주게 되므로 정책당국은 은행들이 건전한 경영을 유지하는 데 필요한 최소한의 자본을 요구한다(일반적으로 BIS 자기자본비율 8% 이상). 이 요구 자본은 은행의 자산가치와 부채 사이에 일종의 완충(Buffer) 작용을 하게 된다.

다음의 그림은 미국 은행의 위험자산(대부분 대출) 대비 자기자본비율을 보여준다. 미국 은행의 자기자본비율은 2008년 글로벌 금융위기가 닥쳤을 때에는 11%까지 떨어졌다가 다시 반등한 것을 볼 수 있다. 2010년

10 St. Louis Fed(2019), "Can Countercyclical Capital Buffers Help Prevent a Financial Crisis?".

미국 은행의 위험자산 대비 자기자본비율 추이

자료: 세인트루이스 연방준비은행

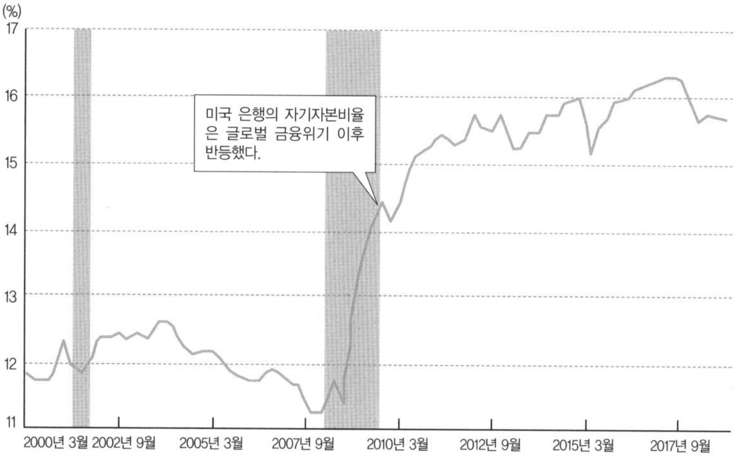

부터는 자기자본비율이 15%를 넘어서 미국 은행이 건실한 자금구조를 가지고 있음을 알 수 있다.

5

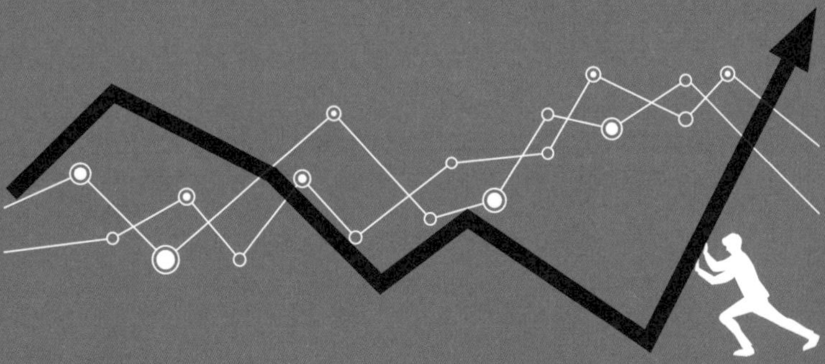

2000년대 중반 같은 강력한 인플레가 발생할 가능성은?

4장에서 돈을 아무리 풀어도 인플레가 발생하지 않는 데에는 구조적 요인뿐만 아니라 순환적인 요인이 함께 영향을 미쳤음을 알 수 있었다. 그런데 다음과 같은 의문을 제기하는 독자들도 있다.

"생산성 혁신 같은 구조적인 변화는 이미 1990년대부터 시작되었는데, 1990년대 말과 2000년대 중반 국제유가를 중심으로 강력한 인플레가 발생한 이유는 무엇일까? 앞으로 2000년대 중반처럼 원자재, 특히 석유가격의 급등으로 강력한 인플레가 발생할 가능성은 없는가?"

5장에서는 이 의문을 풀어보자.

1

석유시장에 나타난 두 가지 변화

1960년 이후 석유가격의 변화와 소비자물가 상승률의 관계를 보면 다음의 두 가지 특징을 발견할 수 있다.

첫째, 석유가격의 변동은 물가의 변화를 설명하는 가장 핵심적인 요인이라는 점이다.

국제유가가 1990년대 말, 그리고 2003~07년처럼 급등할 때는 소비자물가가 상승한다. 반대로 국제유가가 1980년대 중반이나 2010년대처럼 하락할 때에는 소비자물가도 안정되는 경향이 있다.

둘째, 과거에 비해 석유가격 변동의 영향이 점차 줄어들고 있음을 발견할 수 있다.

1970년대나 1980년대 초반 발생했던 석유위기 당시에는 소비자물가가 10% 이상 급등했지만, 1990년대 이후에는 소비자물가의 상승폭이 5% 선을 넘지 않았다.

이제 유가 변동이 소비자물가에 영향을 미치는 이유를 좀 더 자세히 살펴보고, 앞으로의 변화 방향을 점쳐보자.

미국의 물가상승률과 국제유가 추이

자료: 세인트루이스 연방준비은행

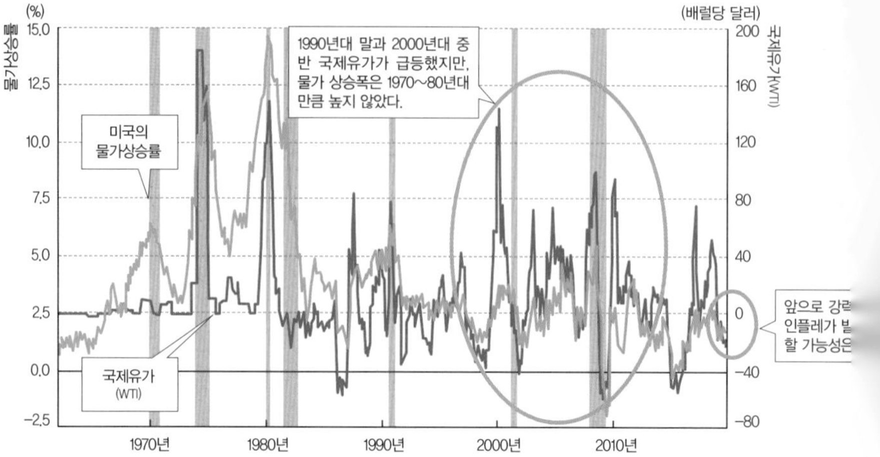

석유가격은 왜 변동성이 클까? — 긴 리드 타임

국제유가의 변화가 경제에 큰 영향을 미치는 이유는 특유의 변동성 때문이다. 석유를 비롯한 상품가격의 변동성이 큰 가장 직접적인 이유는 리드 타임(Lead Time)이 길기 때문이다. 리드 타임이란 생산에서 시작해서 배송까지 걸리는 시간을 뜻한다. 주문하자마자 당일 혹은 다음 날 아침 배송되는 생필품이 있는 반면, 주문에서 배송이 완료되기까지 수년 혹은 십수 년이 걸리는 제품도 있다. 리드 타임이 긴 가장 대표적인 산업이 바로 주택 및 상품 산업이다.

상품시장 전문가인 짐 로저스(Jim Rogers)는 상품시장의 리드 타임이 길어지는 이유를 다음의 비유를 들어 설명한다.

이제 납 광산을 개발하려는 사업가를 가정해보자. 그는 지난 25년간 새로 생산을 시작한 납 광산이 세계적으로 단 한 곳에 불과하고, 중국과 인도 경제의 고성장으로 납에 대한 수요가 날로 증가하고 있음을 잘 알고 있다. 납이 가장 많이 사용되는 부분은 페인트나 휘발유이지만, 최근 환경오염 문제로 납의 사용이 줄어든 대신 납 축전지에 대한 수요가 인도와 중국에서 크게 증가하고 있다.

납 매장량이 많은 곳을 발굴해 광산을 개발하면 되지만, 납 광산 개발에는 많은 문제가 따른다. 먼저 월가를 비롯한 전 세계의 투자은행들은 납 가격이 십수 년 동안 하락했던 것을 보아왔기 때문에 납 광산 개발 프로젝트의 수익성에 대해 회의적일 것이다. 또한 환경단체와 정부는 납 광산의 개발에 많은 규제를 가할지도 모른다. (중략) 이런 과정을 거치려면 아마 짧게는 수년 혹은 십수 년의 세월이 걸릴 것이고, 예산보다 더 많은 자금이 투입될 것이다.

다행히 이런 노력의 결과가 보상을 받아 납 가격이 상승하기 시작하면, 개발자는 큰돈을 벌게 된다. 그러나 일확천금을 좇아 많은 사업가들이 납 광산을 개발하기 시작하면? 더 나아가 경제위기가 발생해 납에 대한 수요가 일거에 얼어붙으면 어떻게 될까?

한번 균형점에서 이탈하는 순간, 납 가격은 바닥을 모르는 추락 국면에 접어들게 될 것이다. 십수 년에 걸쳐 수백만 달러(혹은 수천만 달러)의 자금과 노력을 기울여 납 광산을 개발한 만큼, 납 가격이 10~20% 하락한다고 생산을 중단할 수는 없다. 이미 많은 비용이 투입되었기 때문에 인건비라도 건질 수 있는 수준이라면 가격을 무시하고 생산을 계속할 것이다. 그렇기 때문에 균형의 회복은 더욱 어려워진다. 채산성이 떨어지는 납 광산이 문을 닫거나 납 축전지업체들이 보유한 납 재고가 다 떨어질 때까지 가격인하 경쟁은 계속될 것이기 때문이다.[1]

이런 이유에서 상품시장은 신속하게 가격조정이 이루어지기 어렵다. 결국 2000년대 중반처럼 중국발 수요가 급격히 증가할 때에 석유 가격은 고공행진을 벌이게 될 것이다. 물론 2020년 3월처럼 코로나19 쇼크로 중국의 원유 수요가 급감하면 반대의 일이 벌어질 것이다. 그렇다면 한 가지 의문이 제기된다.

"왜 2000년대에 중국발 수요가 급증했을까? 앞으로도 예상하지 못한 수요의 증가가 나타날 가능성은 없는가?"

이 의문을 풀어보자.

1 짐 로저스(2005), 『상품시장에 투자하라』, 굿모닝북스, 75~77쪽.

2

2000년대 중반 석유가격 급등의 원인은?

2000년대 중반 국제유가 급등의 주된 원인은 중국에 있다. 144쪽의 그림은 중국의 수입 증가율과 국제유가의 변화를 보여준다. 그림을 보면, 중국 경제가 강력한 성장세를 보이며 수입 수요가 폭발할 때 국제유가가 상승하는 것을 확인할 수 있다.

1993년 중국의 하루 원유 소비량은 296만 배럴(1일 기준)이었지만, 2000년에는 480만 배럴로, 그리고 2008년에는 795만 배럴로 급증하면서 석유시장에 강력한 충격을 주었다.[2] 석유시장이 이에 맞추어 증산할 수 있었으면 좋았겠지만, 2000년대 중반에는 러시아 등 구소련 지역의 석유 생산 증가가 한계에 부딪힌 상황이었기에 수요에 대한 대응이 어려웠다.

물론 중국의 수요 증가를 상쇄하는 요인이 없었던 것은 아니다. 같은 기간 미국의 하루 원유 소비량은 130만 배럴, 다른 선진국은 290만 배럴이나 줄어들었다. 다만, 상품시장 참가자들이 보기에 이 정도

2 EIA(2019), "Short-Term Energy Outlook".

의 선진국 수요 감축으로는 중국 수요 증가의 충격을 완화하기에는 역부족이라는 인식이 확산되었다. 더 나아가 당시 미국 연준이 시장에 돈을 푸는 완화적 통화정책을 펼치면서 상품시장에 유입되는 유동성이 늘어난 것도 국제유가가 급등한 요인으로 손꼽힌다.

그런데 한 가지 의문이 생길 수 있다.

"중국의 수요가 계속 늘어날 텐데, 앞으로도 2000년대 중반 같은 고유가 국면이 다시 출현할 가능성은 없는가?"

중국의 수입 증가율과 국제유가 상승률 추이

자료: 세인트루이스 연방준비은행

3

2000년대 중반 같은 고유가 국면이 재현될 가능성은?

결론부터 이야기하면, 앞으로 상당 기간 2000년대 중반 같은 고유가 국면이 다시 출현할 가능성은 낮다. 왜냐하면 중국의 석유 소비가 예전처럼 급격하게 증가할 가능성이 낮아지고 있기 때문이다.

2015년 중국의 하루 원유 소비량은 1,304만 배럴이었는데, 2018년에는 1,402만 배럴, 그리고 2020년에는 1,504만 배럴로 늘어나는 데 그칠 것으로 예상된다.[3] 물론 중국의 원유 소비량이 연 6~7% 늘어나는 것은 사실이지만, 1990~2000년대에 비하면 증가 속도가 크게 둔화되고 있다.

왜 그럴까? 중국의 소득수준이 높아짐에 따라 1인당 에너지 소비의 증가 속도가 둔화되고 있기 때문이다.[4] 이는 중국 못지않게 강력한 성장세를 보였던 한국의 경험에서 쉽게 확인된다.

3 EIA(2019), "Short-Term Energy Outlook".

4 San Francisco Fed(2017), "Forecasting China's Role in World Oil Demand".

중국의 1인당 에너지 소비량은 앞으로 줄어들지도 모른다!

다음의 그림에서 가로 축은 한국의 1인당 국민소득(1인당 실질GDP)이며, 세로 축은 1인당 원유 소비량이다. 그림에서 보듯, 1인당 국민소득이 1만 달러 초반일 때까지는 석유 소비량이 폭발적으로 늘어났지만, 그 이후에는 증가세가 급격히 둔화되었다.

소득 증가에 따라 환경에 대한 관심이 높아지고, 정책당국이 에너지 효율이 높은 제품에 대한 소비를 장려했던 것이 1인당 원유 소비량의 증가를 억제했던 것이다.

고소득 국가가 된 후 석유 소비가 줄어든 것은 한국만이 아니다. 세계에서 가장 기름값이 싼 나라 중의 하나인 미국도 마찬가지 변화가 나타났다.

한국의 1인당 국민소득과 원유 소비량 변화 자료: 샌프란시스코 연방준비은행(2017)

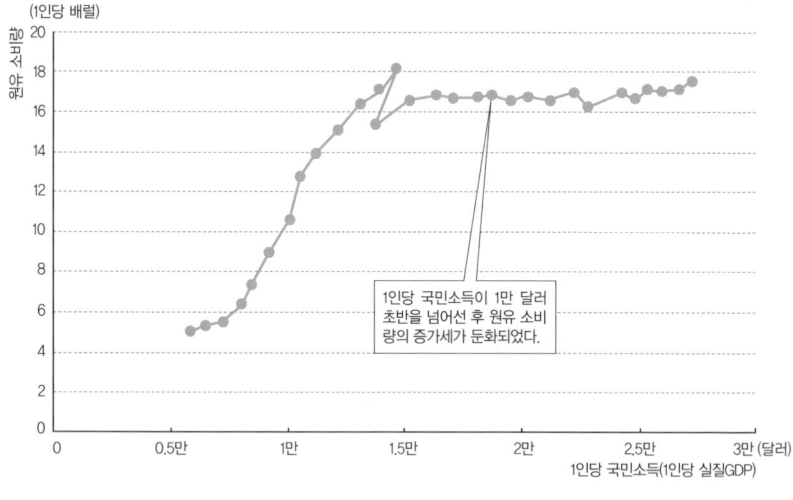

선진국의 석유 수요 둔화

다음 그림은 미국 원유 소비량과 국제유가의 변화를 추적한 것이다. 인구 및 1인당 국민소득의 지속적인 증가에도 불구하고, 석유 소비의 절대량이 1/4 수준으로 줄어든 것을 발견할 수 있다.

물론 하루아침에 이런 변화가 나타나지는 않았다. 그러나 1973년 이후 10년 이상 국제유가가 상승하고, 또 고유가 시대가 계속될 것이라는 전망이 확연해지자, 기업과 소비자 모두 대대적인 방향 전환에 나선 것이다.

먼저 선진국 소비자들은 연비가 좋은 소형자동차에 대한 소비를 늘렸다. 1986년 현대자동차가 미국에 수출했던 '포니 엑셀'이 한 해에 16만 대 이상 팔렸던 것도 소형차에 대한 관심을 반영한 사건이라고 할 수 있다.

미국의 석유 소비와 국제유가 추이

자료: 세인트루이스 연방준비은행

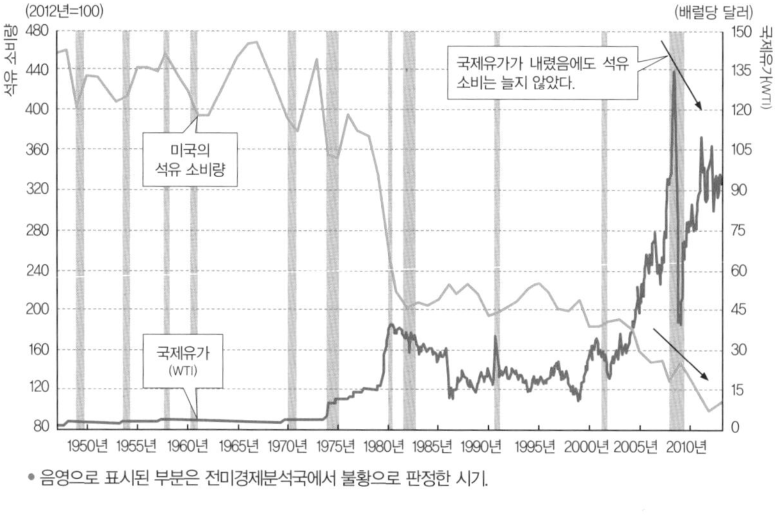

• 음영으로 표시된 부분은 전미경제분석국에서 불황으로 판정한 시기.

문제는 소비자들이 원유 소비를 이렇게 한번 줄이기 시작하자, 국제유가가 하락한 다음에도 이런 태도를 유지했다는 점이다. 소비자들이 석유위기로 받은 트라우마는 오랫동안 지속되었으며, 기업들은 에너지 효율이 좋은 '친환경' 제품이라는 브랜드 네이밍 전략이 마케팅에 유용하다고 생각하며 꾸준히 추진했던 것이다. 따라서 앞으로 상당 기간 중국과 미국 등 세계 주요국의 석유 소비량이 급격하게 늘어나기는 어려울 전망이다.

4

셰일오일 혁명까지 가세하다

중국과 선진국의 석유 수요 둔화와 함께 '석유위기'의 재발 가능성을 낮추는 또 다른 요인은 셰일오일 혁명이다.

셰일오일 혁명은 어떻게 가능했을까?

최근 미국 에너지정보청이 발간한 보고서에 따르면, 미국은 2020년을 전후해 세계 최대의 원유 수입국에서 에너지 순수출국으로 전환된다고 한다.[5] 그 이유는 이전에 석유를 뽑아내지 못하던 셰일 암석층에서 손쉽게, 그리고 이전보다 훨씬 싼 비용으로 생산할 수 있게 되었기 때문이다.[6]

참고로 셰일은 오랜 세월 동안 진흙이 쌓여 이루어진 퇴적암층이다. 일반적으로 석유는 지하의 고온·고압 환경의 유기물이 풍부한 셰일 암석층에서 생성된 후 지표면 가까이로 점점 이동한 다음에 단단한 암석층 아래에 고이게 된다. 이른바 '배사(Anticline) 구조'라고 하는 특

5 EIA(2019), "Annual Energy Outlook 2019".

6 GS칼텍스 블로그(2018), "셰일가스의 개발 특성과 국제유가".

수한 종류의 지층에서 석유가 많이 생산되는 것이 이 때문이다. 대표적인 지역이 중동과 카스피해 연안이다.

반면, 셰일에 고여 있는 석유와 가스는 밀도가 무척 낮을 뿐 아니라 셰일 암석이 꽤 단단한 편이어서 석유 생산이 불가능했다. 하지만 2000년대로 접어들며 셰일 암석층에 있는 석유 및 가스를 대량으로 생산할 수 있는 수평시추와 수압 파쇄(Hydraulic Fracturing) 기술이 개발되며 대량생산의 길이 열렸다. 이 기술은 이름 그대로, 석유와 가스가 밀집되어 있는 셰일 암석층을 수직으로 파내려간 후에 여기서 다시 수평으로 시추 파이프를 뚫어낸다. 이후 물과 모래, 그리고 소량의 화학 약품을 섞은 혼합물을 강한 압력으로 쏘아내면 셰일에 고여 있던 석유와 가스가 빠져나오는 방식이다.

물론 설명만 들어도 어렵다. 따라서 기술은 개발되었지만 상용화되기는 어려웠다. 그러던 중 2000년대 중국이 '에너지 먹는 하마'로 부각되며 석유가격이 상승하자 채산성이 개선되었다. 국제유가가 1배럴에 100달러 이상으로 치솟자, 셰일 암석층에서 석유와 가스를 뽑아내도 충분히 이익을 낼 수 있을 것이라는 계산이 섰던 것이다.

잠깐 부연 설명하자면 셰일오일의 생산단가는 고정된 것이 아니다. 2000년대 초만 해도 1배럴을 생산하는 데 투입되는 단가가 80달러 수준으로 알려졌지만, 2010년대에 접어들며 60달러 혹은 그 이하로 떨어진 것으로 판단된다.[7]

7 The Economist(2016. 1. 23.), "The oil conundrum".

미국의 원유 생산 추이 자료: 세인트루이스 연방준비은행

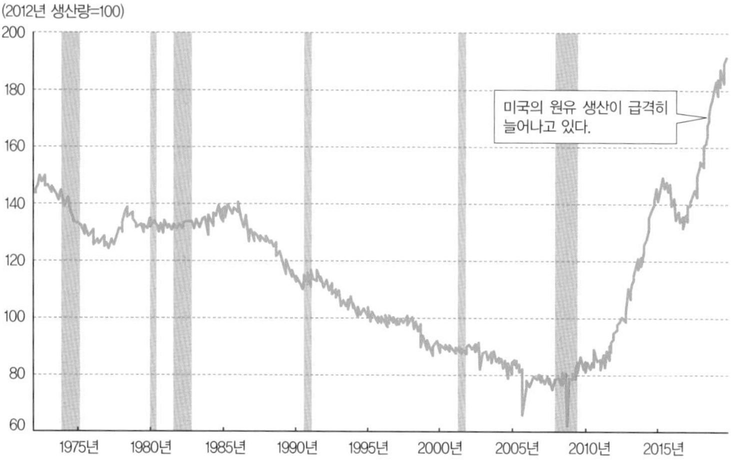

• 음영으로 표시된 부분은 전미경제분석국에서 불황으로 판정한 시기.

우리는 이런 현상이 왜 벌어지는지 잘 알고 있다. 2장에서 살펴본 '학습곡선' 이야기가 셰일산업에도 그대로 적용된 것이다. 생산량이 늘어날수록 근로자들의 숙련 수준이 높아지고, 새로운 기술이 도입되며 나날이 생산단가가 떨어지는 것이다.

최근 가장 각광받는 신기술은 바로 '빅데이터'를 활용한 시추이다.[8] 수많은 시추 통계를 활용해서 최적의 혼합물 비율을 계산해내며, 더 나아가 어떤 지역에 매장량이 많은지 예측하는 과정에서 생산성이 급격히 향상된 것이다.

8 GS칼텍스 블로그(2018), "제2의 셰일혁명은 무엇이 다른가?".

5

2020년 국제유가는 왜 폭락했을까?

미국 셰일산업의 성장은 미국 입장에서는 매우 좋은 일이겠지만, 중동과 러시아 등 전통적인 산유국에는 큰 위협이 될 수밖에 없다.

2020년 2월 말부터 시작된 역사적인 국제유가 폭락 사태는 이 '긴장감'이 원인으로 작용한 것으로 보인다. 연초에 60달러 선이었던 국제유가(WTI)는 2월 말 45달러 선으로 떨어졌고, 급기야 시장이 패닉에 휩싸이며 20달러 선마저 깨지기도 했다.

셧다운으로 인한 수요 감소

국제유가가 이처럼 역사적인 폭락 사태를 겪은 것은, 물론 코로나19 쇼크로 중국의 1~2월 산업생산이 전년 같은 기간에 비해 13.5%나 줄어드는 등 글로벌 원유 수요가 감소할 가능성이 높아진 것이 가장 직접적인 원인이다. 그러나 수요가 감소한다고 해서 국제유가가 순식간에 50% 이상 폭락하는 것은 정상적인 일로 보기 어렵다. 당장 수요가 위축된 것에 대응해 석유생산을 줄이는 식의 대응이 이루어질 수 있기 때문이다.

2020년 국제유가(WTI)는 배럴당 20달러 선마저 깨지는 폭락 사태를 겪었다.

국제유가 급락에도 감산 합의 실패하다!

그러나 사우디아라비아와 러시아 등 세계적인 원유 생산국이 국제유가의 급락 사태에도 불구하고 감산 합의를 이끌어내는 데 어려움을 겪었다.[9] 한때 사이가 좋았던 두 나라의 관계가 이렇게 나빠진 것은 '감산이 미국의 셰일오일 기업에 좋은 일만 시킨다'는 판단이 부각되었기 때문이다. 즉, 미국의 석유 생산량이 끝없이 증가하고, 더 나아가 생산성마저 빠르게 개선되는데, 원유를 감산해서 가격을 지지해본들 무슨 소용 있겠느냐는 이야기다.

9 이투데이(2020.3.9), "사우디-러시아 갈등에 국제유가 30달러대로 폭락…글로벌 시장, 이번엔 '오일쇼크'".

국제유가와 미국의 BB등급 회사채 가산금리

자료: 세인트루이스 연방준비은행

그런데 문제는 유가 급락이 미국 회사채 시장, 특히 투기등급 회사채(이하 '정크 본드') 시장의 패닉을 불러일으킨 데 있다.

국제유가 폭락, 왜 미국 회사채 시장이 패닉에 빠졌을까?

미국 기업들은 지난 10여 년 동안 은행보다는 회사채 시장에서 적극적으로 자금을 조달해왔다. 특히 셰일오일 기업을 비롯한 신생 분야의 기업들은 2008년 글로벌 금융위기 이후 강화된 은행의 대출심사를 피해 적극적으로 회사채 시장의 문을 두드렸다.

또한 글로벌 투자자들도 셰일오일 기업이 발행한 정크본드에 적극적으로 투자하기 시작했다. 미국 연준 등 세계 주요 중앙은행이 제로금리 정책을 펴자, 고금리 채권에 대한 수요가 부각되었을 뿐만 아니라, 미국 셰일오일 기업의 경쟁력이 나날이 개선되는 것을 긍정적으로 바라보았기 때문이다.

그러나 이제 좋았던 시절은 끝난 것처럼 보인다. 국제유가의 급락으로 셰일오일 기업의 수익성이 악화될 것이라는 우려가 나타나는 가운데, 정크본드의 가산금리가 급등하기 시작했기 때문이다. 여기서 가산금리란 정크본드가 비슷한 만기의 국채에 비해 이자를 얼마나 더 많이 부담하는지 측정한 것이다. 1년 전만 해도 미국 BB등급 회사채의 가산금리는 2%를 밑돌았지만, 2020년 3월 13일에는 무려 5%의 벽을 돌파하기에 이르렀다.

이로 인한 충격으로 미국 에너지 및 금융회사의 주가가 폭락하고 말았다. 미국의 다우지수는 2020년 2월 12일 고점 이후 3월 17일까지 8,314포인트, 약 28%가 급락했는데, 그중에서 금융업종은 32.4%, 에너지 기업은 38.4%나 폭락했다.

물론 주가 폭락 그 자체만으로 기업이 망하지는 않는다. 다만, 회사채 가산금리의 급등 속에서 이루어진 금융·에너지 주식의 폭락 사태는 상당 기간 원유가격이 '저가 수준'을 벗어나기 힘들 것이라는 시장 참가자들의 예상을 내포하고 있는 것으로 보인다. 따라서 필자는 1~2년 안에는 유가 급등이 유발하는 '인플레'의 가능성은 매우 낮은 것으로 판단한다. 결국 코로나19 사태로 세계 경제 전반의 디플레 압력이 더욱 심화될 것으로 보인다.

한 걸음 더

세인트루이스 연방준비은행의 경제통계 이용하기

5장에서 사용한 그림은 대부분 미국 세인트루이스 연방준비은행 홈페이지에서 다운받은 것이다. 세인트루이스 연방준비은행 사이트(https://fred.stlouisfed.org)에 접속한 다음 검색창에 찾고 싶은 통계를 입력하면 된다. 이 사이트에서 찾을 수 있는 경제통계는 약 53만 건에 달하기에 웬만한 자료는 다 찾을 수 있다. 검색을 통해 직접 데이터를 찾아보자.

1. 미국의 소매판매 통계가 궁금하다면, 아래의 검색창에 영어로 소매판매를 의미하는 Retail Sales를 입력하고 엔터를 누른다. 경제지표나 통계의 영문명이 궁금하다면 구글을 비롯한 다양한 인터넷 번역 프로그램을 활용하면 된다.

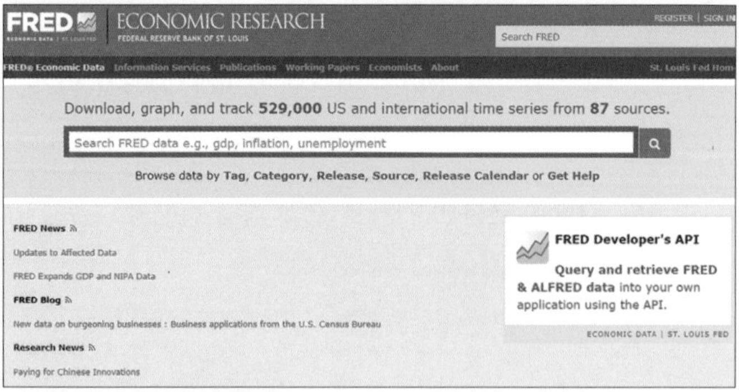

세이트루이스 연방준비은행 홈페이지

2. 다음과 같은 검색 결과 화면이 나온다. 필자가 검색했을 당시 결과가 7,522개나 나왔지만, 대부분 최상위 2~3개에 원하는 데이터가 나온다. 이번 경우에는 두 번째에 원하는 결과가 나왔다. 'Advance Retail Sales: Retail(Excluding Food Services)'는 소매판매 중에서 변동성이 큰 음식료 제품을 제외한 것을 말한다.

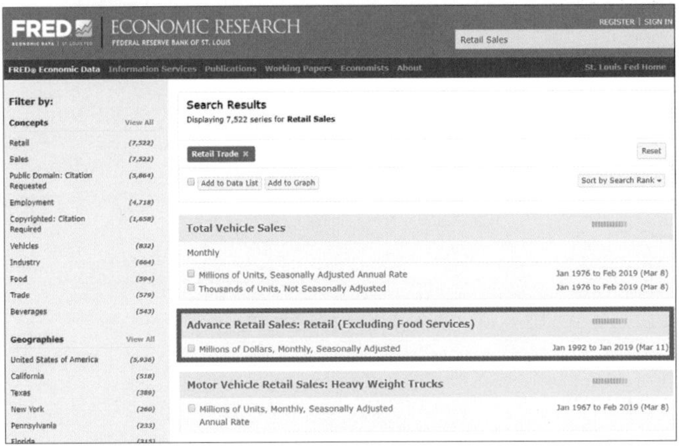

'Retail Sales'로 검색한 결과 화면

참고로 설명하자면, 소매판매의 상당부분은 음식료품인데, 일기 변화에 따라 가격이 급등락하고 판매량도 들쑥날쑥하다. 대표적인 예로 폭설이 왔을 경우 사람들은 마트에 가기보다 인터넷으로 주문할 가능성이 높으며, 특히 부피가 큰 먹거리일수록 인터넷에서 구입하려는 경향이 더 강할 것이다. 따라서 이코노미스트들은 음식료품을 제외한 소매판매 통계를 즐겨 활용한다.

3. 이제 다음과 같이 음식료품을 제외한 소매판매 통계 화면이 나온다. 과거의 데이터 흐름을 확인할 수 있으며, 오른쪽의 Downlode 단추를 누르면 데이터를 엑셀로 다운받을 수 있다.

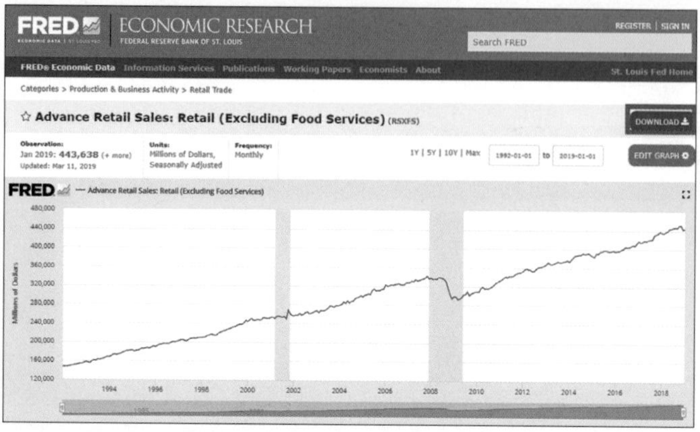

'Advance Retail Sales: Retail (Excluding Food Services)' 조회 결과 화면

6

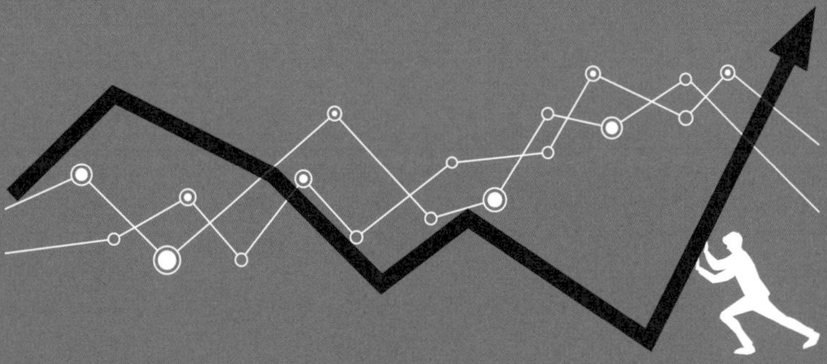

디플레 시대의 정부정책은?

6장은 디플레 압력이 높아질 때, 정책당국이 어떤 태도를 취해야 하는지에 대해 집중적으로 살펴본다.

지난 2003년 국제통화기금은 일본 경제를 분석한 보고서에서 "일본이 현재 겪고 있는 일은 다른 나라의 정책 입안자들에 대한 경고로 볼 수 있다. 가벼운 디플레도 얼마나 큰 피해를 초래할 수 있는지, 그리고 디플레 증상이 나타나기 전에 예방하는 것이 얼마나 더 효과적인지를 배워야 한다"고 지적했다. 이처럼 정책당국이 디플레에 맞서 단호하게 행동하는 것이 무엇보다 중요하다.

디플레에 맞서기 위해서는 통화정책뿐만 아니라 적극적인 재정정책이 필요할 것이다. 왜 이렇게 다소 과하다 싶은 대책이 필요한지 설명하고, 앞으로 어떤 방향으로 정책이 시행될 것인지에 대해 알아볼 것이다. 서설이 길었다. 이제 일본의 사례를 통해 이 문제를 좀 더 자세히 살펴보자.

1

1990년대 일본의 경험이 주는 교훈

일본 경제는 1990년 주식 및 부동산 가격이 폭락한 다음 기나긴 침체의 시간을 보내고 있다. 2013년 이른바 아베노믹스가 시행된 다음에 경기가 좀 반등하는 듯했지만, 여전히 인플레는 나타나지 않고 있으며 임금도 오르지 못하고 있다.[1]

1990년을 전후해 주식 및 부동산 시장의 거품이 붕괴된 것은 일본만이 아니다. 당시 북유럽(스웨덴, 덴마크, 핀란드) 국가도 주식/부동산 시장의 붕괴 속에 깊은 불황을 겪은 바 있다.

그런데 일본은 왜 20년이 훌쩍 넘는 세월 동안 불황의 수렁에서 벗어나지 못하고 있는 것일까? 북유럽 국가는 금방 위기를 벗어나 다시 선진국으로서의 면모를 과시했는데 말이다.

이에 대해 수많은 연구자들이 다양한 주장을 펼쳤다. 하지만 필자는 2000년대 초반 미국 연준이 발표한 보고서(「디플레이션 방어하기: 1990년대 일본의 경험이 주는 교훈」)[2]에 매우 귀한 정보가 담겨 있다고 본다.

1 데일리포스트(2019. 2. 1), "[Japan Report] 아베노믹스의 허상…. 통계 부정 논란".

2 FRB(2002), "Preventing Deflation: Lessons from Japan's Experience in the 1990s".

2001년 이후 일본의 실질GDP와 소비자물가 추이 자료: 세인트루이스 연방준비은행

• 실질 GDP(2001년 1분기 = 100) 소비자물가지수(2001년 3월 = 100)

이 보고서에서 미국 연준의 경제학자들은 아주 흥미로운 주장 두 가지를 펼친다.

일본은행의 정책 실패 탓

첫째, 1989년 버블이 붕괴된 직후 "일본의 중앙은행(일본은행, Bank of Japan)이 정책금리를 공격적으로(200bp 이상 = 2%포인트 이상) 인하했다면 디플레의 악순환은 오지 않았을 것"이라는 주장이다. 한마디로 일본 경제가 20년 넘게 침체된 것은 1989년을 전후한 일본은행의 정책 실패 탓이라는 이야기다.

일단 디플레로 진입하면 회복이 어렵다

미국 연준의 보고서에 담긴 두 번째 주장은 "지나친 경기부양으

1990년대 자산 버블이 붕괴된 후 20년 넘게 회복되지 않고 있는 일본.

로 인플레가 발생하면 긴축으로 전환하여 해결할 수 있지만, 경제가 일단 디플레의 영역에 진입하면 다시 정상 수준으로 되돌릴 방법이 마땅하지 않다"라는 것이다.

결국 연준 보고서의 핵심 내용은 일본이 자산가격의 붕괴로 불황이 시작되었을 때 단호한 대응을 취하지 못했고, 그 결과 20년 넘게 디플레에서 벗어나지 못하게 되었다는 것이다. 그런데 이 대목에서 한 가지 의문이 제기된다.

"왜 디플레가 시작되면 정상으로 되돌리기 어려울까?"

2

디플레가 무서운 이유는?

디플레 국면에 진입하면 '경제를 정상 수준으로 돌려놓기' 어려운 이유는 다음의 두 가지 이유 때문이다.

통화정책이 무력화된다!

먼저 가장 직접적인 이유는 통화정책의 무력화 문제 때문이다. 이는 경제학계에서 '제로금리 한계(Zero Rate Lower Bound)'라고 하는 이슈이다.

'제로금리 한계'란 중앙은행이 경기를 부양하기 위해 정책금리를 인하하더라도 제로금리 수준이 하한이 될 수밖에 없다는 말이다. 물론 유럽 중앙은행을 비롯한 일부는 마이너스 금리 정책을 시행 중이지만, 이는 정확하게 말하자면 '초과 지급준비금'에 대해서만 마이너스 금리가 도입된 것으로 보아야 한다(초과 지급준비금에 대한 자세한 설명은 4장 참조).[3]

3 KB금융지주 경영연구소(2015), 「마이너스 금리정책 도입 현황과 쟁점」.

디플레의 악순환에 빠지기 쉽다!

통화정책 무력화보다 더 심각한 두 번째 위험 요인은 '디플레 악순환(Deflation Spiral)'의 가능성이 높아지는 것이다.

예를 들어 어떤 나라의 국민 대다수가 '앞으로 물가가 하락할 것'이라는 디플레 기대심리가 높아지면 자연스럽게 소비를 미룰 것이다. 어차피 가격이 계속 떨어질 텐데 굳이 지금 소비할 이유가 없기 때문이다. 이런 식으로 소비가 줄어들기 시작하면, 기업의 실적이 악화되고 고용 및 투자도 위축될 가능성이 높아진다.

특히 문제가 되는 것은 '명목임금'이 떨어지지 않는다는 점이다. 사람들은 자신의 소득이 전년에 비해 줄어드는 것에 대해 강한 저항감을 가지고 있다. 그래서 디플레가 발생하면 역설적으로 '실질임금'이 상승하게 된다. 예를 들어 디플레로 소비자물가 상승률이 1% 떨어진다면, 임금이 동결되더라도 기업의 입장에서는 근로자에게 지불하는 임금을 1% 인상한 것이나 다름없다.

기업이 불황으로 고통받는 상황에서 인건비 부담까지 높아지면 대대적인 해고에 나설 가능성이 높아질 것이다. 그리고 대량해고는 다시 소비심리를 위축시켜 기업의 매출을 줄이는 악순환을 가져오게 된다. 참고로 2001년 노벨 경제학상을 수상한 조지 애컬로프 교수는 "미국에서 1%의 디플레가 발생하면 균형 실업률은 5.8%에서 10%까지 상승한다"라는 계산을 내놓은 바 있다.[4]

4 찰스 윌런(2020), 『돈의 정석』, 부키, 374쪽.

실질임금의 인상보다 더 위험한 것은 '실질적인 부채 부담'의 증가다. 예를 들어 1990년에 도쿄의 맨션을 구입할 목적으로 금리 7%에 5,000만 엔을 대출받은 가계를 생각해보자. 1990년 이후 2016년까지 도쿄의 주택가격이 약 60% 이상 빠졌으니, 이 가계는 최악의 시점에 주택을 구입한 셈이다.

더 큰 문제는 주택가격이 폭락했는데도, 이 가계는 매년 7%, 즉 350만 엔의 이자를 꼬박꼬박 내야 한다는 것이다. 돈을 빌릴 때 약속한 이자를 갚지 않는 순간 은행은 대출을 회수할 것이며, 집을 잃고 거리로 내몰릴 것이다. 결국 이 가계는 이를 꽉 깨물고 아껴서 빚을 갚아나가야 한다. 부부 중 누구 한 사람이라도 아픈 경우에는 순식간에 파산 위기에 내몰리게 된다. 국제통화기금이 2003년 보고서에서 "오랜 기간 지속된 디플레로 일본의 개인과 기업이 가진 부채의 실질적인 부담이 높아졌다"라고 지적했던 대목 그대로다.[5]

결국 디플레가 장기화되면 부채를 짊어진 가계와 기업이 파산하고, 이는 다시 은행의 위기로 전염될 가능성이 높아진다.

특히 2013년 초부터 시작된 대규모 통화공급 확대정책(이하 '아베노믹스') 이후 경제가 조금씩 살아난 것처럼 보였지만, 소비자물가의 흐름은 요지부동이다. 2014년에 있었던 소비세 인상(5%→8%)의 효과를 제외하고 보면, 지난 18년간 일본 소비자물가는 단 1% 상승하는 데 그친 상황이다.

5 IMF(2003), "Understanding the Costs of Deflation in the Japanese Context".

3

디플레 징후, 어떤 정책 대응이 필요한가?

앞에서 소개한 일본의 사례에서 보듯, 디플레의 '징후'가 나타날 때는 단호한 대응이 필요하다. 그렇다면 이때 단호한 대응이란 어떤 정책을 의미할까?

미국 연준의 보고서가 지적했듯, 정책금리를 적극적으로 인하해서 디플레 기대심리가 형성되는 것을 조기에 차단할 필요가 있다. 경제 주체들이 '돈이 많이 풀리니 앞으로 물가가 오를 수 있다'는 생각을 가지게 만들어야 하는 것이다.

그러나 한 가지 문제가 있다. 만일 정책금리를 제로금리 수준으로 내렸는데도, 디플레 기대심리가 수그러들지 않으면 어떻게 해야 할까? 그에 대한 답이 재정정책이다.

시장금리가 낮으면 적극적 적자재정도 괜찮다?

최근 세계적인 경제학자이자 이코노미스트인 올리비에 블랑샤는 흥미로운 주장을 했다.[6] 시장금리가 명목 경제성장률보다 낮을 때에는

6 PIIE(2019), "Public Debt: Fiscal and Welfare Costs in a Time of Low Interest Rates".

적극적인 재정정책을 펼칠 필요가 있으며, 또 경제에 부정적 영향을 미칠 가능성이 낮다는 것이다. 세계적인 석학이 이런 주장을 펼치는 이유를 다음의 사례를 통해 살펴보자.

먼저 A라는 나라의 명목GDP가 100조 원이고, 시장금리가 1%로 고정되어 있으며, 조세 부담률이 20%라고 가정하자. 여기서 조세 부담률이란 국민들이 한해 동안 내는 세금 부담을 측정한 것으로, 이 사례에서는 GDP 100조 원 중에서 20조 원을 세금으로 걷는 셈이다. 이때 A나라 정부가 올리비에 블랑샤의 조언을 받아들여, GDP의 10%에 이르는 10조 원 규모의 경기부양 정책을 시행했다면 어떤 일이 벌어질까?

정부가 경기부양을 위해 10조 원에 이르는 재정을 늘려서 건설투자 및 저소득층에 대한 복지혜택에 활용함에 따라, 다음 해 GDP가 113조 원으로 늘어났다고 가정해보자. 여기서 재정지출 10조 원을 늘려서 GDP가 13조 원 증가한 현상을 흔히 재정지출의 '승수효과(乘數效果)'라고 한다.

재정지출의 승수효과란 정부가 재정을 늘리면 이 돈이 경제 내에서 돌면서 그 이상의 경제성장 효과를 일으키는 것을 말한다. 여기서 재정지출로 GDP가 13조 원이 늘어나는 것으로 가정한 이유는 한국의 재정승수가 1.3 내외이기 때문이다. 즉, 한국은 정부지출을 1조 원 늘리면 국내총생산(GDP)이 1.3조 원 증가한다.[7]

초점을 조금 바꿔보자. 국내총생산 13조 원에 달하는 경제의 외

7 한국은행(2019), 「새로운 재정지출 식별방법을 이용한 우리나라의 정부지출 승수효과 추정」.

미국 정부의 GDP 대비 이자부담과 국채금리 추이

자료: 세인트루이스 연방준비은행

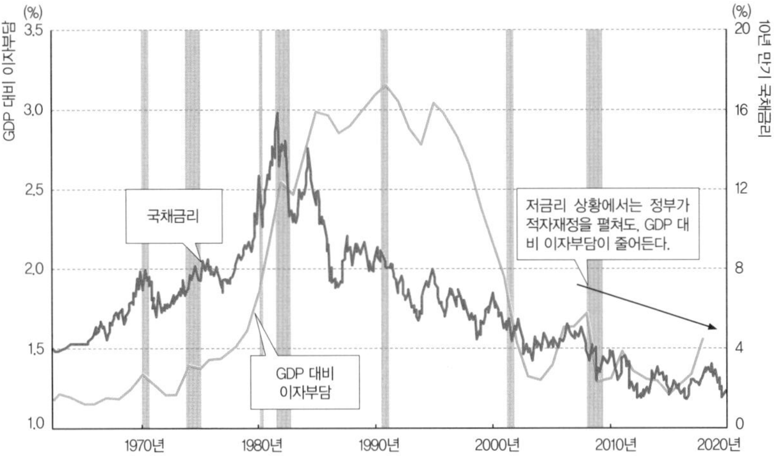

형적 증가 과정에서 치러야 했던 대가는 무엇일까?

재정지출을 10조 원 늘림에 따라 적자 국채를 그만큼 더 발행하게 되고, 이에 따른 이자 지급 부담은 시장금리가 1%이니 0.1조 원이다. 국내총생산이 13조 원이 늘어났고 조세부담률을 20%로 가정했으니, 다음 해에 조세수입은 2.6조 원이 늘어났을 것이다. 결국 A국은 GDP의 10%에 이르는 재정적자를 무릅쓰고 돈을 푼 결과 2.5조 원의 차익(= 세수 증가 - 이자비용 = 2.6조 - 0.1조)이 발생한 셈이다. 물론 먼 훗날 10조 원의 원금을 갚아야 하지만, 이자율이 낮고 정부의 조세수입도 늘었기에 큰 부담은 되지 않는다.

올리비에 블랑샤 교수는 이 대목에서 다음과 같이 주장한다.

미래에도 이런 불균형(= 명목 경제성장률 > 국채금리)이 이어진다면, 정부부채의 비용은 사실상 0이 된다. 다시 말해, 정부부채가 늘어나더라도 증세의 필요성이 없다. 특히 명목 경제성장이 과거처럼 유지된다면, 경제의 외형 성장이 금리보다 훨씬 빨라 GDP 대비 부채비율(Debt-to-GDP)은 세금 인상 없이도 떨어진다.[8]

이상과 같은 마법이 현실에서 나타난 것이 바로 최근의 미국이다.

트럼프 정부, 정부부채가 늘어나도 이자부담이 적은 이유

미국은 2008년 글로벌 금융위기 이후 부실한 금융기관에 공적자금을 투입하느라 정부부채가 급격히 늘어났지만, 정작 정부가 지급해야 하는 이자비용은 1960년대 이후 최저 수준까지 줄어들었다. 다시 말해 정부가 보유한 부채는 늘었지만 실질적인 이자부담은 오히려 줄어든 것이다. 이런 기현상이 나타난 이유가 바로 금리가 명목 경제성장률보다 낮게 형성되었기 때문이다.

경제의 외형이 커질수록 조세수입도 늘어나기에 이자부담은 오히려 점점 줄어든다. 참고로 2017년 트럼프 정부가 대규모 감세정책을 시행했음에도 불구하고, 정부의 이자부담은 GDP의 1.5% 안팎에 불과할 정도로 억제되고 있다.

8 PIIE(2019), "Public Debt: Fiscal and Welfare Costs in a Time of Low Interest Rates".

4

재정적자가 늘어나며 시장금리가 상승할 가능성은 없을까?

이 대목에서 다음과 같은 의문을 품은 독자들이 있을 것이다.

"GDP의 10%에 이르는 막대한 재정적자를 일으켜 경기를 부양하면, 시장금리가 1% 선에서 그대로 머물 수 있을까?"

정부가 경기부양을 위해 적극적 재정정책을 펴서 경기가 회복되고, 또한 이 과정에서 국채 발행량이 증가하면 시중의 돈이 줄어들게 되며, 이에 따라 시장금리가 상승하는 것이 당연할 것 같다. 그러나 안타깝게도 2008년 이후 10년이 넘도록 세계 주요국의 시장금리는 오히려 하락하고 있다.

우리나라만 하더라도 2008년 말 시장금리(10년 만기 국채금리)는 4.87% 선을 기록했지만, 코로나19 사태가 발생한 2020년 3월에는 급기야 0%대로 떨어졌다.

우리나라만 이런 현상을 겪는 것이 아니다. 미국의 10년 만기 국채금리는 2008년 말에 3.53%였지만, 2019년 11월에는 1.71%, 그리고

2020년 3월에는 1%를 깨고 내려갔다. 마이너스 금리 수준까지 떨어진 독일 등 유럽의 국채금리는 거론할 필요도 없을 것이다.

재정적자가 늘어났는데, 왜 시장금리가 내릴까?

재정적자가 증가했는데도 시장금리가 내리는 이유는 무엇일까? 불황, 혹은 디플레의 압력이 우세한 시기에는 재정지출을 아무리 늘려도 경기가 회복되지 않을 것이라고 믿는 사람들이 많기 때문이다. 즉, 경기가 악화될 때에는 미국 국채 등 이른바 '안전자산'에 대한 선호가 높아지므로, 재정적자를 아무리 내도 금리는 떨어진다.

재정지출의 확대가 시장금리를 급등시키는 것은 '경기부양'의 효과가 나타났을 때에야 출현하게 될 것이다. 물론 이때 정부는 재정지출을 줄이는 등 재정 건전화에 나서면 된다. 반면, 시장금리가 급등하고 인플레 압력이 높은 시기에는 재정적자가 시장금리의 상승을 유발할 수도 있다.

따라서 불황에는 공격적인 재정확장 정책을 써야 하고, 반대로 호황에는 재정긴축 정책을 시행하는 것이 올바른 정책방향일 것이다. 실제로 미국의 연구를 살펴보아도, 물가가 낮고 저금리 환경일 때 재정정책의 효과가 높아진다고 한다.[9]

이제 모든 문제가 해결된 것 같다. 금리가 높을 때에는 재정정책을 긴축적으로 운용하고, 금리가 낮을 때에는 확장적으로 운용하면 된다. 그러나 세상 일이 그렇게 간단하지만은 않다.

9 NBER(2010), "Measuring The Output Responses to Fiscal Policy".

재정확장 정책, 타이밍이 문제다

다음의 표는 2차 세계대전 이후 2008년 글로벌 금융위기까지 집행된 모든 재정확장 정책을 정리한 것이다. 그런데 이들 재정확장 정책은 '타이밍' 면에서 형편없었음을 알 수 있다.[10] 경기를 부양하기 위해 돈을 풀었을 때, 이미 경기가 바닥을 찍고 본격적인 확장 국면에 접어

2차 세계대전 이후 경기침체 극복 프로그램의 시행 일시

자료: 미국 국가경제연구소 및 브루스 바틀릿의 연구

경기침체 시작 시점	경기침체 종료 시점	재정지출 확대 법안의 통과 시점
1948년 11월	1949년 10월	1949년 10월
1957년 8월	1958년 4월	1958년 4월 1958년 7월
1960년 4월	1961년 2월	1961년 5월 1962년 9월
1969년 12월	1970년 11월	1971년 8월
1973년 11월	1975년 3월	1975년 3월 1976년 7월 1977년 5월
1981년 7월	1982년 11월	1983년 1월 1983년 3월
1990년 7월	1991년 3월	1991년 12월 1993년 4월
2001년 3월	2001년 11월	2001년 6월
2007년 12월	2009년 6월	2008년 2월 2009년 2월

경기부양을 위한 재정정책이 뒷북인 경우가 많아 오히려 경제에 부정적 영향을 미쳤다.

10 브루스 바틀릿(2010), 『백악관 경제학자』, 웅진지식하우스, 309쪽.

든 경우가 대부분이었기 때문이다. 결국 경제가 가장 힘들 때에는 재정을 안 풀다가, 경기가 회복될 때 돈을 쏟아부음으로써 오히려 경제에 부정적 영향만 미쳤다고 볼 수 있다. 이 문제를 어떻게 하면 해결할 수 있을까?

시장금리가 명목 성장률보다 낮을 때가 타이밍

여러 대안이 있겠지만, 가장 손쉬운 해법이 앞에서 소개한 세계적인 경제학자이자 이코노미스트인 올리비에 블랑샤가 권고한 것처럼, '명목 경제성장률 > 시장금리'일 때 적극적으로 재정정책을 사용하는' 것이다.

명목 경제성장률보다 시장금리가 낮다는 것은, 결국 시장 참가자들이 미래의 경제상황을 비관적으로 본다는 뜻으로 해석할 수 있다. 즉, 현재 경기가 나쁘고 앞으로 물가가 하락할 것이라는 채권시장 참가자들의 예상이 담긴 셈이다. 이런 국면에는 아무리 재정을 늘려도 경제 전반에 '버블' 혹은 '지나친 경기과열'이 출현할 위험이 낮다. 반대로, 시장금리가 명목 경제성장률을 넘어서는 등 '인플레 혹은 경제성장에 대한 기대'가 높아질 때에는 재정을 긴축적으로 운용하는 신호로 받아들이면 된다.

5

금리가 높아질 때 긴축으로 제때 돌아서지 못하면?

앞에서 소개한 재정정책 전략은 매우 매력적이지만 한 가지 문제가 있다. 그것은 다름이 아니라 인플레 및 성장에 대한 기대가 높아질 때도 재정확장 정책을 멈추지 않으면 어떻게 되느냐는 것이다. 이런 문제가 가장 극단적으로 나타난 것이 바로 1980년대의 남미 국가들이었다.

하이퍼인플레이션은 어떻게 발생하는가?

인플레 압력이 높아지는데도 재정지출을 계속 늘리고, 중앙은행이 아예 정부가 발행하는 적자 국채를 인수해버리는 식으로 문제를 회피하면, 1980년대 중반의 볼리비아처럼 하이퍼인플레이션(Hyper-Inflation, 이하 '하이퍼인플레')의 위험이 닥칠 수 있다. 참고로 하이퍼인플레란 매월 물가가 50% 이상 상승하는 일이 지속되는 것을 의미한다. 그렇다면 하이퍼인플레는 어떻게 발생하고 사멸하는가?

이 의문을 푸는 데에는 세계적인 경제학자 제프리 삭스 교수의 경험이 큰 도움이 된다.

나는 1923년 독일을 비롯한 몇몇 나라의 하이퍼인플레 사례를 연구한 바 있다. (중략) 그러나 역사책에 기록된 내용들이 아니라 실제로 하이퍼인플레가 일어나고 있는 현장을 만나게 될 줄은 꿈에도 몰랐다. 카를로스 이투랄드라는 볼리비아 학생을 만나기 전까지는.

(중략)

1985년 당시 볼리비아 정부는 거대한 재정적자를 메우기 위해 돈을 마구 찍어내고 있었다. (중략) 정부가 군대와 광부, 교사들에게 지급할 현금을 얻기 위해 볼리비아 중앙은행(BCB)에 직접 채권을 매각해야 했다. 이런 점에서 볼리비아의 하이퍼인플레는 인류 경제사의 다른 사례들과 별로 차이가 없었다.[11]

하이퍼인플레이션은 어떻게 사라지는가?

제프리 삭스 교수는 당시 28세의 나이로 하버드대학의 종신 교수가 되어 강의에 전념하는 중이었지만, 볼리비아에서 온 유학생이 "하이퍼인플레에 대해 그렇게 잘 알면 우리나라 문제도 해결해달라"라고 요청하자, 차마 이를 거절하지 못하고 볼리비아까지 가게 되었다고 한다.

연 2만 4,000%나 되는 인플레가 갑자기 종결될 것이라고 직관적으로 떠올리기 어렵지만, 역사적으로 하이퍼인플레는 완만히 떨어지는 것이 아니라 급격히 중단되어왔다. (중략) 볼리비아인 동료들과 토론

11 제프리 삭스(2006), 『빈곤의 종말』, 21세기북스, 139쪽.

한 결과, 볼리비아 예산의 핵심이 석유가격에 있다는 것을 알게 되었다. 볼리비아 정부는 유류세에 재정의 대부분을 의존하고 있었으며, 정부는 석유가격을 몇 개월마다 한 번씩 바꾸었는데 이렇게 낮게 유지된 석유가격이 예산을 망가뜨리고 있었다.[12]

당시 볼리비아 정부가 석유가격을 인상하지 않았던 이유는 '기득권의 저항' 때문이었다. 볼리비아에서 자동차와 보일러에 기름을 넣는 사람들은 모두 부유층이며, 이들의 이익을 해치는 정책이 시행되기는 매우 어려웠던 것이다. 참고로 최근에도 주요 신흥국의 재정은 유류 보조금으로 멍들고 있다고 한다(189쪽 〈한 걸음 더〉 참조).[13] 따라서 유류 보조금을 철폐하고, 석유제품 가격을 인상하기 위해서는 정책당국의 단호한 의지가 필요했다.

다행히 당시 새로운 볼리비아 정부는 어떤 대가를 치르더라도 하이퍼인플레를 막아야 한다는 의지를 가지고 있었다. 제프리 삭스 교수와의 미팅 이후 급격한 석유가격 인상을 단행하자마자 거짓말처럼 하이퍼인플레가 사라졌다. 볼리비아 국민들이 물가가 끝없이 오를 것이라고 예상했던 이유는 정부가 '세금을 걷어 빚을 갚을' 마음이 전혀 없다고 생각했기 때문이었다. 그런데 정부가 석유가격을 인상하는 등 조세 수입을 늘리겠다는 의지를 입증하자 인플레 기대도 순식간에 사라졌던 것이다.

12 제프리 삭스(2006), 앞의 책, 142쪽.

13 IMF(2019), 「Fuel for Thought: Ditch the Subsidies」.

다음의 그림은 볼리비아의 국내총생산(GDP) 대비 재정수지와 소비자물가 상승률의 관계를 보여준다. GDP 대비 재정적자가 10% 선을 넘을 때(1984년은 -25%) 소비자물가가 급등했지만, 1985년을 고비로 재정적자가 줄어들자 소비자물가 상승률이 10% 선까지 떨어진 것을 확인할 수 있다.

볼리비아의 사례가 시사하는 바는 명확하다. 하이퍼인플레의 위험은 당국이 재정 건전화에 나설 의지를 분명히 드러내고, 또 이를 실천에 옮길 때 순식간에 사라진다. 디플레가 한번 정착되면 해소하기가 어려운 '만성질환'이라면, 하이퍼인플레는 충격이 큰 대신 상대적으로 손쉽게 퇴치할 수 있는 '급성통증'이라고 볼 수 있을 것 같다.

볼리비아의 GDP 대비 재정수지와 소비자물가 상승률

자료: 국제통화기금(IMF)

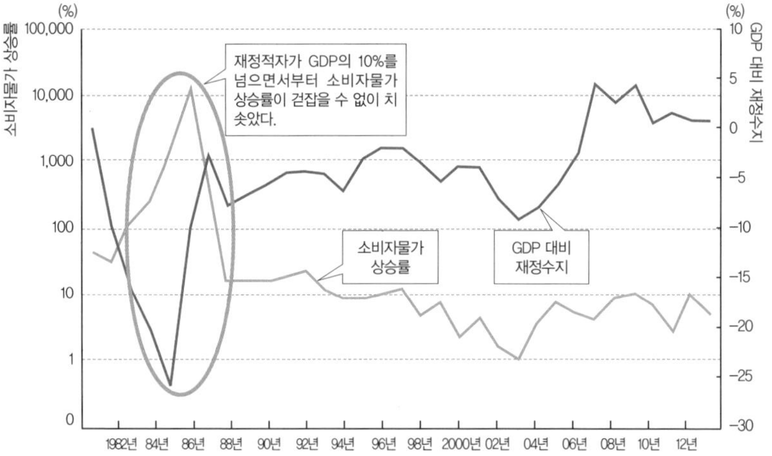

6

베네수엘라의 하이퍼인플레는 언제쯤 끝날까?

볼리비아의 교훈을 최근의 베네수엘라 사태에 적용해보자.

다음의 그림에서 나타난 것처럼, 최근 베네수엘라의 경제지표는 1985년 볼리비아와 판박이다. 베네수엘라는 우고 차베스(1998년 첫 집권 이후 4번 연임) 정부 시절부터 재정적자가 늘어나면서 인플레 압력이 높아지고 있었으며, 특히 GDP 대비 재정적자가 마이너스 10% 선을 넘어선 2014년을 전후하여 본격적으로 하이퍼인플레가 시작되었기 때문이다.

베네수엘라가 하이퍼인플레 문제를 해결하기에는 1985년 볼리비아의 경우와 달리 몇 가지 어려움이 있다. 베네수엘라는 최근의 정치적 불안 때문에 1985년 볼리비아처럼 인기 없는 정책을 시행할 주체가 부각되지 않기 때문이다.

당시의 볼리비아 정부는 어떤 대가를 치르더라도 하이퍼인플레를 억제하겠다는 의지를 가지고 있었기에 기득권의 저항을 누르고 긴축재정 정책을 펼 수 있었다. 그러나 베네수엘라는 긴축재정 정책을 강력하게 펼칠 주체의 문제부터 해결되어 있지 않기에 상황이 더욱 어

베네수엘라의 GDP 대비 재정수지와 소비자물가 상승률 추이 자료: 국제통화기금(IMF)

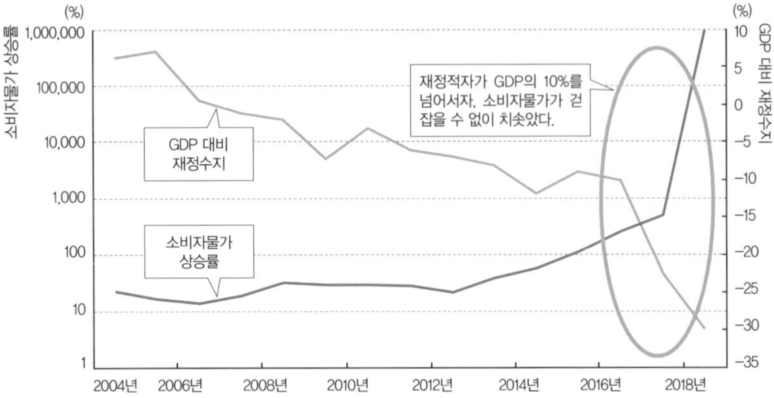

렵다. 우고 차베스 대통령이 1998년 첫 집권 후에 4번째 연임했다가 2013년 사망한 후, 통일사회당의 니콜라스 마두로 대통령이 2번 연임에 성공했으나 2019년 1월 취임과 동시에 급격한 정치적인 분열을 겪고 있는 상황이다.

특히 심각한 문제가 되는 것은 유류 보조금이다. 브라질과 베네수엘라는 국경을 접하고 있으며, 두 나라의 1인당 국민소득 수준은 비슷하다. 둘 다 산유국으로 2013년 기준 하루 300만 배럴의 원유를 생산한다.

그러나 두 나라는 극단적으로 다른 에너지 정책을 펼치고 있다. 대부분의 나라와 마찬가지로, 브라질은 휘발유에 무거운 세금을 부과한다. 반대로 베네수엘라는 휘발유에 오히려 보조금을 지급한다. 2015년 기준으로 브라질의 운전자들은 갤런(1갤런은 3.785리터)당 5.58달러를 지불한 반면, 베네수엘라의 운전자들은 갤런당 0.04달러를 지불했다.

최근 베네수엘라는 극심한 하이퍼인플레를 겪고 있다. 사진은 달러와 볼리바르 화폐.

결과적으로 2015년 기준으로 베네수엘라의 1인당 휘발유 소비량은 브라질보다 5배나 많다.[14] 막대한 재정적자를 기록하고 있는 산유국이 휘발유에 대규모의 보조금을 지급하고, 방만한 석유 소비를 부추기는 행동을 하는 상황에서 1985년 볼리비아와 같은 기적이 재현되기를 바라기는 어려울 것 같다.

14 애쓰모글루 등(2019), 『경제학원론』, 시그마프레스, 68쪽.

7

하이퍼인플레와 디플레의 양자택일?

볼리비아와 베네수엘라의 하이퍼인플레 사례를 보면서 한 가지 궁금증을 제기하는 사람들이 많을 것이다.

지난 2008년 글로벌 금융위기 이후 미국과 일본 등 상당수의 중앙은행은 정책금리를 제로금리 수준으로 인하한 것은 물론, 정부가 발행한 채권을 매입하는 이른바 '양적완화'를 단행했다. 그런데 이들 선진국에서는 왜 하이퍼인플레가 발생하지 않았을까?

필자가 보기에 가장 결정적인 차이는 국민의 '기대'에 있다. 베네수엘라와 달리, 미국과 유럽의 선진국들은 오랫동안 재정을 건실하게 운영해왔던 경험이 있기에 인플레 기대심리가 걷잡을 수 없이 확산되지 않았던 것이다. 실제로 이들 국가는 2010년을 전후해 경기가 회복되고 인플레 압력이 높아지자마자 긴축재정 정책을 시행함으로써 '건전한 재정'에 대한 국민의 기대를 저버리지 않았다.

물론 당시의 긴축재정 정책 타이밍이 적절했는가에 대한 의문이 제기될 수 있다. 그리스 등 남유럽 국가들이 긴축재정 정책 시행 이후 재정위기를 겪은 데다가, 일부 국가는 지금까지도 저성장의 늪에서 허

덕이고 있기 때문이다. 결국 이런 선택은 각국 국민이 가진 '트라우마'에 의존한다고 볼 수 있다.[15]

독일을 비롯한 유럽 국민들은 1920년대의 하이퍼인플레가 히틀러의 집권을 불러왔던 것에 대해 큰 정신적 외상을 입었기에, 재정적자가 걷잡을 수 없이 확대되는 것에 대해 강한 거부감을 가졌던 것으로 보인다. 일본도 1945년 패전 이후에 겪은 하이퍼인플레에 대한 트라우마가 1990년 버블 붕괴 이후의 대응에 악영향을 미쳤다는 지적이 많다.[16]

그러나 이코노미스트의 입장에서 볼 때, 하이퍼인플레보다 디플레가 훨씬 더 위험하다는 판단을 내릴 수밖에 없다. 이런 판단을 내리는 이유는 '해결의 용이성' 때문이다.

앞의 볼리비아 사례에서 볼 수 있듯, 하이퍼인플레는 긴축재정 정책을 시행하는 것만으로 금방 종결된다. 반면 디플레는 일종의 '만성질환'과 같은 성격을 지니고 있어서 경제를 지속적으로 악순환의 구렁텅이에 빠뜨릴 위험이 있기 때문이다. 따라서 디플레에 대한 우려가 부각되는 경제환경에서는 앞으로 좀 더 적극적인 재정정책이 시행될 필요가 있으며, 이러한 확장재정 정책이 시행되지 못하는 정치적 환경에서는 '제로금리' 정책이 지속될 가능성이 높은 것으로 판단된다.

15 다니엘 D. 엑케르트(2012), 『화폐 트라우마』, 위츠, 169~170쪽.

16 찰스 윌런(2020), 『돈의 정석』, 부키, 382쪽.

한 걸음 더

일본의 장기불황은 중앙은행만의 책임일까?

최근 읽은 책 『일본경제 30년사』(얀베 유키오)에는 1997년 아시아 외환위기를 전후한 일본 정부의 잘못된 정책방향이 구구절절 나온다. 당시 자민당의 하시모토 정부가 정권을 잡고 있었는데, 이 정부는 이른바 '개혁노선'을 내세우면서 선거에서 승리한 참이었다. 그들이 내세웠던 정책의 핵심은 금융 시스템 및 재정구조의 개혁이었다. 따라서 1997년 아시아 외환위기 직전에 소비세를 인상하는 등 단호한(!) 개혁정책을 밀고 나가기로 결정했다.[17]

그러나 문제는 1997년 7월 태국을 시작으로 아시아 외환위기가 발생하고, 일본도 곧 영향을 받아 경제가 무너지기 시작했다는 것이다. 그럼에도 불구하고 하시모토 정부는 '개혁정책' 공약을 유지했다. 특히 야마이치 증권을 비롯한 주요 금융기관의 연쇄적인 도산 속에서 '금융위기'의 가능성이 높아졌음에도 불구하고 금융 시스템 개혁을 밀고 나갔다. 그리고 금융기관들이 알아서 각자 위기를 해결하라는 식의 이러한 정책노선은 경제에 치명적인 악영향을 미쳤다.

한편 '경영이 악화된 금융기관은 청산 처리를 하면 된다'라는 식의

17 山家悠紀夫(2019), 『日本経済30年史』, 92쪽.

흐름이 지배적인 상황에서, 금융기관들은 자력갱생의 길을 찾을 수밖에 없었다. 그리고 금융기관들이 자기만 살겠다고 몸을 사리기 시작하면, 경제는 더욱 나빠지게 마련이다. 대출이 만기가 되는 족족 회수당하면, 재무구조가 건전한 기업이나 가계마저 유동성 위기를 겪고 망가질 가능성이 높아지기 때문이다.

다음의 그림은 1997년 아시아 외환위기를 전후한 일본의 경제성장률과 기업 대출 증가율의 추이를 보여준다. 기업 대출이 1997년 말부터 1999년까지 급격히 감소하는 것을 볼 수 있다. 결국 1998년 7월의 참의원 선거에서 자민당이 대패하여 하시모토 내각이 퇴진하고 오부치 게이조 내각이 들어선 이후에야, 일본은 정부 차원에서 금융기관 지원 및 재정지출 확대 정책이 시행될 수 있었다.

1997년 전후 일본의 경제성장률과 기업 대출 증가율 자료: 세인트루이스 연방준비은행

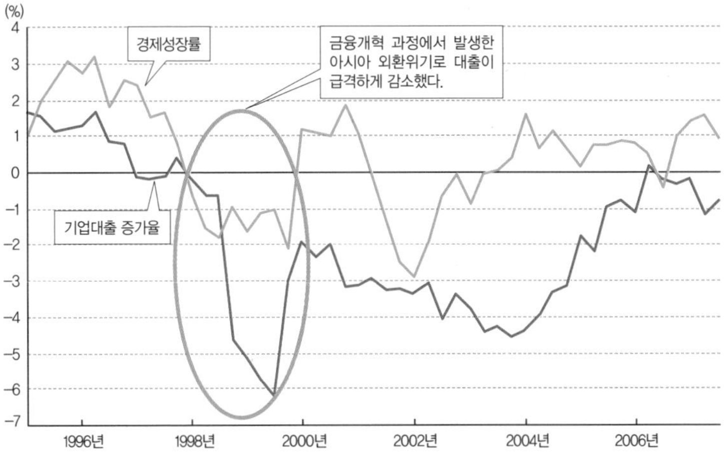

한 걸음 더

호황기와 불황기의 재정승수는 어떻게 다를까?

재정승수(Fiscal Multiplier)란 정부의 재정지출이 최종적으로 GDP를 얼마만큼 증가시키는지를 측정한 것이다. 예를 들어 재정승수가 1.3이라면, 재정지출을 10조 원 투입하면 GDP가 13조 원 증가한다고 볼 수 있다. 그런데 이 대목에서 한 가지 염두에 둘 것이 있다. 다름이 아니라 '재정승수가 항상 일정한 값은 아니다'라는 점이다.[18]

경기확장기의 재정승수

다음 쪽의 위 그림은 경기확장 국면, 즉 경기가 호황을 누리고 시장금리가 상승 흐름을 탈 때의 재정승수를 보여준다. 이 경우 재정승수는 1 미만으로 나타난다(베이스라인 참조). 다시 말해, 정부가 재정지출을 10조 원 풀더라도 GDP가 10조 원이 증가하지 못하는 상황이라고 볼 수 있다.

18 한국은행(2016), 「경기국면 및 재정상황별 재정승수 크기에 관한 최근 논의」.

경기확장기의 재정지출에 따른 GDP 증가 효과

자료: 앨런 아우어바흐, 유리 고로드니첸코(2012)

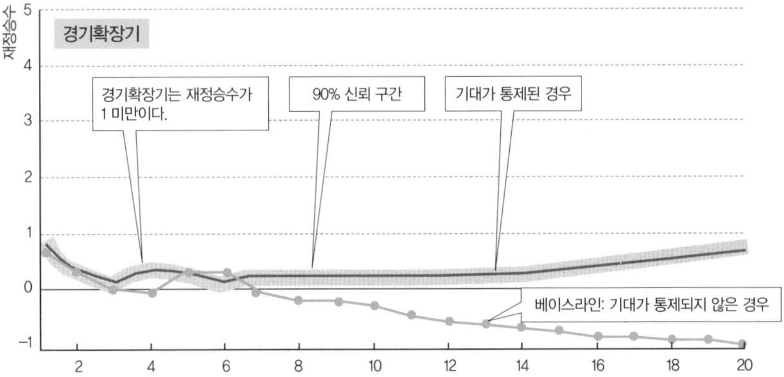

경기침체기에는 왜 재정승수가 클까?

반면, 다음 그림처럼 경기침체 국면일 때에는 재정승수가 거의 3에 이르는 것으로 나타난다. 그런데 경기침체기에는 왜 재정승수가 크게 나타날까? 다시 말해 정부의 재정지출에 따라 왜 이처럼 GDP가 큰 폭으로

경기침체기의 재정지출에 따른 GDP 증가 효과

자료: 앨런 아우어바흐, 유리 고로드니첸코(2012)

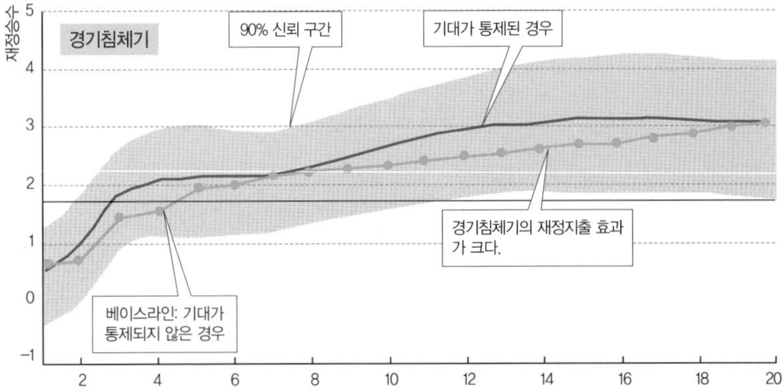

증가할까?

불황에는 실업자가 많고 유휴설비도 많은 데다가 은행이 적극적인 재정정책에 부응해 대출을 늘릴 가능성이 높기 때문이다. 반면 호황일 때에는 시장금리의 상승 충격이 더 크게 나타나는 이른바 구축효과(Crowding Out Effect)가 더 우세해진다고 볼 수 있다.

따라서 재정정책은 항상 '경기여건'을 감안해 단행할 필요가 있으며, 경기가 불황일 때 적극적인 재정정책은 효과가 큰 반면, 호황일 때의 재정정책은 재정악화 및 금리상승 등의 부작용이 더 큰 것으로 볼 수 있다.

한 걸음 더

개발도상국의 재정, 유류 보조금으로 멍들다!

앞에서 소개한 볼리비아의 사례에서 볼 수 있듯, 개발도상국의 재정은 잘못된 유류 관련 세금(및 보조금) 정책으로 멍들고 있다.[19]

일단 개발도상국은 행정력이 약해서 세금을 제대로 징수하지 못하는 것이 가장 큰 문제이지만, 상대적으로 세금을 손쉽게 거둘 수 있는 부분인 에너지 관련 분야에서 연료 보조금을 지급하는 것도 커다란 문제로

전 세계의 연료 보조금 규모와 구성 자료: 국제통화기금(IMF)

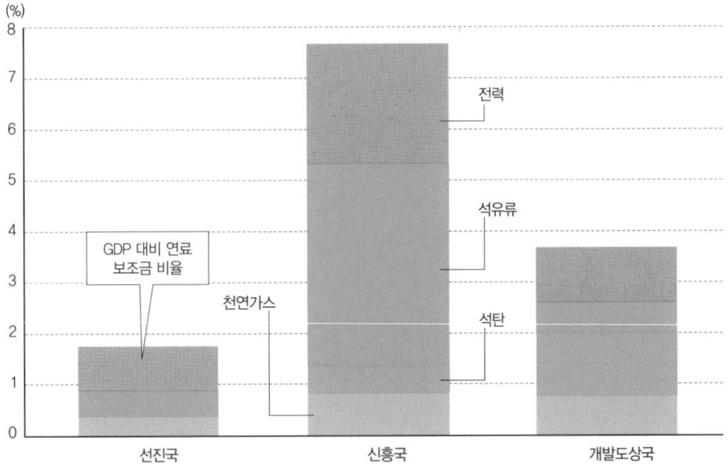

19 IMF(2019), "Fuel for Thought: Ditch the Subsidies".

부상하고 있다.

국제통화기금의 분석에 따르면, 베네수엘라와 같은 주요 신흥국은 GDP의 7~3%에 이르는 막대한 연료 보조금을 지출하고 있다. 연료 보조금이 집중적으로 사용되는 부분은 석유류로서 GDP의 약 4%를 차지하며, 그다음은 전력(약 2%)과 천연가스(0.7%)의 순이다.

그런데 신흥국이나 개발도상국의 이러한 연료 보조금 혜택은 주로 부유층에게 집중된다. 이들 나라는 중산층이 적고 소득 하위계층은 차가 없을 가능성이 높기 때문이다. 따라서 막대한 연료 보조금의 혜택이 불평등을 심화시키며, 더 나아가 환경과 교통체증 등의 문제를 불러일으킨다. 이로 인해 국제통화기금은 이 막대한 자금이 부자들의 차량 유지비 절감에 쓰일 것이 아니라, 공공부채 절감 및 미래 성장 동력을 위해 사용되어야 한다고 지적하고 있다.

7

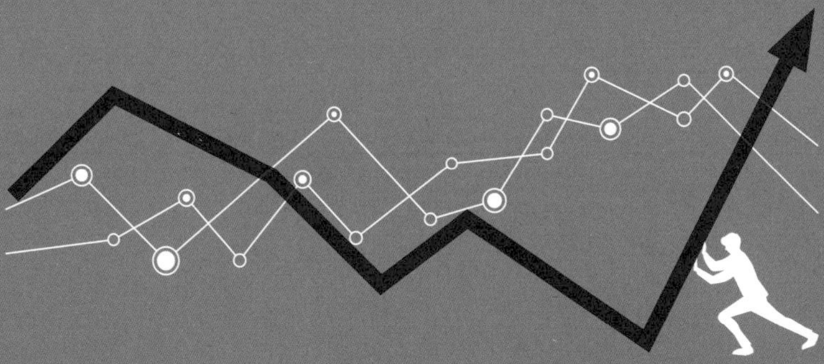

저금리 · 재정확장 시대의 주식시장은?

6장에서는 시장금리가 명목 경제성장률보다 낮은 시대(시장금리 < 명목 경제성장률)에 펼쳐질 각종 정부정책에 대해 살펴보았다. 필자가 보기에, 앞으로 상당 기간 동안 저금리 정책은 물론 공격적인 재정정책을 시행할 가능성이 그 어느 때보다 높아졌다. 이는 주식이나 부동산 등 자산시장에도 직접적인 영향을 미치게 될 것으로 보인다.

7장에서는 주식시장이 받을 영향을 집중적으로 살펴보자.

1

저금리 환경에서는 주식시장의 PER가 올라간다

주식의 가격을 결정짓는 요인은 어떤 것이 있을까? 가장 중요한 것은 기업의 실적이겠지만, 실적에 못지않게 금리도 큰 영향을 미친다. 왜 그럴까?

시장금리와 PER

매년 안정적인 매출을 기록하는 도시가스 회사 D의 사례를 통해 생각해보자. 신규투자가 필요 없고 매년 유지보수 수준의 투자만 하면 되는 D사가 매년 1,000원의 주당순이익을 기록하고, 이를 전액 배당한다고 가정해보자. 이렇게 되면 이 회사는 '만기가 없는 채권'과 크게 다를 것이 없다. 이 상황에서 D사의 적정주가는 얼마일까?

답은 이미 정해져 있는 셈이다. 시장금리에 따라 결정된다. 예를 들어 (신용도가 비슷한 기업이 발행한 만기가 긴 회사채의) 시장금리가 10%인 상황에서 D사의 주가가 2만 원이라면, 주가가 적정가치에 비해 고평가된 것으로 볼 수 있다. 왜냐하면 시장금리가 10%인 데 비해, D사의 주가는 2만 원이고 주당배당금은 1,000원이니 배당수익률은 5%에 불과하기 때문이다.

$$배당수익률 = \frac{주당배당금}{주가} \times 100 = \frac{1{,}000원}{2만\ 원} \times 100 = 5\%$$

이 경우 시장금리가 10%인데 D사의 투자에 따른 기대수익률은 5%에 불과하므로, D사의 주식은 인기가 떨어질 것이다. 만약 D사의 기대수익률이 시장금리인 10% 수준이 되려면, 주가가 1만 원까지 떨어질 수도 있다. 이때 D사의 주당순이익은 1,000원이고 주가가 1만 원이니, 이 회사의 적정 PER는 10배이다.

PER(Price Earnig Ratic)는 '주가수익비율'이라고 하는데, 현재의 주가 대비 한 주당 순이익 비율을 말한다. 즉, PER가 10배라는 것은 D사가 한 해 동안 벌어들인 순이익을 주식 수로 나눈 금액을 10년 모으면 이 주식을 살 수 있다는 것이다. 주가수익비율은 주가를 주당순이익으로 나누어 구한다.

$$주가수익비율 = \frac{주가}{주당순이익} = \frac{1만\ 원}{1{,}000원} = 10배$$

한편 시장금리가 2%로 떨어지면 어떤 일이 벌어질까? 이 경우 D사의 적정주가는 5만 원이 될 것이다. 왜냐하면 주당배당금이 1,000원인 D사의 배당수익률이 시장금리 수준인 2%와 같아지려면, 주가가 5만 원이 되어야 하기 때문이다.

$$배당수익률 = \frac{주당배당금}{주가} \times 100$$

$$주가 = \frac{주당배당금}{배당수익률} \times 100 = \frac{1{,}000원}{2} \times 100 = 5만\ 원$$

이 경우 D사의 PER는 50배가 될 것이다. 주당순이익을 50년을 모아야 이 주식을 살 수 있는 것이다.

경제위기로 정책당국이 금리를 급격히 인하한 초기는?

물론 항상 '금리 하락 = PER 상승'의 관계가 성립하지는 않는다. 최근처럼 정책당국이 급박한 경제충격에 대응하기 금리를 적극적으로 내린 시기에는 PER가 상승하기는커녕 오히려 하락하곤 한다. 예를 들어 이 책을 쓰는 순간(2020년 3월 말) 미국 주식시장의 PER는 16배까지 하락했는데, 이것은 2019년 말에 비해 거의 3/4 수준으로 떨어진 것이다.[1] 왜 이런 기현상이 벌어질까?

그 이유는 바로 '가산금리 상승' 때문이다. 회사채 가산금리가 급격히 상승하면서 기업들이 돈을 제때 빌리기 어려워지고 이자 지급 비용마저 급등하는데, 주가가 오르기는 어려울 것이기 때문이다.

반면, 가산금리가 하락하기 시작하면 상황은 정반대로 바뀐다. 정책금리 인하의 효과에 기업실적 개선에 대한 기대까지 겹치니, PER는 본격적으로 상승할 가능성이 높아진다. 물론 아직까지 이것은 희망사항에 불과하지만, 회사채 가산금리가 떨어지는 순간에는 저금리의 위력을 실감하게 될 것이라고 기대한다.

1 다우존스 산업평균 30종목 기준.

금리가 떨어지면 PER의 상승에 대비하자

다음 그림은 미국, 한국, 브라질 등 세계 주요 주식시장의 금리와 PER를 표시한 것이다. 금리가 높은 나라일수록 PER가 낮고, 금리가 낮은 나라일수록 주식시장의 PER가 높은 경향을 볼 수 있다. 따라서 디플레 위험이 부각되며 시장금리가 낮아질 때에는 PER의 상승 가능성에 대비할 필요가 있다.

물론 이상의 사례는 기업의 주당순이익이 매년 동일한 경우를 가정한 것으로, 현실에서는 조금 달라질 수 있다. 예를 들어 배당금이 매년 인상되는 회사라면, 적정 PER는 배당금이 일정한 경우보다 더 높아져야 할 것이다. 왜냐하면 미래에 배당금이 많아질 가능성이 주가에 반영될 가능성이 높을 것이기 때문이다. 따라서 PER와 시장금리는 대체로 음(-)의 관계를 형성하는 경향이 있다고 기억해두면 좋을 것 같다.

G20 국가의 금리와 주식시장의 PER 추이

자료: 블룸버그

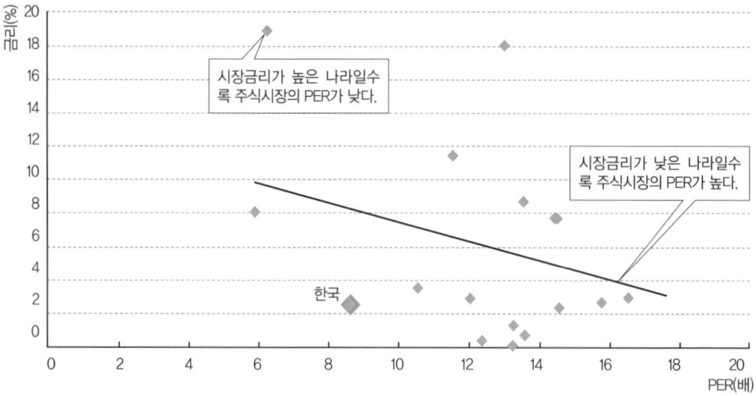

2

1990년 일본 주식시장의 거품 붕괴도 '금리 급등' 때문이었다

앞에서 금리가 하락할 때 적정 PER가 상승하는 이유에 대해 설명했다면, 이번에는 금리가 급등하는 경우에 주식시장에서 어떤 일이 벌어질지에 대해 살펴보자.

금리가 급등할 때 주식시장에 어떤 일이 벌어질까?

1980년대 말에 주식시장에 회사를 상장할 계획을 가지고 있던 일본의 기업가를 생각해보자. 이 회사의 주당순이익이 100엔이라면, 공모가 400엔에 회사를 주식시장에 상장하지는 않을 것이다(참고로 이 경우 PER는 4배이다. 주당순이익을 4년만 모으면 이 주식을 살 수 있을 정도로 공모가가 낮다). 왜냐하면 이 회사의 주식을 주당 400엔에 사면 매년 100엔의 순이익을 기대할 수 있으니, 기대수익률이 무려 25%에 이르기 때문이다. 만일 이 회사가 순이익을 전액 배당한다면 배당수익률이 무려 25%가 될 것이다.

그런데 1988년 당시 일본의 은행 금리는 2.5%에 불과했다. 이 경우 기업의 수익성이 매우 높으므로, 굳이 주식을 발행하여 자금을 조

달하는 것보다 은행에서 저금리로 대출을 받는 편이 이익이다. 따라서 주식시장이 침체되어 상장 기업들의 PER가 낮을 때에는 기업의 증자나 상장이 크게 줄어든다.

주식시장의 PER가 높은 상태에서 금리가 급등하면

반면 주가가 높아지면 이와 반대되는 현상이 나타난다. 예를 들어 1990년의 일본처럼, 돈도 제대로 못 버는 별 볼일 없는 기업의 주식도 PER가 100배에 거래되는데, 채권금리가 6%를 넘어선다고 생각해보자. 이 주식의 기대수익률은 1%(=주당순이익/주가×100)에 불과하다. 게다가 채권금리가 6%를 넘어섰으니, 최고경영자가 어떤 선택을 할지 자명하다. 주식시장에서 부지런히 증자를 해서 조달한 돈을 채권에 투자하는 것이 훨씬 남는 장사가 된다. 실제로 이와 비슷한 일이 2000년 한국 코스닥 상장기업에서도 벌어졌다.

이 대목에서 한 가지 궁금증이 생긴다.

"1980년대 후반, 일본의 PER는 몇 배였을까?"

다음의 그림은 1980년대 말 일본 주식시장의 PER를 보여준다. 당시 일본 주식시장은 PER가 무려 67배 전후였다. PER가 67배라는 것은 기업이 한 해에 벌어들인 이익을 67년 동안 모아야 그 주식을 살 수 있다는 이야기이니, 당시 일본 주식시장이 얼마나 비싼 수준이었는지 짐작할 수 있을 것이다.

결국 1990년 이후 일본 주식시장이 붕괴된 이유는 PER가 급등한 데다가, 시장금리가 상승하면서 주식시장의 수급 균형이 무너졌기 때문이라고 볼 수 있다.

이상과 같은 일본의 사례가 보여주듯, 금리인상 국면에는 주식의 PER가 높은 기업이나 나라가 가장 먼저 위험에 처하게 된다. 무엇보다 주식시장의 PER가 너무 높으면 '기업공개(IPO)'가 급증하고, 시중의 자금이 주식에서 채권으로 이동할 가능성이 높기 때문이다.

반면 금리가 하락할 때에는 주식시장 전반의 PER가 높아질 가능성이 있기 때문에 주식투자의 비중을 높여나가는 것이 바람직할 것이다.

일본 주식시장의 주가수익비율(PER) 추이

자료: 홍춘욱(2019), 『50대 사건으로 보는 돈의 역사』

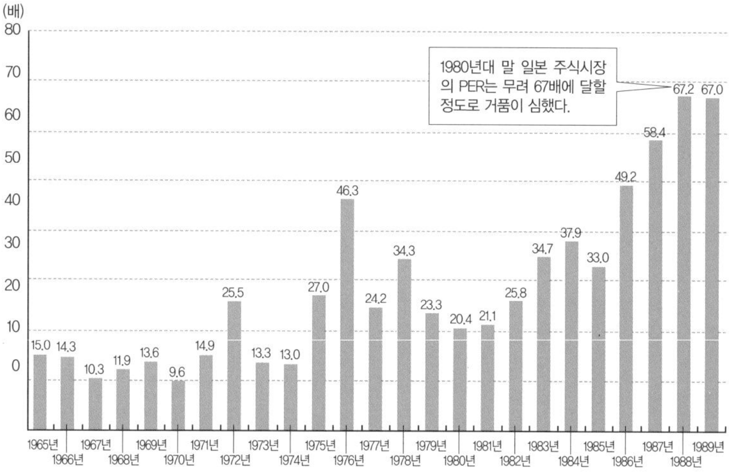

3

한국 주식시장은 왜 이 모양일까?

이 대목에서 한 가지 의문을 품은 독자들이 많을 것이다.

"한국은 금리가 낮고 주식시장의 PER도 낮은데, 왜 코로나19 사태에 속수무책으로 무너졌을까?"

그 이유는 두 가지 요인 때문이다. 첫 번째는 바로 채찍효과에 있다.

한국 경제의 채찍효과 때문에

채찍효과(Bullwhip Effect)란 선진국 소비자의 사소한 지출 변동조차 한국 등 수출국가의 경기에 큰 영향을 미치는 현상을 말한다.

채찍효과를 가장 먼저 발견해 이론화한 사람은 세계적인 생활용품 제조업체인 프록터 앤드 갬블(이하 P&G)의 아기 기저귀 물류 담당 임원이었다.[2] 아기 기저귀는 기본적으로 수요가 매우 안정적이다. 한

2 장영재(2010), 『경영학 콘서트』, 264쪽.

해에 아이들이 얼마나 많이 태어나느냐 하는 출생률과 P&G의 기저귀 시장 점유율 변화 등에 의해 결정된다. 따라서 소매점으로부터의 주문이 일정한 것이 정상이겠지만, 현실은 그렇지 않았다.

매번 기저귀의 주문이 급증했다가 급감하는 등 종잡을 수 없었다. 더 나아가 P&G에서 생산하는 면도기나 샴푸 등 다른 소비재를 조사해보아도 마찬가지였다. 결국 '소비자-소매점-도매점-제조업체-원자재'로 이어지는 공급사슬망(Supply Chain)의 끝으로 가면 갈수록 변동성이 커지는 일이 일반적이라는 것이다.

한국 주식시장이 수출경기에 민감한 것은 채찍효과 때문이라고 할 수 있다. 수출의 비중이 워낙 높을 뿐만 아니라 등락폭이 크다 보니, 수출이 잘될 때에는 기업이익 전망이 개선되고, 반대로 수출이 잘 안 될 때에는 기업이익 전망이 크게 악화되는 것이다. 특히 최근처럼 미국의 2020년 3월 신규고용이 코로나19 쇼크로 –70.1만 명을 기록하는 등 선진국으로의 수출 전망이 어두워질 때 기업이익 전망이 크게 악화될 가능성이 높다.

다음의 그림은 한국의 기업이익 전망과 수출의 관계를 보여준다. 한국의 수출이 부진할 때마다 애널리스트들의 이익 전망이 크게 악화되는 것을 볼 수 있다.

외국인 투자자 때문에

2020년 3월 한국의 주식시장이 코로나19 쇼크로 큰 충격을 받은 두 번째 이유는 바로 외국인 주식 매도 때문이다.

한국의 기업이익 전망과 수출의 관계

자료: 에프앤가이드, 한국 관세청

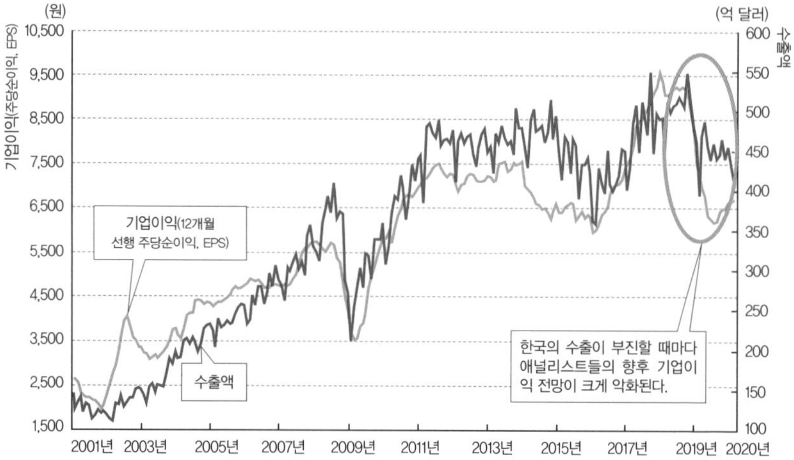

• 12개월 선행 주당순이익(12M Forward EPS)이란 향후 12개월 동안 기업들이 벌어들일 것이라고 예상되는 이익에 대한 전망치라는 뜻이다.

다음의 그림은 외국인 투자자의 순매수와 한국 주식시장의 흐름을 보여준다. 외국인 투자자가 순매수를 기록하면 한국 주식시장이 오르고, 반대로 외국인 투자자가 순매도로 돌아서면 주가가 빠지는 것을 볼 수 있다.

참고로 주식 순매수(누적)란 2000년 이후 외국인의 주식 순매수(혹은 순매도)를 지속적으로 합친 값이다. 예를 들어 2000년 1월에 외국인이 1조 원을 순매수하고 2월에 1조 원을 순매도했다면, 2000년 2월 외국인의 주식 순매수(누적)는 0원이 될 것이다. 따라서 외국인의 주식 순매수(누적)가 상승하면 이들이 추세적으로 한국 주식을 매입하는 것으로, 반대로 외국인의 주식 순매수가 떨어지기 시작하면 이들이 한국 주식을 본격적으로 팔기 시작한 것으로 해석할 수 있다.

한국 주식시장이 외국인 매매에 큰 영향을 받는 이유는 워낙 외국인 투자자의 비중이 클 뿐만 아니라 국내 투자자들의 입지가 약하기 때문이다. 특히 한국의 기관투자자 비중이 세계적으로 낮은 수준인 것이 외국인 투자자의 영향력을 강화하는 요인으로 작용한다는 지적은 참 쓰라리다.[3]

물론 최근 국내 개인투자자들이 주식시장 하락 국면을 활용해 삼성전자 등 우량주들을 적극 매수하는 등 과거에 보기 힘든 일이 벌어지고 있다. 코로나19 쇼크가 어떻게 마무리되는지에 따라 이 선택의 '득실'이 판가름이 나겠지만, 한국 주식시장에서 외국인 투자자들의 매

한국 주식시장과 외국인 순매수의 관계

자료: 한국은행경제통계시스템

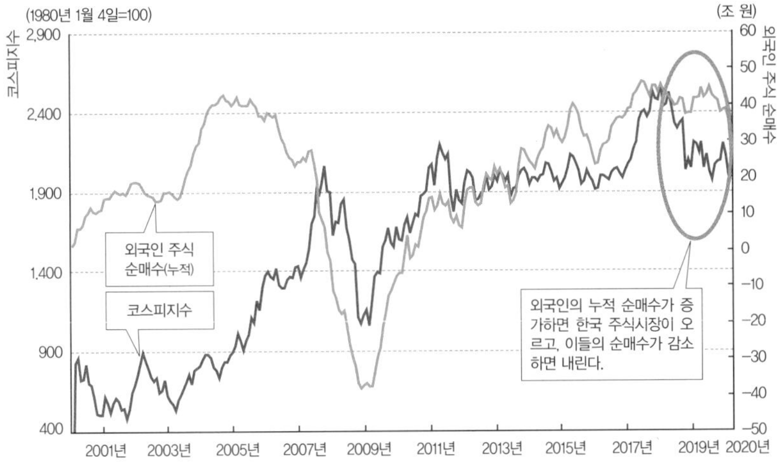

3 곽노걸, 전상경(2013), 「외국인의 투자성과와 주식시장 영향력 분석」, 재무관리연구, 30권 2호.

매가 가지는 강력한 영향력이 다소 퇴색되기를 바라는 마음 간절하다.

다시 본론으로 돌아가자면, 외국인 투자자들은 기본적으로 한국 주식시장의 '투자매력'을 보고 들어온 이들이다. 따라서 수출이 잘되고 기업이익의 전망이 개선될 때에는 한국의 주식을 사는 경향이 있다. 그 결과 수출이 잘될 때에는 이익 전망도 개선되고 수급 여건도 좋아져 한국 주식시장이 상승한다.

그러나 코로나19 쇼크가 몰아닥친 2020년 3월처럼 수출 전망이 악화되고, 애널리스트의 이익 전망이 하향 조정될 때에는 외국인의 주식 매도까지 겹쳐 주식시장이 급락하게 되는 것이다.

결론적으로 한국 주식시장은 태생적으로 변동성이 클 수밖에 없다. 수출 비중도 높고, 주식시장의 수요 기반이 취약하여 외국인 투자자의 영향력이 크기에 해외 요인 변화에 따라 크게 출렁이는 것이다. 이런 현상은 앞으로 오랜 기간 이어질 가능성이 높다.

4

한국 주식시장만 부진할까?

앞에서 한국이 글로벌 공급사슬망의 끝에 있다 보니 채찍효과를 강하게 받고, 이에 따라 한국 주식시장이 PER가 낮고 저금리임에도 지지부진하다는 이야기를 했다. 이렇게 말하니, 한국 주식시장만 부진한 것처럼 생각하기 쉽지만, 현실은 그렇지 않다.

한국 주식시장은 왜 신흥시장과 같이 움직일까?

2008년 이후 신흥시장(Emerging Market)과 한국 주식시장의 주가 흐름을 비교해보면, 오히려 한국 주식시장이 평균적인 신흥시장보다 더 뛰어난 성과를 거둔 것으로 나타난다. 다시 말해, 한국 주식시장은 미국 주식시장에 비해 부진했을 뿐, 신흥시장 전체와 비교하면 오히려 상승 탄력이 강한 편에 속했다는 이야기다.

먼저 신흥시장에 대한 정의부터 살펴보자. 신흥시장이란 선진국 시장(선진시장, Developed Market)의 반대 개념으로, 아직 제대로 개발되지 않은 개발도상국 시장을 달리 부르는 말이다. 그런데 1인당 국민소득이 3만 달러가 넘는 한국이 왜 신흥시장에 속해 있을까? 그 이유는 한국의 외환 및 증권 시장 관련 규제가 상당히 강한 편이기 때문이다. 잠시 2010년의 뉴스를 다시 꺼내보자.

> MSCI 측은 "기관투자자들이 외국인 투자자들의 접근성에 대한 우려를 표하고 있다"며 "한국의 원화가 활발하게 거래되지 않고, 외환시장의 거래시간이 제한되어 있는 등 수년간 이 부분이 해결되지 않고 있다"고 선진국지수에 편입시키지 않은 이유를 설명했다.[4]

용어가 낯설지만, 내용은 그렇게 어렵지 않다. 외국인들이 한국에 투자할 때 필요로 하는 조건 및 정보공개 수준이 맞지 않는 데다가, 주식시장의 거래시간이 시차 때문에 잘 맞지 않는 점 등의 애로사항을 해결해달라고 요구했는데, 한국의 정책당국이 이를 들어주지 않았다는 주장이다.

물론 한국 정책당국의 입장도 이해가 된다. 1997년 외환위기 당시 국내에 투자되었던 외국인 자금이 대거 유출되며 위기를 맞았는데, 최소한의 안전판 없이 시장을 완전히 개방하는 것이 맞는 일이냐고 반문할 게 뻔하다. 따라서 한국은 신흥시장에서 당분간 벗어날 가능성이 없으며, 앞으로도 다른 신흥시장과 한 묶음으로 간주될 가능성이 높다. 이런 상황을 보여주는 것이 다음의 그림이다.

다음 그림에서 한국을 대표하는 종합주가지수(이하 '코스피지수')와

4 조선비즈(2010. 6. 22), "한국 MSCI 선진지수 편입 무산".

2001년 이후 코스피지수와 신흥시장 지수의 상대 성과 비교

자료: 블룸버그, 한국은행

• 코스피지수와 MSCI 신흥시장 지수의 움직임을 비교하기 위해 2000년 12월 말의 지수를 100으로 놓고 그린 그래프이다.

신흥시장 지수의 관계를 보면, 두 지수가 비슷한 방향으로 움직이는 것을 알 수 있다. 즉, 한국 주식시장에 투자한 사람들은 한국만 볼 것이 아니라 신흥시장의 주가 움직임을 함께 관찰할 필요가 있다.

여기에서 한 가지 의문을 가진 독자들이 있을 것이다.

"신흥시장의 주가는 어떻게 결정되는 것일까?"

이 의문을 풀어보자.

달러 가치가 떨어지면 왜 신흥국 주가가 상승할 가능성이 높을까?

다음의 그림은 미국의 달러 가치와 신흥시장/선진시장의 상대강도를 보여준다. 미국의 달러 가치와 신흥시장/선진시장의 상대강도가 서로 반대로 움직이는 것을 볼 수 있다.

즉, 미국 달러 가치가 상승할 때에는 선진시장이 신흥시장에 비해 상대적으로 강세를 보이며, 반대로 달러 가치가 하락할 때에는 신흥시장이 선진시장에 비해 상승 탄력이 강하다. 다시 말해, 신흥시장의 주식시장이 뜨겁게 달아오르기 위해서는 '달러 약세'가 출현해야 하는 것이다.

여기서 달러 가치는 미국 사람들이 중요하게 생각하는 7개 주요 통화 대비 달러의 환율을 가중 평균한 것인데 '달러 인덱스(Dollar Index)'라고도 한다. 이때 7개 주요 통화는 유로와 캐나다 달러, 일본 엔, 영국 파운드, 스위스 프랑, 호주 달러, 스웨덴 크로나이다. 이 통화 바스킷과 달러의 교환비율, 즉 환율을 단순 평균하는 것이 아니라 교

미국 달러가치와 신흥시장/선진시장의 상대강도 자료: 블룸버그, 한국은행

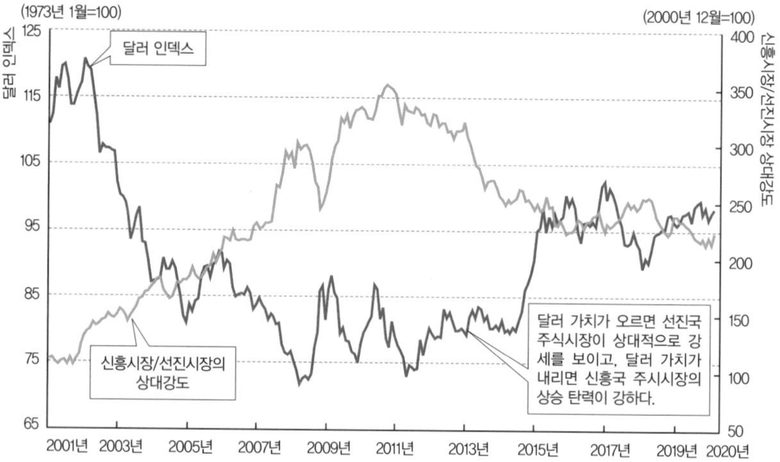

한국의 주식시장은 미국 달러 가치에 큰 영향을 받을 수밖에 없다.

역 규모에 따라 가중치를 두어 계산한다.[5] 즉, 달러 가치가 상승했다는 것은 선진국 주요 통화에 비해 달러의 값이 더 올랐다는 이야기이다. 물론 달러 약세는 그 반대이다.

이야기가 옆길로 샜다. 예를 들어 워런 버핏이나 마이클 조던 같은 미국의 큰 부자가 자금을 운용하면서 미국뿐만 아니라 해외에 분산하여 투자한다고 가정해보자. 이들 입장에서는 미국이라는 세계에서 가장 활성화된 주식시장이 있는데, 굳이 돈을 들고 해외로 나갈 생각을 할 필요가 없다. 그러나 미국 달러의 가치가 나날이 떨어지고, 유로 혹은 영국 파운드 자산의 값이 올라가면 생각이 바뀌지 않겠는가?

5 FRB(2005), "Indexes of the Foreign Exchange Value of the Dollar".

5

주식시장의 반등은 언제 나타날까? 1
회사채 금리 신호

코로나19 쇼크로 인해 한국뿐만 아니라 선진국의 주식시장마저 급락하고 있다. 대체 어떤 상황이 출현해야 주식시장이 안정되고 상승세로 돌아설 수 있을까?

가장 먼저 떠오르는 것이 '치료제'와 '백신'의 개발이지만, 필자는 이코노미스트이기에 이 부분에 대해서는 아는 것이 없다. 이 문제를 일단 '외부 변수'로 놓고 본다면, 주식시장이 반등하기 위한 가장 핵심적인 조건은 무엇일까? 먼저 첫 번째 조건부터 살펴보자.

"첫 번째 조건은 회사채 시장에서 발생한 패닉을 진정시키는 것이다."

회사채 가산금리가 왜 급등했을까?

다음의 그림은 국제유가와 미국 투기등급 회사채(BB등급)의 가산금리 동향을 보여준다. 이때 투기등급 채권이란 BBB- 등급에 미치지 못하는 채권을 말한다. 기업의 신용도를 평가하는 신용평가회사가 이자와 원리금의 상환이 어려워질 가능성이 높다고 판단하여 '투기등급'

의 딱지를 붙인 것이다.

다음 그림에서 보듯, 코로나19 사태가 터지자 투기등급 회사채의 가산금리가 급격히 상승했다. 그 이유는 결국 '경기불황'에 대한 공포가 높아졌기 때문이다.

특히 미국에서는 에너지 관련 기업들의 채권가격이 급락(= 채권금리 급등)했는데, 이는 국제유가 급락 사태로 인해 이익 전망이 크게 악화된 것이 영향을 미쳤다. 그런데 회사채 가산금리의 급등이 투기등급에만 국한되지 않고, BBB등급 혹은 A등급 회사채까지 번지고 있는 것이 문제였다. 즉, 공포의 확산이 빠르게 진행된 셈이다.

국제유가와 미국 투기등급 회사채 가산금리의 관계

자료: 세인트루이스 연방준비은행

• 음영으로 표시된 부분은 전미경제분석국에서 불황으로 판정한 시기.

회사채 가산금리의 움직임에 주목하라

회사채 가산금리의 급등은 경제에 이중의 문제를 일으킨다. 일단 가산금리가 상승하게 되면 기업들은 예전보다 웃돈, 즉 '더 많은 이자'를 주어야 자금을 조달할 수 있다. 당연히 신용도가 떨어지는 기업들은 자금을 조달할 길이 막막해진다.

물론 기업들이 은행에 가서 돈을 빌릴 수 있다면 모르겠지만, 은행들은 2008년 글로벌 금융위기 이후 굉장히 보수적인 대출 태도를 보여왔다는 점을 감안해야 한다. 결국 코로나19 사태로 일시적인 자금난을 겪은 기업들이 파산할 경우 이 충격은 일파만파로 이어질 수 있다. 즉, 일시적인 외부충격이 만성적인 경기침체로 이어질 수 있는 것이다.

어쩌면 이보다 더 큰 문제는 기업의 수익성 악화이다. 다음의 그림은 미국의 GDP 대비 기업이익과 이자비용(전체 이익 대비)의 관계를 보여준다. 그림을 보면 기업의 이자비용이 높아질 때마다 기업실적이 급격히 악화되는 것을 알 수 있다.

가장 대표적인 시기가 2008년이었다. 당시 서브프라임 모기지 위기 속에 시장금리가 급등하자, 이것이 다시 기업실적 악화로 연결되었다. 그리고 기업실적이 악화될 가능성이 커지면 주식시장이 하락할 뿐만 아니라 고용 및 투자가 줄어들 가능성이 높아지게 된다. 기업의 실적전망이 가파르게 악화되는 상황, 더 나아가 회사채의 만기연장이 어려워지는 상황에서 근로자들을 해고하지 않고 끌고가는 기업은 드물 것이다.

미국의 기업이익과 이자비용의 관계

자료: 세인트루이스 연방준비은행

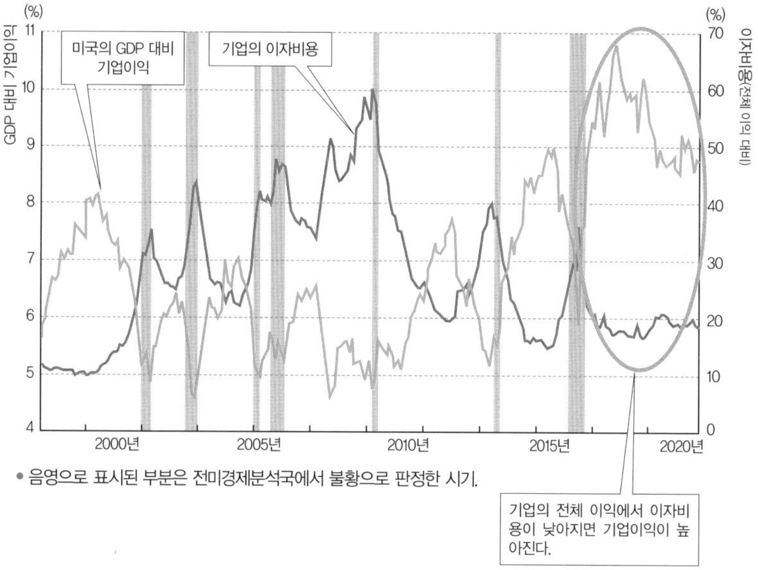

• 음영으로 표시된 부분은 전미경제분석국에서 불황으로 판정한 시기.

따라서 코로나19 위기에서는 미국 연준이 회사채 인수 등을 통해 금리가 급등하는 것을 막는 것이 금융시장 안정의 첫 번째 선결 조건이었다고 할 수 있다.

6

주식시장의 반등은 언제 나타날까? 2

재정지출 확대

코로나19 쇼크 이후 주식시장이 반등하기 위한 핵심적인 조건, 즉 금융시장 안정의 두 번째 선결 조건은 무엇일까?

> "금융시장 안정을 위한 두 번째 조건은 경제활동 중단에 따른 충격을 재정지출을 통해 완화하는 것이다."

재정지출을 늘리는 신호를 포착하라

2020년 3월 워싱턴의 싱크탱크 경제정책연구소인 CPER의 보고서 "코로나19 바이러스가 초래한 경제위기에 대응하는 법: 무엇이든 지금 당장 시행하라"에 잘 묘사된 것처럼, 기본적으로 바이러스의 확산을 막기 위해 적극적으로 대응한 나라일수록 가혹한 경기침체를 겪을 가능성이 높다.[6] 특히 외부와의 교류가 많고, 노령인구 비율이 높으며, 중국과 가까운 나라일수록 더욱 그러할 것이다.

6 Richard Baldwin, Beatrice Weder di Mauro 등(2020.3.18.), "Mitigating the COVID Economic Crisis: Act Fast and Do Whatever It Takes".

따라서 강력한 재정지출 확대가 불가피하다. 2010년 유럽 재정위기 이후 가장 강력한 긴축재정 정책을 편 독일조차 대대적인 경기부양 정책을 펼치고 있건만, 이 사태를 촉발시킨 핵심 국가인 중국이 제대로 된 재정지출 확대정책을 빠르게 발표하지 않은 것은 참으로 유감스러운 사태라 할 수 있다.[7] 그뿐만 아니라 미국 의회에서 경기부양안이 부결되는 등 재정집행이 지연된 것 역시 문제를 급격히 악화할 여지가 있었던 것으로 보인다.

물론 이 대목에서 한 가지 의문을 가지는 독자들이 있을 것이다.

"그렇게 돈을 풀어도 경제에 아무 문제가 없을까?"

돈을 대거 푼 다음, 먼 미래 경제에 어떤 일이 생길 것인지에 대해서는 필자도 예측할 방법이 없다. 다만 이 책에서 강조했던 핵심 대목, 즉 인플레 위험이 굉장히 억제되어 장기간 저금리 환경이 펼쳐질 것이라는 점을 감안할 때, 대규모 재정지출에 따른 실질적 재정부담(= 이자부담)은 미미할 것으로 보인다. 경제환경이 개선된 다음 세금을 인상해 천천히 제로금리 부채를 갚아나가면, 경제도 살리고 재정도 건전해지지 않겠는가?

7 머니투데이(2020.3.23.), "2조 달러 돈 푸는 미국, 20년 '균형재정' 깬 독일".

한 걸음 더

한국은행 경제통계시스템 이용하기

우리나라의 경제통계를 직접 확인해보고 싶다면, 한국은행 경제통계시스템(ECOS)을 강력 추천한다. 여기서는 수입물가를 찾아보자.

1. 한국은행 경제통계시스템(http://ecos.bok.or.kr/)에 접속하면 주제별로 경제통계 데이터를 쉽게 찾을 수 있다. 간편검색 창에서 '통계분류 선택→물가→수입물가지수(기본분류)'를 선택한다.

2. 다운받으려는 통계를 설정하고, 기간을 입력한 후 '조회'를 누른다.

3. 옆의 화면과 같이 수입물가지수 통계표가 나타난다. 화면 오른쪽의 상단에 있는 '다운로드' 단추를 누르면 검색된 데이터를 엑셀 파일로 다운받을 수 있다.

한 걸음 더

금리가 떨어질 때, 어떤 종류의 주식에 투자할까?

주식시장에는 매우 다양한 종류의 주식투자 스타일이 존재한다. 여기서 주식투자 스타일이란 경기나 금리의 변동에 따라 함께 움직이는 주식의 집합이라고 볼 수 있다.

가치주와 성장주

가장 대표적인 스타일이 바로 가치주(Value Stock)와 성장주(Growth Stock)이다. 성장주는 전체 시장에 비해 이익 성장이 높은 기업인 반면, 가치주는 상대적으로 이익 성장의 변동성이 크거나 열등해 일반적으로 투자자들이 매력을 그다지 느끼지 않는 주식을 말한다. 그런데 이렇게 정의하면 주식의 스타일을 너무 자의적으로 분류할 수 있다. 그래서 흔히 가치주는 PER가 낮은 기업, 그리고 성장주는 PER가 높은 기업으로 분류한다.

금리상승 국면엔 가치주에 주목

다음의 그림은 한국의 정책금리와 가치주/성장주의 상대적인 흐름을 보여준다. 그림을 보면 대체로 금리상승 국면에는 성장주가 부진하다. 예를 들어 시장금리가 10%까지 상승한 상황에서 굳이 PER가 20배에 이르는 성장주에 투자할 사람들은 많지 않을 것이다.

금리가 하락한 다음에는 성장주 강세

반면 금리가 하락한 다음에는 성장주가 강세를 보이는 경향이 있다. 어차피 금리가 2%, 아니 1%까지 떨어진 상황에서 PER가 20배라고 투자를 기피할 이유가 없기 때문이다. 오히려 성장주의 경우 앞으로 기업의 성장이 기대대로 이루어지면 큰 보상을 받을 수 있다는 점에서 선호되는 경우가 많아진다.

한국의 정책금리와 가치주/성장주 상대강도

8

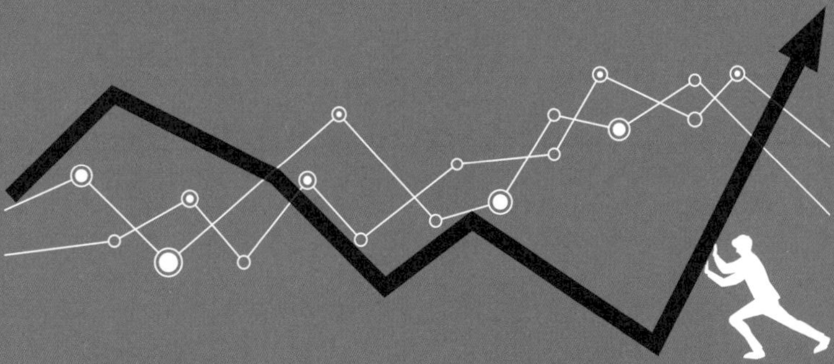

저금리·재정확장 시대의 부동산시장은?

7장에서는 '저물가-저금리' 국면에 주식시장이 어떤 모습을 보이는지 살펴보았다. 이제 8장에서는 화제를 돌려 부동산시장을 살펴보려고 한다. 물론 필자는 증권사와 은행, 그리고 연기금에서 주로 일했기에 부동산시장에 대해서는 주식시장만큼 잘 알지는 못한다. 따라서 어떤 지역의 부동산을 구입하라는 등의 구체적인 조언은 할 생각이 없고 능력도 없다. 그러나 경제와 부동산시장의 관계에 대해서는 수년간 집중적으로 연구한 만큼, 이 부분에 초점을 맞추려 한다.

1

부동산시장의 추세를 결정짓는 요인은?

우선 부동산시장의 추세를 결정짓는 요인은 어떤 것이 있는지 살펴보자. 금리와 수요, 그리고 교통망 등 다양한 요인이 있겠지만, 전설적인 주식투자자 워런 버핏은 공급이 가장 중요하다고 강조한다.

> 장기적으로 주택의 수는 가구의 수를 따라갈 수밖에 없다. 그러나 2008년 이전에는 주택 수가 가구 수보다 더 많아졌다. 그 결과 부동산시장에 지나치게 커진 거품이 요란하게 터지면서 경제를 통째로 흔들어놓았다. (중략)
>
> 이제는 역전되었다. 지금은 주택 수보다 가구 수가 매일 더 증가하고 있다. (중략) 현재 주택 착공은 연 60만 건으로 가구 증가 수보다 훨씬 적다. 이제는 주택 구입이나 임차가 증가하면서 과거의 주택 공급 과잉 상태가 빠른 속도로 해소되고 있다.[1]

1 워런 버핏, 리처드 코너스(2017), 『워런 버핏 바이블』, 에프엔미디어, 592~593쪽.

워런 버핏은 왜 부동산시장 낙관론을 폈을까?

워런 버핏이 앞의 글에서 이야기했던 '현재'는 2010~11년이었다. 미국 부동산시장이 2006년 말부터 시작되었던 하락이 끝나고 상승을 모색하던 시기에 낙관론을 밝혔던 것이다.

물론 워런 버핏은 이 시기에 낙관론을 밝히는 데 그치지 않았다. 주택건설업체를 인수하고, 주택건설에 필요한 목재가 부족할 것이라고 예상하고 캐나다의 삼림을 매입하기도 했다. 워런 버핏이 투자에서 대박을 거둔 것은 한두 번이 아니기에, 그가 주택건설업체에 투자해서 성공한 것에 대해서는 특별히 언급할 것이 없지만, 부동산시장의 순환까지 섭렵했다는 것에는 놀라움을 금할 수 없다.

워런 버핏의 예상은 그대로 맞아떨어졌다. 그의 예상대로 미국의 주택가격은 2010~11년에 바닥을 친 후 2012년을 고비로 상승세로

미국의 신규주택 착공 건수와 주택가격 상승률의 관계

자료: 세인트루이스 연방준비은행

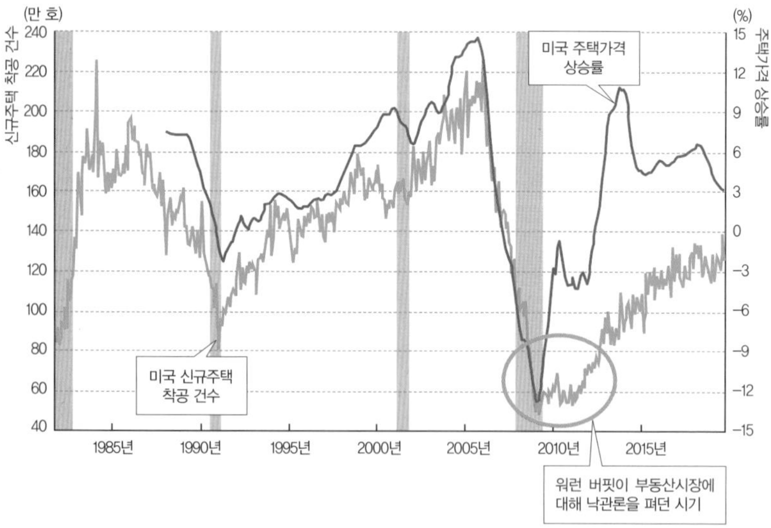

미국 주택시장은 앞으로 어떻게 될까? 사진은 미국 캘리포니아 주택가의 팔려고 내놓은 집.

돌아섰으며, 이후 뒤늦게 신규주택 착공이 늘어났다. 그리고 그의 말처럼 2019년 말까지도 신규주택 착공 건수가 충분하지 못해 '공급 부족'의 신호를 주고 있다. 역사적으로 볼 때 대략 130~140만 호 정도가 적정 공급이라고 보이지만, 아직까지도 미국의 주택공급은 부진에서 완전히 탈출했다고 보기 어렵다.

미국 주택시장의 공급 부족 사태는 대략 2~3년 이상 역사적인 평균 수준 이상의 공급이 이루어져야 진정될 것으로 추정된다. 하지만 이것만으로 미국 주택시장이 앞으로 계속 강세를 보인다고 주장하기에는 문제가 있다. 왜냐하면 공급 못지않게 중요한 요인이 하나 더 있기 때문이다.

2

공급 이외에 부동산시장에 영향을 미치는 요인은 없을까?

부동산시장에서 공급 못지않게 중요한 요인은 바로 금리다. 부동산시장은 일반적으로 금리가 상승하는 시기에는 아무래도 약세를 보이며, 반대로 금리가 낮아질 때는 강세를 보인다. 부동산시장이 이처럼 금리 여건에 민감하게 반응하는 이유는 선진국 국민에게도 부동산은 매우 비싼 자산이기 때문이다. 선진국 국민들은 대략 집값의 80~90%를 대출받아 주택을 장만하며, 한국에서도 얼마 전까지만 해도 집값의 70%까지 대출을 받아 구입하는 경우가 많았다.

공급 못지않게 중요한 요인, 금리

상황이 이렇다 보니, 금리가 낮으면 낮을수록 부동산시장에는 매수 열기가 뜨거워진다. 다음의 그림은 미국의 주택가격과 금리의 관계를 보여준다. 금리가 급등할 때마다 부동산 가격이 급락하고, 경기가 나빠지는 것을 쉽게 발견할 수 있다. 가장 대표적인 시기가 1979~81년이었고, 1980년대 말에도 비슷한 일이 벌어졌다. 가장 인상적인 시기는 2000년대 말로, 이때 미국 부동산 가격은 역사적인 폭락세를 기록한 바 있다.

금융시장의 참가자들이 미국 연준 관계자의 말 한마디 한마디에 일희일비하는 가장 직접적인 이유도 결국 부동산시장에 있다고 볼 수 있다. 미국 연준이 금리를 지속적으로 인상하면 부동산 담보 대출금리가 상승하고, 이는 다시 부동산시장을 눌러 경기전망을 악화시키는 셈이다. 실제로 미국 연준의 관계자들은 장단기금리 차이보다 부동산시장의 통계가 훨씬 더 믿을 만한 경기예측 지표라고까지 할 정도이다.[2] 따라서 부동산시장은 공급과 금리 지표만 보면 대략 큰 범주 내에서는 전망이 가능하다고 볼 수 있다.

미국의 부동산 담보 대출금리와 주택가격 상승률의 관계 자료: 세인트루이스 연방준비은행

• 음영으로 표시된 부분은 전미경제분석국에서 불황으로 판정한 시기.

2 St. Louis Fed(2019), "Predicting Recessions: Which Signals Are More Accurate?".

3

코로나19 쇼크 이후 미국 부동산시장은 어디로 갈까?

물론 코로나19 사태 이후 미국 부동산 시장이 어떤 방향으로 흘러가게 될지에 대해서는 불확실한 면이 많다. 일각에서는 실물경제의 충격이 부동산시장으로 확산되며 주택시장이 무너질 것이라고 주장하지만, 적어도 2020년 3월 중순까지는 미국 주택시장 참가자들은 여건이 낙관적이라고 판단하는 듯하다.

옆의 그림은 전미주택건설업협회(NAHB)에서 매월 발표하는 주택시장지수(HMI)이다. 미국 주택시장지수는 주택경기를 가장 잘 보여주는 지수로 손꼽히는데, 그림을 보면 3월까지는 기준점으로 여겨지는 50을 크게 넘어서고 있다.

미국 주택시장지수가 왜 호조였을까?

미국의 주택시장 여건이 코로나19 사태가 커지고 있었음에도 불

3 미국의 투자연구회사 어드바이저 퍼스팩티브(Advisor Perspectives)가 2020년 3월 17일 발표한 "NAHB Housing Market Index: 'Builder Confidence Declines But Remains Solid Amid Rising Risks'" 참고.

구하고, 조사 시점(2020년 3월 17일)까지 호조세를 지속하는 가장 큰 이유는 모기지(부동산담보대출) 금리의 급격한 하락 때문이라고 할 수 있다.

미국 연준은 코로나19 사태가 커질 것으로 보이자, 2020년 3월 15일 정책금리를 기존의 1.00~1.25%에서 전격적으로 0.00%~0.25%로 1%포인트나 인하했다. 또한 이날 앞으로 수개월 동안 미국 국채를 최소 5,000억 달러, 주택저당증권(MBS)을 최소 2,000억 달러를 매입하겠다고 발표했다. 미국 연준의 이런 조치로 인해 정책금리가 제로 수준까지 떨어지자, 국채금리가 급락하면서 모기지 금리도 따라 하락했다.

주택담보대출인 모기지 금리가 떨어지면 신규주택 구입자들의 이자부담이 줄어들 뿐만 아니라, 기존에 고금리로 대출을 받은 사람들이 더 낮은 금리의 대출을 받아서 기존 대출을 갚는 차환(Refinancing)이

미국의 주택시장지수(HMI) 추이

자료: Advisor Perspectives(2020.3.17.)[3]

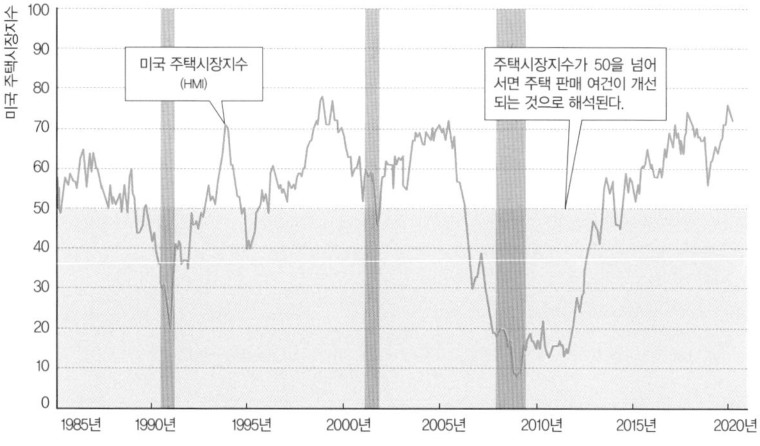

• 음영으로 표시된 부분은 전미경제분석국에서 불황으로 판정한 시기.

잦아질 것이기 때문이다.

물론 경제활동의 위축, 그리고 실업 사태로 인해 부동산가격이 급등하기는 힘들 것이다. 다만, 여러 자산 및 경제지표 중에서 부동산시장의 타격이 가장 덜할 것이라는 것이 중론인 것 같다.

미국 부동산시장 비관론에 대한 반론

이런 의견에 반대의견을 제시하는 전문가들도 적지 않다. 비관론자들은 회사채 시장에서 발생한 패닉이 모기지 채권시장으로 옮겨붙으며 금리가 급등하는 것이 문제라고 지적한다.[4]

이 주장은 부분적으로 사실이다. 그러나 30년 만기 고정금리 모기지를 기준으로 보면, 금리 수준이 2019년 10월 15일 4.94%에서 2020년 3월 5일 3.29%까지 급락했음을 무시하기 어렵다.

2020년 3월 초순 이후 회사채 시장에서 패닉이 발생하며 모기지 금리가 2주에 걸쳐 0.36%포인트나 상승한 것은 분명한 사실이다(2020년 3월 19일, 3.65%). 하지만 지난 1년에 걸친 하락 폭에 비하면 상승 폭이 상대적으로 크지 않다. 더 나아가 미국 연준이 모기지 채권은 물론 회사채까지 대대적인 매입하는 이른바 '양적완화 및 질적완화(Quantitative and Qualitative Easing)'를 사실상 시행하기로 결정한 만큼, 모기지 금리의 급등 흐름은 진정될 가능성이 높다.[5]

4 Zillow Research(2020.3.23.), "Early Data Point to U.S. Housing Slowdown in Coming Weeks".

5 연합인포맥스(2020.3.24), "연준, QE 무한대로 확대…회사채 시장 지원 등 추가 부양 돌입(종합)".

따라서 코로나19 사태로 인한 경제의 충격이 매우 큼에도 불구하고, 미국 부동산시장은 (다른 부문에 비해) 상대적으로 안정적인 모습을 보일 가능성이 높아 보인다. 특히 주택공급의 부진 흐름이 더 이어질 경우, 다시 랠리를 재개할 가능성도 열어둘 필요가 있을 것으로 판단된다.

미국의 모기지 금리 추이

자료: 세인트루이스 연방준비은행

4

한국 부동산시장도 공급이 중요할까?

이제 한발 더 나아가 한국 부동산시장의 이야기를 해보자. 한국도 주택공급이 중요할까? 이 질문에 대한 대답은 '그렇다'가 될 것이다.

다음 쪽의 그림은 한국의 주거용 건축물 착공 증가율과 주택가격의 관계를 보여준다. 그림을 보면 주택공급이 부동산시장의 사이클을 좌우하는 현상은 한국도 마찬가지임을 금방 알 수 있다.

주택이 왕성하게 지어지면 2~3년 터울을 두고 주택가격의 상승세가 꺾인다. 반대로 주택가격의 하락 흐름이 지속되면 주택 착공도 급격히 줄어들어 가격 하락을 저지하는 역할을 한다.

그런데 최근 한국의 주거용 건축물 착공의 흐름을 살펴보면, 2016년 이후 4년째 착공이 줄어드는 모습을 볼 수 있다. 주택공급 감소를 유발한 요인은 여러 가지가 있지만, 무엇보다 재건축 연한 규제가 강화되고 재건축 초과이익환수제 등이 도입된 것이 큰 영향을 미쳤다. 더 나아가 토지주택공사(이하 'LH공사') 등 공공 부문의 택지 공급이 2014년 이후 사실상 중단된 것도 공급 감소를 불러온 직접적인 요인

으로 손꼽힌다.[6]

물론 2018년 9.13 부동산대책으로 3기 신도시 개발계획이 발표되기는 했지만, 아직 2기 신도시 중에도 분양이 마무리되지 않은 지역이 있을 정도로 대규모 택지개발에는 시간이 걸린다는 것이 문제이다. 따라서 수도권 핵심 지역의 공급 부족은 상당 기간 지속될 전망이다.[7]

한국의 주거용 건축물 착공과 주택가격 상승률의 관계

자료: 통계청

6 파이낸셜신문(2014. 2. 5.), "빚더미 LH, 기존사업 전면 재검토".

7 한국경제신문(2019. 8. 13.), "상한제 후폭풍… 수도권 외곽 2기 신도시 '분양 어쩌나'".

5
한국 부동산시장이 일본의 전철을 밟을 가능성은?

이 대목에서 다음과 같은 의문을 품은 독자들이 적지 않을 것이다.

"한국도 인구가 줄어들면서 일본처럼 부동산 가격이 폭락하지는 않을까?"

일단 인구 감소 이야기는 뒤로 미루고, 일본 부동산 가격의 급등과 붕괴에 관심을 집중해보자.

일본 부동산의 급등과 붕괴

일본의 토지가격은 1991년부터 2016년까지 하락하다가 2017년부터 상승세로 돌아섰다.[8] 특히 이 사실을 보도한 월스트리트저널의 기사에 도쿄에 위치한 왕궁[皇居] 사진이 실렸는데, 그것을 보고 웃음을 참을 수 없었다. 부동산 가격 반등을 보도하는 기사에 이 사진이

8 The Wallstreet Journal(2018. 9. 18.), "27th Time Is a Charm-Japanese Land Prices Increase for The First Time Since 1991".

실린 이유는 1990년 일본 부동산시장이 고점에 달했을 당시, 일본 왕궁의 토지가 미국 캘리포니아 땅을 모두 살 수 있을 정도로 비싼 가격을 자랑했기 때문이다.

이 사례에서 보듯, 1980년대 말부터 1990년대 초반 일본의 주택가격은 다른 나라와 비교할 수 없을 만큼 높았다. 독일 자유베를린대학 경제학 교수인 카트리나 크놀 등이 발표한 흥미로운 논문에 따르면, 세계 부동산시장은 '일본'과 '일본 이외'로 구분할 수 있을 정도였다.[9]

다음의 그림은 1913년의 주택가격을 100으로 놓고 세계 주요국의 주택가격 흐름을 살펴본 것이다. 미국 · 영국 · 프랑스 · 호주 등 세계

세계 주요국의 실질 주택가격 추이 자료: 카타리나 크놀, 외(2017)

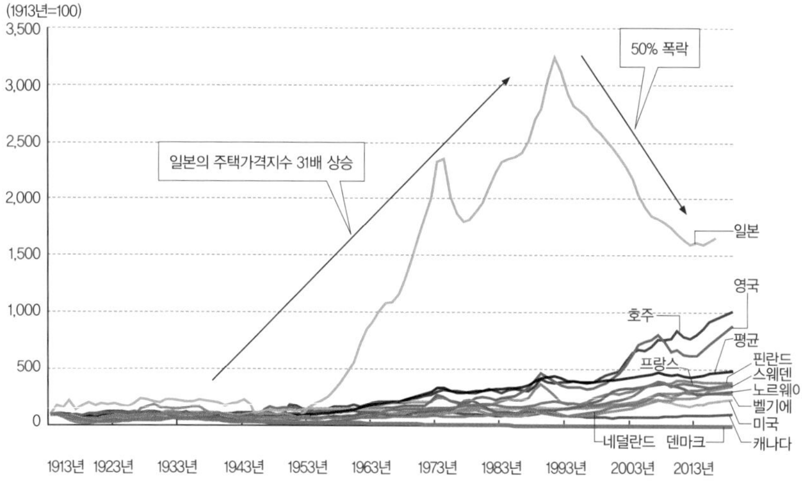

9 Katharina Knoll, Moritz Schularick and Thomas Steger(2017), "No Price Like Home: Global House Prices, 1870-2012", American Economic Review VOL. 107, NO. 2, February 2017, pp. 331~353.

12개국의 실질 주택가격은 100여 년 동안 약 4배 상승한 반면, 일본은 1913년부터 1990년까지 약 31배 상승한 이후 25년 동안 약 50% 하락했다.

일본 부동산시장은 왜 다른 길을 걸었을까?

가장 큰 원인으로는 일본 경제의 성장속도가 다른 선진국에 비해 빠르고 도시화가 급격히 진행되었던 것이 지목된다. 다른 한편으로는 1985년 플라자 합의 이후 일본은행이 강력한 저금리 정책을 펼친 것도 빼놓을 수 없다. 플라자 합의는 미국의 무역적자를 해결하기 위해 일본과 독일이 자국 통화의 강세를 용인한 조치를 말한다. 이 합의의 영향으로 달러에 대한 엔화 환율은 1985년 242엔에서 1988년 12월 124엔까지 떨어졌다. 불과 3년 정도에 엔화 환율이 반토막이 나버린 것이다.

이처럼 일본의 엔화 환율이 급락하고 엔화 강세가 이어지자, 세계시장에서 수출제품의 가격경쟁력이 떨어져 일본은 극심한 수출 부진을 겪게 되고 물가도 하락했다. 이에 일본은행은 경기침체를 막기 위해 정책금리를 1985년 5.0%에서 2.5%까지 무려 2.5%포인트 인하했다. 그리고 이처럼 강력한 저금리 정책 덕분에 '엔고 불황'은 막을 수 있었다.

하지만 금리가 급락하자 대신 주택가격이 급등하기 시작했다. 예를 들어 일본 왕궁이 위치한 지요다구 오테마치에 있는 상업용 건물의 3.3m²당 가격은 8,250만 엔에 이르렀고, 도쿄 핵심지역에 있는 아파트의 소득 대비 주택가격비율(PIR)은 1984년 6.9배에서 1988년에는 15.6

배로 단 4년 만에 2배 이상 부풀어 올랐다.

주택시장 거품이 엄청나게 커지자, 버블 붕괴를 우려한 일본은행은 1989년부터 금리인상을 시작했다. 이번에는 정책금리를 2.5%에서 1990년 6.0%까지 불과 1년여 만에 무려 3.5%포인트를 인상했다. 그러자 부동산시장은 일거에 얼어붙었고, 여기에 중동 걸프전의 충격까지 가세하면서 일본 경제는 나락으로 굴러떨어지고 말았다. 특히 일본 정책당국이 1990년대 초반 대대적인 공공주택 건설에 나선 것이 수급 불균형을 심화시켰다.[10]

다음의 그림은 일본의 건축물 착공 건수와 미국의 건축물 착공 건수를 비교한 것이다. 그림을 보면, 일본의 주택 착공 건수는 1990년

일본의 주거용 건축물 착공과 미국의 건축물 착공 비교 자료: 주택금융공사(2018)

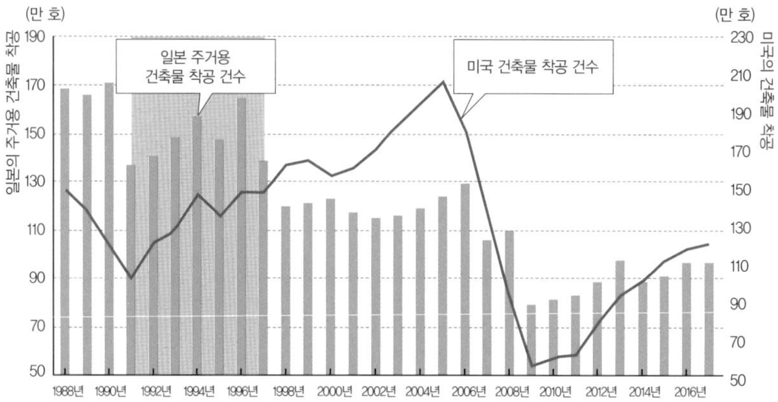

• 음영으로 표시된 부분은 전미경제분석국에서 불황으로 판정한 시기.

10 주택금융공사(2018), 「하락의 추억, 침체에 대한 회고: 일본 주택시장 장기침체 원인 분석 및 한국 주택시장 시사점 검토」.

일본 부동산시장은 앞으로 어떻게 될까? 사진은 도쿄의 모습.

대 초반 매년 150만 호를 웃돌았다. 이것은 인구가 약 3배 많은 미국의 건축물 착공 건수보다 더 많은 것이었다.

결국 일본 부동산시장은 기나긴 침체에 빠져들고 말았다. 무엇보다 주택가격이 급등하여 강력한 거품이 발생했을 뿐만 아니라 주택공급도 과다했으며, 1990년을 전후해 정책당국이 지나치게 공격적인 금리인상을 단행한 결과였다.

이상의 분석을 종합해보면, 2008년 미국 부동산 버블의 붕괴와 1990년 일본의 경험은 매우 유사한 면이 많다는 것을 알 수 있다. 주택가격이 급등한 상태에서 발생한 공급 과잉, 그리고 공격적인 금리인상이 부동산시장의 붕괴를 불러왔던 것이다.

6

생산가능인구가 감소하는데 부동산시장은?

그런데 이런 궁금증을 품은 독자들도 있을 것이다.

"생산가능인구가 감소해도 주택가격이 상승할 수 있을까?"

실제로 통계청의 추산에 따르면, 한국의 생산가능인구 비중은 2012년 73.4%를 정점으로 계속 감소하여 2067년에는 45.4%까지 낮아질 것이라고 한다.[11]

그런데 신기한 일은 전국 주택가격의 흐름을 살펴보면, 2013~14년을 바닥으로 본격적인 가격 상승이 나타났다는 점이다. 생산가능인구 비중은 2012년을 정점으로 지속적으로 감소하고 있는데도 말이다. 더 재미있는 것은 이런 현상은 일본도 마찬가지라는 점이다. 일본의 생산가능인구도 1997년부터 감소하기 시작했지만, 지난 6년 동안 도쿄 등 대도시의 주택가격은 급등세를 이어가고 있었다.[12]

11 통계청(2019), 「2019년 세계와 한국의 인구현황 및 전망」.

12 한국경제신문(2019. 3. 20), "[집코노미] 일본 도쿄 6년째 공시가격 상승… 인구 줄어드는데 '왜'".

생산가능인구가 감소하는데, 한국 주택가격은 왜 상승했을까?

가장 먼저 떠오르는 요인은 '공급 부족'이다. 주택의 감가상각이 대략 50년에 걸쳐 이루어진다고 생각하면, 서울에 존재하는 287만 호의 주택 중에서 매년 5.7만 호는 새집으로 개축되어야 한다.[13] 물론 50년 이상 버티는 집들도 많겠지만, 이는 건물 붕괴의 위험이 없다는 것일 뿐 주거의 질적인 면에서는 현대인의 눈높이를 맞추기 어려울 것이다. 특히 상대적으로 소득수준이 높은 편인 서울 시민에게는 더욱 그러할 것이다.

필자는 신혼 초, 1970년대 초반에 지은 아파트에 거주한 적이 있었다. 다행히 엘리베이터는 있었지만 각종 배관이 심하게 훼손된 집이

한국의 생산가능인구 비중 변화와 실질지가지수의 관계 자료: 국제결제은행(BIS), 세계은행 DB

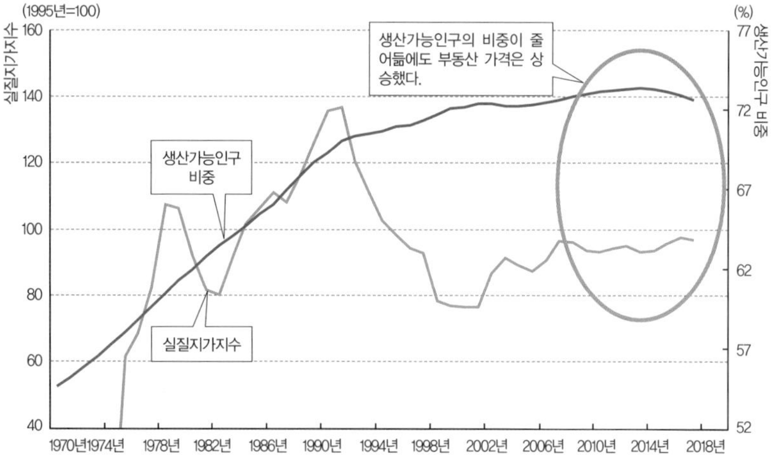

13 통계청(2018. 8. 27), 「2017 인구주택총조사」.

었다. 수도를 틀면 한참을 기다려야 맑은 물이 나왔고, 또 명절 등 갑자기 수돗물 사용량이 늘어나는 시기에는 종종 배관이 파열되기도 했다. 어느 해 추석날 아침, 갑자기 배관이 터져서 신혼 때 장만했던 가구들을 모두 버린 경험은 지금 생각해도 끔찍하다. 게다가 당시 필자는 7층에 거주했는데, 6층과 5층의 같은 라인에 있는 집들까지 차례대로 침수되었다. 건물에 미세한 금이 얼마나 많았는지 짐작할 수 있을 것이다.

따라서 주택공급이 적정한 수준으로 이루어지지 않으면, 서울에서 매년 5만~6만 호의 주택이 집으로서의 사용가치를 상실한다고 볼 수 있다. 즉, 물리적인 집은 존재하지만, 현대인의 눈높이에 턱없이 미달하는, 주거하기에 어려운 집들로 바뀌는 셈이다. 이런 상황인데도 최근 서울의 주택공급은 적정 수준에 계속 못 미치고 있다.[14]

14 한국경제신문(2018. 3. 28), "'주택 공급 충분?'… 서울, 멸실 반영한 '순공급량'은 10년 만에 최저".

7

혁신기업일수록 대도시를 선호한다!

한국 주택시장의 수급 불균형을 더욱 심화하는 요인은 바로 '클러스터 효과'이다. 클러스터 효과란 좋은 직장이 집결된 곳으로 사람들이 몰려들고, 또 이것이 다시 새로운 직장을 만들어내는 것을 말한다. 참고로 서울부터 수원으로 이어지는 이른바 '경부축'은 세계에서 특허를 가장 많이 출원하는 세 지역 중의 하나다.[15] 서울-수원 클러스터보다 더 많은 특허를 출원하는 곳은 도쿄-요코하마(세계 1위)와 홍콩-선전(세계 2위) 지역 정도이다.

클러스트 효과와 정보통신 혁명

사람들이 대도시로 집중되는 현상은 한국만의 일이 아니다. 소도시와 수도가 평화롭게 공존하던 유럽도 최근 대도시로의 집중 현상이 본격화되고 있다.[16]

대도시로의 인구 집중 현상이 벌어지는 가장 직접적인 이유는 정

15 WIPO(2019), "Identifying and Ranking the World's Largest Clusters of Inventive Activity".

16 Financial Times(2016. 5. 3.), "Widening Regional Disparities in Europe".

보통신 혁명 때문이다. 예전의 제조업은 원료 및 노동력 확보가 쉬운 지역에서 발전했다. 미국의 클리블랜드와 영국의 리버풀 같은 도시들이 대표적이다. 철광석이나 석탄 등 원료 조달이 편리하고, 운하 등으로 다른 지역과 이어진 곳, 그러면서도 주변 농업지역에서 값싼 노동력을 손쉽게 확보할 수 있는 곳이 제조업의 중심지로 부각되었다. 이는 한국도 마찬가지였다. 포항에서 울산, 거제에 이르는 남동임해공업지역이 제조업의 중심지로 부각되었다.

그러나 정보통신 혁명은 기업이 선호하는 '입지' 조건에 근본적인 변화를 가져왔다. 과거에 비해 정보통신 기업들은 생산인력이 훨씬 적은 대신 훨씬 더 큰 기술개발 센터(R&D Center)를 필요로 한다. 그리고 이런 기술개발 센터들은 죄다 대도시에 자리잡고 있다. 세계적인 경제학자 엔리코 모레티는 혁신산업의 특징을 다음과 같이 묘사한다.

> 전통적 산업은 국외로 이전하기가 상대적으로 쉽지만, 혁신적인 기업들은 옮기기가 훨씬 어렵다. 장난감이나 섬유를 생산하는 공장이 있다고 치자. 그 공장을 이를테면 중국이나 인도에 있는 완전히 다른 장소로 옮기는 것을 막을 수 없다. (중략)
>
> 철도나 항구가 가까이 있기만 하면, 그 소재지가 정확히 어디인지는 제조업체에 그리 중요하지 않다. 하지만 같은 논리가 혁신적인 기업에는 통하지 않는다. 생명공학연구소나 소프트웨어 기업을 멀리 인적이 떨어진 곳으로 옮겨놓고 그 연구소나 기업이 계속 혁신적이기를 기대할 수는 없다. 혁신을 창조하기는 훨씬 더 어려우며, 혁신

> 아이디어는 고립 상태에서 절대 탄생되지 않는다. 혁신적 생산을 위해서는 적절한 생태계를 찾아내는 것이 엄청나게 중요하다. 어떤 부문보다 더, 첨단기술 산업의 성공은 단지 그 근로자들의 우수성뿐만 아니라 그 기업을 둘러싼 전체 지역 경제에 달려 있다. (중략)
>
> 혁신적 산업은 한 덩어리로 뭉치는 경향이 강할 뿐만 아니라 이런 뭉침은 없어지지도 않는다. 화상회의, 이메일, 인터넷도 이러한 뭉침의 정도를 낮추지 못한다.[17]

정보통신 기업들이 대도시에 집중되는 것이 한국만의 특이한 현상이 아니라는 이야기다.

혁신기업은 왜 클러스터로 몰릴까?

그렇다면 대체 왜 혁신기업들은 이미 형성된 산업의 중심지로만 모여드는 것일까? 엔리코 모레티 교수는 이런 현상이 바로 '끌어당김의 힘' 때문이라고 지적한다.

> 경제학자들은 이 세 가지를 싸잡아 '끌어당김의 힘(Force of Agglomeration)'이라고 하는데, 두터운 노동시장, 전문적인 사업 인프라의 존재, 그리고 가장 중요하게는 지식 전파가 그것이다. (중략)
>
> 어떤 지역에 몇몇 첨단기술 기업을 일단 유치하면, 다른 첨단기

17 엔리코 모레티(2014), 『직업의 지리학』, 김영사, 25쪽.

술 기업들이 뭉치기에 더욱 매력 있는 곳으로 그 지역이 변모한다는 것이다. 많은 숙련된 개인들이 혁신적인 산업의 일자리를 찾아나서고 혁신적 기업들이 숙련된 근로자를 구하는 가운데 자기 지속성을 가지는 균형 상태가 만들어진다는 것이다. (중략)

첨단기술 산업은 이용 가능한 숙련 인력, 전문적인 공급업체들, 그리고 지식의 흐름을 지원할 만큼 충분히 대규모인 혁신 중심지에 자리를 잡음으로써 더 창의적이고 더 생산적으로 변모한다.[18]

기업들은 두터운 노동시장으로 인해 서울-판교 클러스터에서 상대적으로 손쉽게 필요한 인력을 구할 수 있다. 또 근로자의 입장에서도, 어떤 회사에서 해고되어도 가까이에서 금방 직장을 잡을 가능성이 높다. 더 나아가 핵심 개발인력들이 대화를 나누고 식사하는 등의 과정에서 다양한 아이디어가 구체화되어, 이것이 다시 기업의 경쟁력을 개선시키게 된다. 따라서 앞으로 한국 정보통신 기업들이 경쟁력을 지속적으로 유지하기 위해서는 핵심적인 부서를 수도권 핵심지역으로 이동시키지 않을 수 없다. 얼마 전 세계적인 반도체 기업 SK하이닉스가 기술개발 센터의 위치를 용인으로 결정했던 것도 이런 사정과 무관하지 않다고 보아야 한다.[19]

더 나아가 정보통신 혁명의 수혜를 받는 사람들은 높은 소득으로 보상을 받는다. 생산성과 학력수준도 높아서 기업들이 후한 보상

18 엔리코 모레티(2014), 앞의 책, 26~27쪽.

19 매일경제신문(2019. 9. 22.), "SK하이닉스 122조 투자… 용인에 세계 최대 반도체 생산라인".

을 지급하는 경향이 있기 때문이다. 그리고 이들은 항상 시간 부족에 쫓기는 처지이기에, 다시 말해 '시간당 비용'이 대단히 비싸기에 시장에 다양한 활동을 외주(外注)로 맡기게 된다. 가장 대표적인 사례가 바로 외식일 것이다. 고소득자들이 집중된 대도시마다 미슐랭 가이드의 별점을 받은 식당이 즐비한 이유도 이런 데 있다.

엔리코 모레티 교수는 이런 종류의 일자리를 '지역적 일자리'로 분류하는데, 첨단산업의 일자리가 늘어나는 것보다 지역적 일자리의 증가속도가 더 빠르다고 한다.

> 대도시 지역 320곳의 미국 근로자 110만 명에 대한 분석에 기초한 연구 결과, 대도시 지역 한 곳에서 첨단기술 일자리가 1개 늘어날 때마다 장기적으로 5개의 추가적인 일자리가 첨단기술 분야 밖에서 창출된다.
>
> 이 5개의 일자리는 다양한 근로자 조합에 이득을 준다. 승수효과에 의해 창출된 일자리들 가운데 2개는 전문직인 데 비해 나머지 3개는 비전문직 일자리였다.[20]

이상의 내용을 정리하면 다음과 같다. 대부분의 선진국은 생산가능인구가 줄어든 지 오래되었지만, 혁신산업의 중심지는 이런 경제 전체의 흐름과 큰 연관을 맺지 않는다. 일단 혁신산업에서 일하고 싶어

20 엔리코 모레티(2014), 앞의 책, 97쪽.

하는 젊은 노동력이 이 지역으로 집중되는 데다가 종사자의 소득수준이 높다 보니, 주거여건이 좋은 주택에 대한 수요가 강하게 나타나는 것이다. 가장 대표적인 사례가 미국이 될 것이다.

다음 그림은 미국의 생산가능인구와 주택가격의 추이를 보여준다. 미국의 생산가능인구는 2000년대 중반부터 줄어들었음에도 전국적인 주택가격은 2012년 이후 강한 상승세를 보이고 있다. 이는 한국 주택가격의 앞날을 예측하는 데도 하나의 힌트가 될 것이다.

미국의 생산가능인구와 실질 주택가격지수의 관계

자료: 국제결제은행(BIS), 세계은행 DB

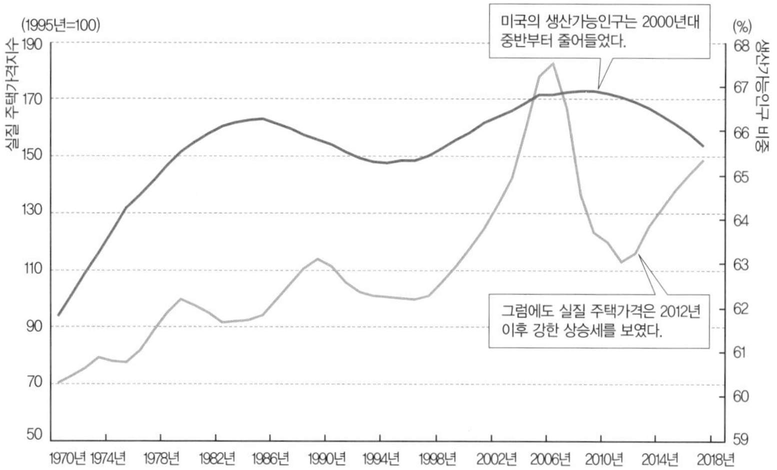

8

베이비붐 세대의 주택 매입 붐에 주목하라!

생산가능인구의 감소가 지속되고 있는데도 한국의 주택가격이 상승세를 지속하는 세 번째 이유는 베이비붐 세대의 적극적인 주택 매수를 빼놓을 수 없다.

일반적으로 은퇴 시점에는 보유하던 주택을 매도하고 이자 소득자로 변신한다. 그런데 한국의 베이비붐 세대(1955~1963년생)는 정반대의 양상을 보이고 있다.

옆의 그림에 나타난 것처럼, 한국의 50대와 60대 이상 가계는 2010년대 중반에 주택시장에서 적극적인 '매수자'로 나섰다. 왜 이런 현상이 나타났을까?

가장 큰 이유는 '저금리' 때문이다. 연 이자율이 1% 후반에 그치는 상황에서는 '은퇴 시점에 주택을 매도해 이자수익으로 노후를 설계하는' 전통적인 노후 설계 모형이 작동하기 어렵게 되었던 것이다. 예를 들어 8억 원 상당의 주택을 보유한 은퇴자가 이를 처분하고 3억 원짜리 전세로 옮겨간 경우를 가정해보자. 그는 주택 매도로 확보된 여윳돈 5억 원을 은행에 예금하여 노후생활비를 조달할 계획을 세웠다.

하지만 금리가 1%대로 떨어짐에 따라 연 이자소득이 1,000만 원에도 미치지 못하는 상황에 처하고 말았던 것이다. 이처럼 예상치 못한 초저금리 환경이 나타나자 베이비붐 세대는 크게 보아 두 가지의 행동을 했다.

첫 번째 행동은 은퇴를 연기하는 것이다. 임금이 기대에 미치지 못하더라도 저금리 환경을 이겨내기 위해 눈높이를 낮추어 취업에 나섰다. 최근 60대 이상 노령층의 경제활동참가율이 높아지는 것이 이런 흐름을 뒷받침한다.

두 번째 대응은 '임대사업자'로의 변신을 꿈꾸는 것이었다.

2010년대 초반만 해도 임대수익률이 6% 이상 수준이었고, 대출금리는 이보다 훨씬 낮은 수준으로 떨어지고 있었기에, 임대사업자로의 변신은 꽤 합리적인 선택이었다. 즉 보유 부동산을 담보로 대출을 받아 임대를 놓기 좋은 중소형 아파트에 투자하면, 대출이자를 웃도는 현금 흐름을 만들 수 있었다. 여기에 중소형 아파트의 가격이 상승

한국의 연령대별 아파트 구입자 비중 변화

자료: 한국감정원

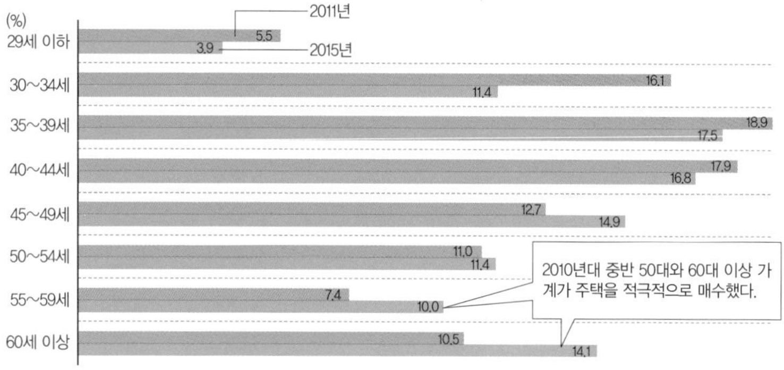

2011년 이후 서울과 경기 지역의 오피스텔 임대수익률

자료: KB부동산

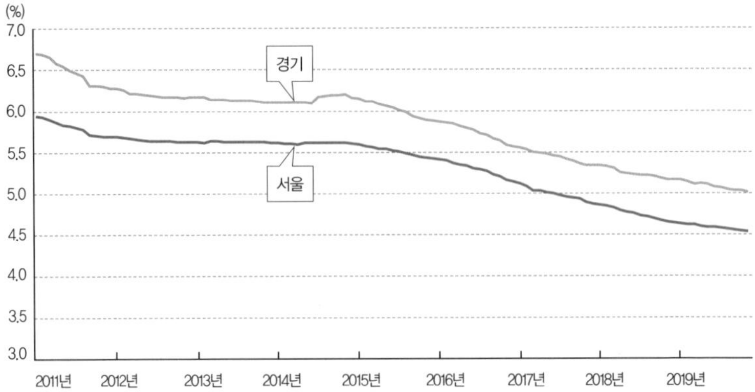

하는 데 따른 '차익'은 일종의 덤이었다. 일종의 '가치투자 전략'이 실행될 수 있었던 셈이다.

이 전략을 시행한 베이비붐 세대는 큰 성공을 누렸다. 무엇보다 2014년을 바닥으로 서울 등 핵심지역의 부동산 가격이 6년 연속 상승한 데다가, 특히 소형 아파트의 가격이 급등했기 때문이다. 더 나아가 정부가 임대사업자들에게 다양한 세제혜택을 주자 베이비부머들은 부동산 투자를 속속 확대하기에 이르렀다.

9

한국 부동산, 코로나19 이후 상승 흐름을 이어갈까?

지금까지의 내용을 요약해보면, 한국의 부동산시장은 '공급 부족' 이슈 속에 6년 연속 상승했다고 볼 수 있다. 그런데 코로나19 쇼크가 발생한 다음에도 상승 흐름이 이어질 수 있을까? 이 의문을 풀기 위해서는 과거 한국이 겪었던 '위기' 상황을 복기해볼 필요가 있다.

2008년 글로벌 금융위기, 한국 부동산시장이 가르쳐주는 것

먼저 2008년 글로벌 금융위기를 전후한 한국 부동산시장의 상황을 살펴보자. 다음 쪽의 그림은 한국의 경기동행지수 순환변동치와 전국 주택가격 상승률의 관계를 보여준다. 경기동행지수 순환변동치란 통계청이 경제여건을 파악하기 위해 작성하는 지수로서, 이 수치가 기준선(100) 이상이면 경기여건이 좋다는 뜻이며, 반대로 기준선을 밑돌면 안 좋아지는 것으로 볼 수 있다.

그림을 보면 글로벌 금융위기 당시 경기동행지수 순환변동치가 급격한 하락세를 보이고 있다. 2008년 1월 고점(102.4포인트)을 기록한 후 떨어지기 시작해 2009년 2월(97.7포인트)이 되어서야 바닥을 찍었다.

그런데 주택가격의 흐름은 달랐다. 주택가격은 2008년 1월이 아니라, 그해 10월에야 하락하기 시작했고, 바닥은 이듬해인 2009년 3월에 출현해 전체 하락기간이 단 6개월에 불과했으며, 가격 하락률도 단 1.4%에 불과했다.

이 사례를 통해 우리는 다음의 두 가지 사실을 알 수 있다.

"주택시장은 주식시장에 비해 대단히 안정성이 높고, 경제위기가 발생했을 때에는 약간 후행하는 경향이 있다."

1997년 외환위기, 한국 부동산시장이 가르쳐주는 것

물론 2008년 단 한 번의 경험을 가지고 일반화할 수는 없다. 그렇

2008년 글로벌 금융위기 전후, 한국의 경기동행지수와 주택가격 상승률의 관계

자료: 통계청, KB 국민은행

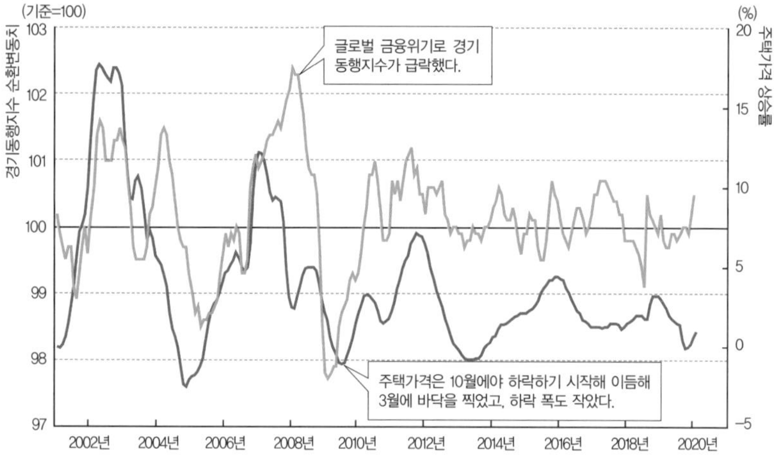

다면 외환위기 때는 어땠을까?

다음은 1997년 외환위기를 전후한 부동산시장의 상황이다. 경기동행지수 순환변동치는 1997년 9월 104.1포인트를 찍은 후 무너져 1998년 8월 93.0포인트를 기록했다. 참고로 이는 한국 통계 작성 이후 최저치다. 이때 주택가격은 어떻게 움직였을까?

전국의 주택가가격은 1997년 10월이 정점이었고, 이후 1년이 좀 더 경과한 1998년 12월부터 반등이 시작되었다. 참고로 이 기간 동안의 주택가격 변동률은 -12.9%였다. 한국 주택시장 역사상 최악의 폭락 사태였지만, 경기동행지수가 9.1포인트, 그리고 주식가격이 70% 이상 하락한 것을 감안하면 주택시장의 안정성이 대단히 높다는 것을 알 수 있다. 물론 경기가 회복된 다음에 부동산시장이 상승하는 '후행

외환위기 전후, 한국의 경기동행지수와 주택가격 상승률의 관계

자료: 한국 통계청, KB 국민은행

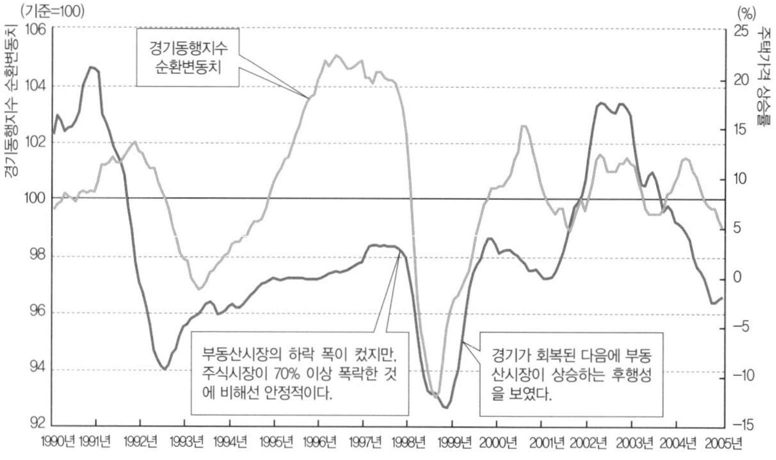

성' 역시 비슷했다.

부동산시장의 특성, 한국에서만 나타나는 게 아니다

흥미로운 것은 이와 같은 부동산시장의 특성은 한국에서만 나타나는 현상이 아니라는 점이다.

다음의 그림은 전미경제분석국의 경제학자들이 1875년 이후 전세계 16개 선진국의 주식 및 부동산의 실질 수익률을 표시한 것이다.

한눈에 보기에도 주식에 비해 부동산의 수익률이 안정적이라는 것을 알 수 있다. 예를 들어 주식시장이 최악의 시기였던 1차 세계대전

1875~2010년 세계 주택시장 및 주식시장의 수익률

자료: 전미경제분석국(2019), "The Rate of Return on Everything."

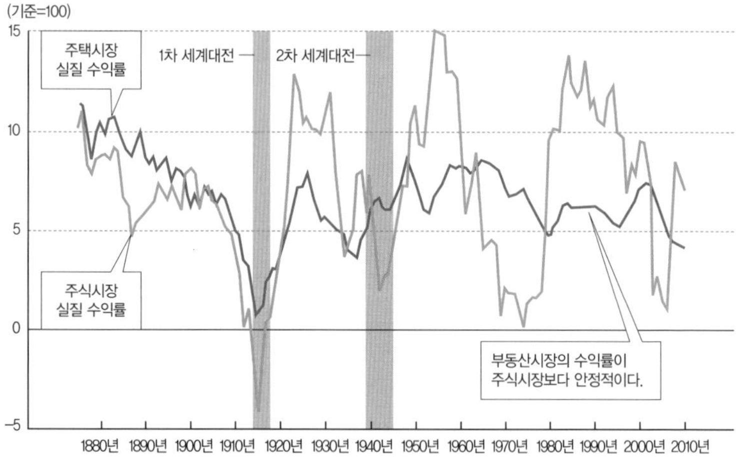

• 음영으로 표시된 부분은 각각 1차 세계대전과 2차 세계대전을 나타낸다.

• GDP 규모에 따른 가중 평균이며, 10년 이동평균 수익률이다. 16개 나라는 호주, 벨기에, 덴마크, 핀란드, 프랑스, 독일, 이탈리아, 일본, 네덜란드, 포르투갈, 스페인, 스웨덴, 스위스, 영국, 미국 등.

과 2차 세계대전 사이의 시기. 즉 전간기(戰間期)조차 부동산의 실질 수익률은 플러스를 기록하는 것을 볼 수 있다. 참고로 주식의 실질 수익률과 부동산의 실질 수익률은 7.0%로 동일하다.[21] 여기서 실질 수익률이란 명목 수익률에서 물가상승률을 뺀 것이다. 예를 들어 부동산에서 5%의 임대수익과 3%의 가격 상승을 기록했는데, 그해의 물가상승률이 5%라면 부동산의 실질 수익률은 3%뿐이라고 할 수 있다.

결국 장기적인 수익률은 비슷하지만, 부동산이 주식에 비해 훨씬 변동성이 낮으니, 부동산이 훨씬 우위에 있는 자산이라 할 수 있다.

물론 부동산이 항상 주식에 비해 우위가 있는 것은 아니다. 무엇보다 1997년이나 2008년 같은 금융위기가 출현할 때 '유동성'이 떨어지는 것은 분명한 부동산의 약점이다. 주식시장은 패닉 속에서도 거래가 가능하지만, 부동산시장은 거래 자체가 이루어지지 않을 수 있다. 따라서 단기매매를 통해 부동산시장에서 수익을 얻는 전략이 항상 유효하지 않을 수도 있음을 명심할 필요가 있다.

한국 부동산시장의 전망은 어둡지 않다

이상의 이야기를 종합해보면, 한국 부동산시장의 미래가 그렇게 어둡지는 않은 것 같다. 무엇보다 사상 초유의 제로금리 시대가 출현한 데다가 한국 정부가 강력한 재정지출 확대정책을 펼 가능성이 높아졌기 때문이다. 물론 모든 부동산이 다 오르지는 않을 것이다.

21 주식 수익률에는 배당 및 거래비용(수수료 및 세금 등)이 포함된 것이며, 부동산 수익률에는 임대료 및 거래비용(수수료와 제세공과금)이 포함된 것이다.

필자는 지난 6년에 걸쳐 주택가격의 상승을 주도했던 수도권의 고가 부동산시장은 조정의 가능성을 배제할 수 없다고 본다. 왜냐하면 정부가 금리를 아무리 낮춘들, 시가 15억 이상의 아파트는 아예 대출이 금지되어 있기에 저금리 혜택을 전혀 볼 수 없기 때문이다.[22]

특히 최근 발생한 코로나19 쇼크로 여행 · 숙박 · 도소매 · 면세점 · 음식료 등 일부 내수산업이 큰 타격을 받을 위험이 커진 것도 수도권의 고가 부동산시장에 부정적 영향을 미칠 것이다. 왜냐하면 이들 산업은 수도권 비중이 클 뿐만 아니라, 사업상의 이유 등으로 자금을 긴급하게 융통해야 할 경우 '대출금지' 조치가 큰 걸림돌로 작용할 수 있기 때문이다.

물론 최근 일부 언론이 보도하듯, 시장에 존재하는 엄청난 유동성이 수도권 핵심지역의 부동산에 대한 '저가매수' 세력으로 부각될 가능성을 부인할 수 없다.[23] 그러나 시중자금이 주식시장의 급락을 계기로 대거 증시로 이동하는 상황이라는 점을 감안하면, 과거에 비해 부동산시장의 상승을 주도하기에는 다소 시간이 걸릴 것으로 보인다.

22 서울경제신문(2020.3.23.), "12.16 대책 후 서울 9억 초과 아파트 거래 61% 줄었다".

23 뉴스1(2020.4.3.), "현금부자에겐 줍줍 기회?…코로나에도 초고가 아파트 거래 꾸준".

한 걸음 더

첨단산업 기업들의 집적현상과 외부경제

한국의 서울-판교 클러스터, 혹은 일본의 도쿄-요코하마 클러스터처럼 특정 지역에 첨단산업의 기업들이 집중되는 것을 경제학에서는 '외부경제(External Economies)'라는 개념으로 종종 설명한다. 그런데 외부경제라는 개념을 설명하기 위해서는 먼저 '규모의 경제' 효과에 대해 알아야 한다.

규모의 경제란 기업의 생산규모가 커질수록 생산비용이 절감되는 현상을 말한다. 그런데 개별기업의 규모가 작더라도 산업이 한 지역에 집중됨으로써 생산비용을 축소시키는 경우가 종종 있다. 규모의 경제가 개별기업이 아닌 산업 수준에 적용될 때 이를 '외부경제'라고 한다.[24]

1세기 전에 살았던 영국의 경제학자 앨프리드 마셜(Alfred Marshall)은 천연자원의 유무로 설명할 수 없는 지리적인 산업의 집적현상을 발견했다. 마셜 시대에 가장 유명한 예는 영국의 대표적인 중공업도시 셰필드의 도검류 제조업자의 집중, 그리고 노스햄프턴의 면제품 기업들의 집중이었다. 현대에는 실리콘밸리에 집중된 반도체 산업, 뉴욕에 집중된 투자은행 산업, 할리우드에 집중된 오락산업 등이 그 예이다.

앨프리드 마셜은 기업들의 집적이 개별기업으로 격리되어 있는 경우

24 Paul R. Krugman, Maurice Obsfeld(2011), 『International Economics』, 166쪽.

혁신 기업들은 왜 이미 형성된 산업의 중심지로 모여들까? 실리콘밸리는 첨단산업 기업들의 집적현상을 보여주는 대표적 도시이다.

보다 더 효율적인 이유를 세 가지로 설명했다.

첫째는 전문화된 공급자를 지원하기 위한 집적 능력, 둘째는 대규모 노동시장, 셋째는 산업의 지리적 집중으로 인한 지식 창출 및 확산 효과 등이다. 지금까지도 이 지적은 유효한 것으로 보인다. 그리고 첨단산업 기업들의 이러한 집적현상은 부동산시장, 그중에서도 특정 지역의 부동산가격에 영향을 줄 수밖에 없다.

한 걸음 더

서울의 주택공급은 충분한가?

최근 서울의 주택공급이 충분한지를 둘러싸고 논란이 격화되고 있다. 근래 서울시에서 발간한 보고서를 보면, 2020년 이후에도 주택공급이 충분하다는 내용이 담겨 있다.

서울시의 주장이 담긴 한국경제신문의 기사를 인용하면 아래와 같다.

> 부동산114는 올해 서울 아파트 입주 물량이 4만 2,012가구를 기록한 뒤 내년에는 2만 1,739가구로 반감할 것으로 내다보았다. 분양 물량을 기초로 추산한 수치다. 아파트 착공부터 준공까지 2년 반~3년가량 걸리는 점을 고려하면 추정치를 집계할 수 있는 연도는 2021년이 최대다.
>
> 그러나 서울시는 2020년 서울에서 4만 1,000가구가 입주한 뒤, 내년인 2021년에는 3만 8,000가구가 집들이를 할 것으로 내다보아 민간 통계와는 큰 차이를 보였다. 2022년 이후로도 2025년까지 연 5만 가구 안팎이 입주할 것이라는 수치를 제시했다. 인허가 건수를 기준으로 준공 물량을 추산했기 때문이다.[25]

25 한국경제신문(2020. 1. 6.), "'주택공급 충분'… 서울시, 민간 전망 반박 '수급불균형 공포 과대'".

논란의 핵심은 '인허가' 건수이다. 그런데 과연 인허가 건수가 미래의 주택공급 물량을 예측하는 데 도움이 될까?

다음의 그림은 부동산114에서 집계한 서울의 입주물량(2020년 이후는 예측치)과 국토교통부가 집계한 서울의 인허가 물량을 비교한 것이다. 한 눈에도 인허가 통계에 허수가 많은 것을 알 수 있다.

예를 들어 2017년 한 해 동안 서울지역의 주택 인허가 건수는 11만 3,000호에 이르렀다. 그런데 대략 3년이 지난 지금 이 물량 중에서 얼마나 실제로 입주했는지는 의문이다. 2018년과 2019년 서울지역의 아파트 입주는 각각 2.8만 호와 3.7만 호에 그쳤기 때문이다.[26]

더 나아가서 '인허가'의 선행성도 뚜렷하지 않다. 예를 들어 2011년 서울지역의 인허가 물량은 급증했지만, 2012~14년 사이의 아파트 입주

서울의 입주물량과 인허가 건수의 관계 출처: 부동산114, 국토교통부

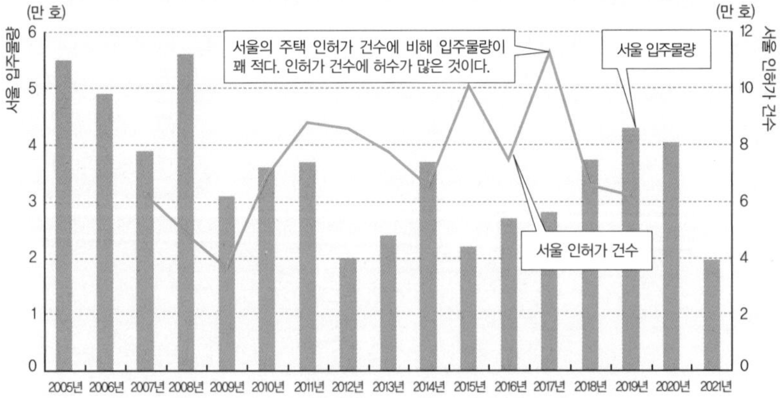

26 한국경제신문(2019. 12. 8.), "서울 내년 아파트 입주 물량 5년 만에 줄어든다".

물량은 사상 최저 수준에 그쳤기 때문이다. 물론 아파트 이외에 단독주택, 다세대주택의 물량이 있기에 정확한 것은 아니다. 그러나 2017년 기준으로 전국의 주택 1,712만 호 가운데 아파트가 1,038만 호로 60.6%를 차지하는 현실을 감안할 때 아쉬운 마음을 금할 수 없다.[27] 서울도 전체 주택 381만 호 중 아파트가 161만 호(42.3%)로서 비중이 상대적으로 낮기는 하지만, 인허가 건수와 아파트 입주 사이의 연관성이 너무 낮다는 사실은 변하지 않는다.

특히 서울의 인허가 건수마저 2018~19년에 급감했음을 감안할 때, 2020년 이후 주택 입주물량이 크게 늘어날 것이라고 단언하기는 쉽지 않아 보인다.

27 통계청(2018. 8. 27), 「2017 인구주택총조사 전수집계 결과」.

9

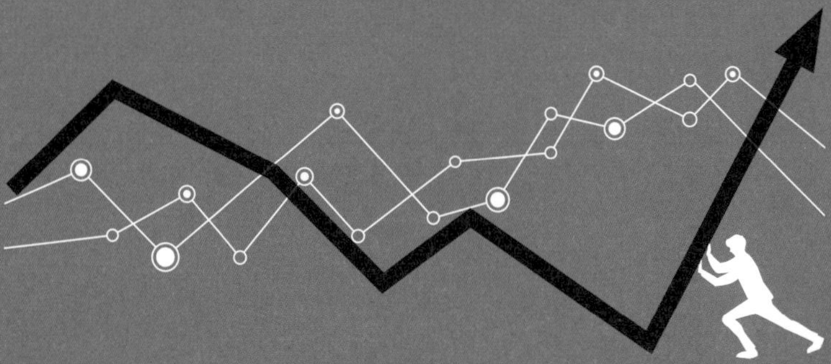

경제가 갑자기 붕괴될 위험은 없을까?

7~8장의 내용을 요약해보면 다음과 같다. 저물가·저금리 환경이 장기화될 때, 주식 및 부동산 시장은 이중의 혜택을 입는다. 무엇보다 저금리로 인해 주식 및 부동산 시장으로 자금이 이동할 가능성이 높아지고, 기업실적이 개선되는 가운데 주식 및 부동산에 대한 수요 기반이 강화되기 때문이다. 이런 면만 보면 미국 주식, 그리고 한국 부동산 투자가 가장 유망하지만, 위험 요인이 아예 없는 것은 아니다.

무엇보다 기업부채의 급격한 증가가 대규모 손실로 이어질 가능성을 빼놓을 수 없다. 또한 중국 기업의 부실 위험 등 외부 요인도 부정적 영향을 미칠 수 있다. 그래서 주식 및 부동산 시장이 계속 강세를 보일 것이라고 주장하기에는 위험이 따른다.

따라서 9장에서는 자산시장의 랠리를 중단시킬 잠재적인 후보를 검증해보겠다. 가장 먼저 미국 회사채 시장, 특히 부실채권 시장부터 살펴보자.

1
미국 기업의 부채 급증에 따른 파산 위험은?

한 나라의 정부는 빚을 도저히 못 갚을 상황이 되면, 1980년대 중반의 볼리비아처럼 중앙은행이 정부가 발행하는 채권을 직접 인수할 수 있다. 따라서 국채는 지급 불능의 위험에 빠질 가능성이 사실상 0에 수렴한다.[1] 그러나 기업들이 자금을 조달하기 위해 발행하는 회사채에는 파산의 위험이 존재한다. 따라서 회사채는 일반적으로 각 기업의 신용도에 따라 국채에 비해 더 높은 금리, 즉 가산금리가 붙게 된다.

그런데 2019년까지 미국의 회사채 가산금리가 끝없이 떨어졌다. 예를 들어 투자적격 등급도 아닌 BB등급 회사채의 가산금리가 2%에도 미치지 못했다.

물론 기업 입장에서는 좋은 일이다. 전기차회사인 테슬라가 장기에 걸쳐 저렴한 금리로 자금을 조달할 수 없었다면 첫 번째 스포츠카

1 예외도 존재한다. 대표적으로 2010년 그리스와 일부 남유럽 국가처럼, 고소득 국가도 채권에 대한 이자를 제때 지급하지 못하는 사태가 벌어질 수 있다. 그러나 남유럽 재정위기는 '유로화' 채권 문제였다. 그리스가 예전처럼 자국 화폐인 드라크마화로 국채를 자유롭게 발행할 수 있었다면 재정위기가 국내 문제로 국한되었을 것이다. 그러나 1999년 유로화 출범 이후 유럽 대부분의 국가는 자국 화폐로 채권을 발행할 자유를 잃어버렸기에 재정위기의 위험에 노출되었던 것이다.

(로드스터) 이후 새로운 모델을 대량생산하기는 어려웠을 것이다. 그러나 재무구조가 부실하고 상대적으로 경쟁력이 약한 기업들마저 손쉽게 발행하게 되면서 회사채의 디폴트(채무불이행) 위험이 높아진 것 또한 사실이다.

특히 2020년 3월 코로나19 쇼크 이후 회사채의 가산금리가 급등한 점이 이러한 우려를 높이고 있다. 이 문제를 좀 더 자세히 살펴보자.

먼저 팩트부터 체크해보면, 미국 기업들의 회사채 발행량이 급증한 것은 분명한 사실이다. 다음의 그림에서 보듯, 미국 기업(금융업 제외)의 명목GDP 대비 회사채 발행규모는 27%를 넘어서는 등 사상 최대 수준을 기록했다. 가장 직접적인 이유는 저금리 기조가 장기화되었기 때문이다. AAA등급 회사채 금리는 코로나19 쇼크 이전 2%대 후반까

미국의 회사채 발행량 및 회사채 금리 추이

자료: 세인트루이스 연방준비은행

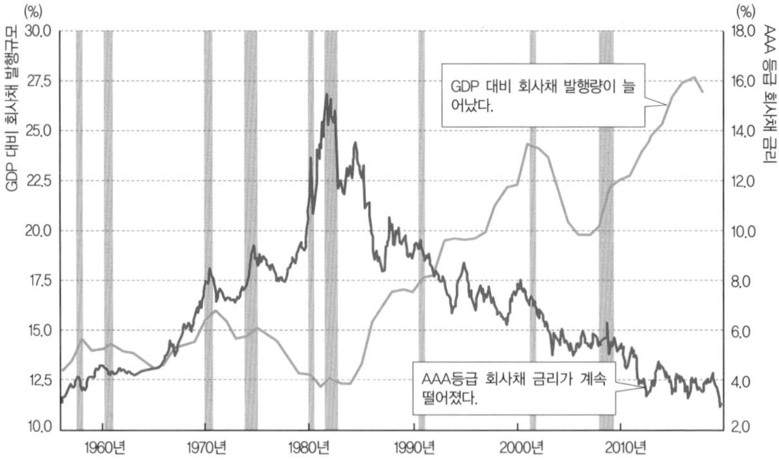

• 음영으로 표시된 부분은 전미경제분석국에서 불황으로 판정한 시기.

지 떨어졌는데, 이는 1960년대 초반 이후 가장 낮은 수준이었다.

이것만 보면, 미국 회사채 시장에 '거품'이 끼었다고 볼 수도 있다. 그러나 미국 기업들이 회사채 발행을 늘리는 데에는 나름의 이유가 있다.

미국의 회사채 발행이 왜 늘어났을까?

2008년 글로벌 금융위기 때 미국의 금융기관들은 큰 피해를 입었으며, 스트레스 테스트를 통과하지 못한 은행들은 정부의 공적자금 투입 속에서 대대적인 구조조정을 단행해야 했다(스트레스 테스트는 강력한 불황이 닥쳤다고 가정했을 때, 은행이 스스로 버텨낼 힘을 가지고 있는지 측정하는 것이다). 따라서 은행들은 2008년 이후 가계는 물론 기업 대출에 대해 대단히 보수적인 태도를 취했다.

다음 쪽의 그림은 미국 은행 대출 담당자의 대출 태도와 기업(및 상업용) 대출의 변화를 보여준다. 여기서 대출 태도란 은행권 대출 심사역을 대상으로 한 설문조사 결과를 집계한 것으로, 대출 태도지수가 플러스이면 대출 심사를 더욱 타이트하게 진행하겠다는 뜻으로 해석할 수 있다.

실제로 지난 2008년 글로벌 금융위기를 전후해 미국 금융권은 대출 심사를 매우 강화했으며, 그 결과 기업대출은 2012년까지도 마이너스 증가율을 벗어나지 못했다. 기업들은 예전보다 빡빡한 대출 심사를 피해 회사채 발행량을 늘렸고, 또 저금리에 지친 금융시장 참가자들은 '상대적으로' 고금리인 미국 회사채에 대한 투자에 나섰다. 즉,

미국 은행권의 기업대출 태도와 기업/산업 대출 증가율 자료: 세인트루이스 연방준비은행

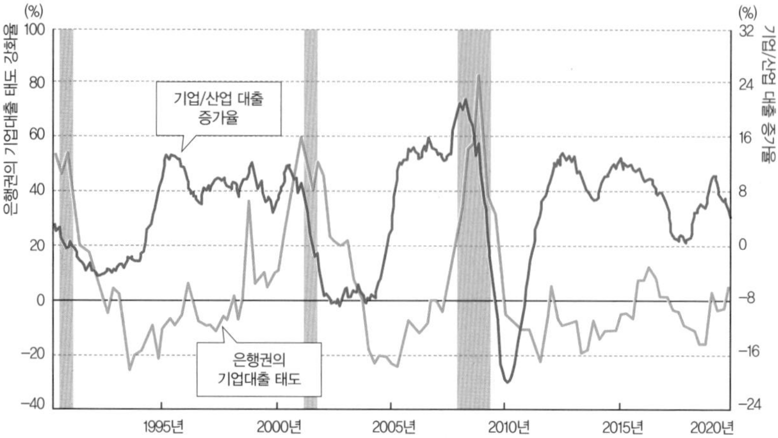

• 음영으로 표시된 부분은 전미경제분석국에서 불황으로 판정한 시기.

미국 기업의 회사채 발행량이 늘어났다고 부정적인 면만 볼 것이 아니라, 기업들이 자금조달의 원천을 다변화했다고 보는 것이 맞을 것이다.

특히 2008년 같은 글로벌 금융위기가 촉발될 때 가장 문제가 되는 것은 '대출 회수'이다. 대출의 만기연장이 어려워지면 기업의 파산이 빈발하고, 이는 다시 경제 전반에 안전자산 선호 심리를 강하게 불러일으키기 때문이다. 따라서 미국 기업들이 회사채 발행량을 늘린 것은 어쩌면 '은행 위기'로 인한 걷잡을 수 없는 경기위축 위험을 사전에 차단한 것으로 해석할 수도 있다.

그렇다면 이런 질문을 하는 독자들도 있을 것이다.

"회사채 발행량이 늘어난 것이 경제에 아무런 위험이 되지 않는다는

말인가?"

미국 기업들의 부채(GDP 대비)가 사상 최대 규모이기는 하지만, 지난 2000년대 중반의 가계부채 문제와 비교하면 차이도 크다. 미국의 가계부채(GDP 대비)는 2008년 이전 10년 동안 65%에서 99%로 급격히 증가했다. 하지만 기업부채는 지난 10년 동안 72%에서 74%로 단 2%포인트 늘어난 데 불과하다.

물론 코로나19 사태가 벌어지기 전에 기업들이 회사채를 조금이라도 덜 발행하고, 공격적인 경영전략을 펴지 않았더라면 더 좋았을 것이다. 그러나 기업들에 이런 '진중함'을 기대해서는 안 된다. 왜냐하면 기업들이 그렇게 빚을 내어 투자하지 않았더라면, 코로나19 쇼크 이전까지 미국의 '실업률 3.5% 시대의 개막'도 없었을 것이기 때문이다(미국 정도의 경제규모에서는 3%대 실업률은 사실상 완전고용 상태로 본다). 다시 말해 적절한 수준의 부채는 경제의 활력소가 되기에, 부채를 죄악시하는 태도에 대해서는 반대하는 입장이다.

특히 세인트루이스 연방준비은행이 세계은행의 141개국 기업 단위 데이터베이스를 활용해 분석한 결과, 외부자금 조달이 수월한 나라일수록 국민소득이 더 높은 것으로 나타난 점을 기억해야 한다.[2]

2 St. Louis Fed(2019), "Finance and Development: Evidence from Firm-Level Data".

코로나19 쇼크, 연쇄도산으로 이어지지 않는 이유

이제 한 발 더 나아가 코로나19 쇼크가 기업들의 연쇄적인 파산을 불러올지에 대해 살펴보자. 이런 위험은 회사채 가산금리가 급격히 상승하는 상황에서는 '사실'이 될 수 있다. 회사채가 시장에서 팔리지 않아 만기연장(Roll-over)이 되지 않는다면 치명적인 결과를 불러올 수 있기 때문이다.

예를 들어 어떤 가계가 10억 원을 주고 주택을 구입하면서, A은행에서 3년 만기로 4억 원을 대출했다고 가정해보자. 3년 후 A은행이 만기연장을 거절하면 어떤 처지에 놓일까? 대처하기가 쉽지 않을 것이다. 다른 은행에 가서 대출을 받으면 좋겠지만, 다른 은행들의 처지도 안 좋다면 대출을 연체하게 되고, 결국 주택이 경매에 넘어가는 비극을 겪게 될지도 모른다.

이 비유에서 확인할 수 있듯, 기업들이 자금을 조달하는 회사채 시장이 어려워지면 멀쩡한 기업도 파산할 수 있다. 그러나 이 위험이 '현실'이 될 가능성은 높지 않다고 본다. 무엇보다 미국 연준이 2020년 3월 23일부터 회사채를 매입하는 등 파격적인 조치를 시작했을 뿐만 아니라, 전 세계 주요 선진국이 대대적인 경기부양 정책을 시행할 것으로 예상되기 때문이다.

물론 이런 조치에도 불구하고, 기업의 파산위험이 완전히 없어지기는 어려울 것이다. 앞에서 지적했듯, 국제유가가 급락한 후 오랫동안 회복되지 않으면 에너지 관련 기업들의 현금이 결국은 고갈될 것이기 때문이다. 따라서 코로나19 쇼크는 여러 경제 부문 중 '기업부채'

영역에서 가장 큰 문제를 일으킬 것으로 우려된다.

V자 경기회복을 기다리며

그럼에도 불구하고 연준의 회사채 매입, 더 나아가 강력한 재정 정책이 시행되는 만큼 마이너스 성장률이 지속될 가능성은 높지 않은 것으로 보인다. 참고로 최근 경제전망을 발표한 주요 투자은행들은 2020년 2분기에 마이너스 성장을 기록한 후 하반기부터 다시 탄력적인 회복을 기록할 것으로 예측한다. 예를 들어 세계 2대 투자은행인 모건스탠리는 미국 경제가 2020년 2분기에 연율 기준 -30%의 역성장을 기록한 후, 3분기에는 반대로 29%의 급격한 성장을 기록할 것이라고 예상했다.[3]

필자 역시 이 전망에 한 표 던진다. 경제성장률의 급격한 하락만 놓고 본다면 역대급이겠지만, V자 모양의 회복이 이루어진 해로 2020년이 기록되지 않을까 기대해본다.

3 Zerohedge(2020.3.22), 『Morgan Stanley Joins Goldman, JPM In Predicting A Depressionary Crash; Expects Q2 GDP To Plunge 30%』.

2

미국 주식시장, 혹시 버블은 아니었나?

이상의 논의를 정리하자면, 미국의 회사채 발행 증가 문제는 '혐의는 있지만 아직 증거를 찾지 못한' 불황 후보 정도로 볼 수 있을 것 같다. 이제 두 번째 후보, 주식시장의 추가 폭락 위험에 대해 살펴보자.

일단 팩트부터 확인하자. 2020년 3월 코로나19 쇼크 이전까지, 미국의 주식시장이 급등하는 가운데 주가수익비율(PER)도 함께 상승한 것은 분명한 사실이다. 1871년 이후 미국 주식시장의 역사적인 PER 수준은 16배 전후인데, 2019년 말 S&P500지수의 PER는 21배를 기록했다. 당시 미국 주식시장이 역사적으로 보면 '고평가' 국면이었던 것은 분명한 사실이다. 그러나 7장에서 살펴본 것처럼, PER가 금리 변화에 영향을 받는다는 점도 감안해야 한다. 금리가 떨어질 때는 기업들의 이자부담이 줄어들며, 투자자들이 주식시장으로 이동하게 되고 이에 따라 PER가 오를 가능성이 높다.

다음의 그림은 1871년 이후 미국의 금리와 주식시장 PER의 관계를 잘 보여준다. 그림에서 우하향하는 회귀선(Regression Line)은 미국의 국채금리가 1%포인트 상승할 때마다 미국 주식시장의 대표 주가지수

1871년 이후 미국의 금리와 주식시장 PER의 관계 자료: 제레미 시겔(2015), 2012년 이후 데이터는 블룸버그

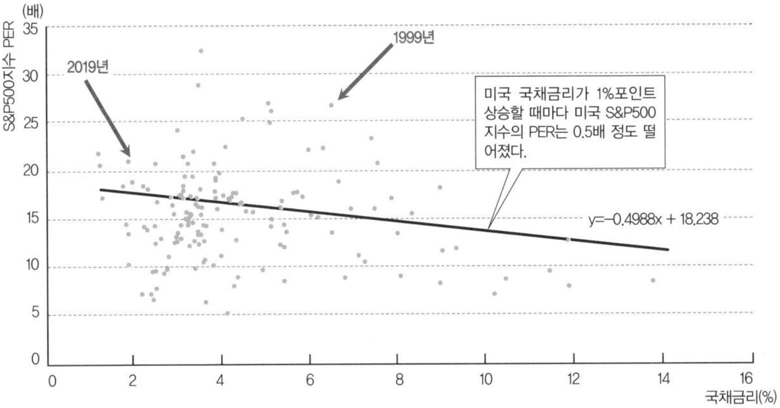

인 S&P500지수의 PER가 0.5배 떨어진다는 것을 의미한다.

물론 금리의 변화에 아랑곳하지 않는 시기도 굉장히 많다. 대표적인 시기가 1999년이다. 당시 미국 연준이 정책금리를 공격적으로 인상함에 따라 시장금리가 7%까지 치솟았지만, 미국 주식시장의 PER는 정보통신 붐 속에서 26배까지 상승한 바 있다.

이상의 상황만 본다면, 미국 주식시장의 '거품'이 코로나19 충격으로 붕괴되었다고 보기는 어려운 면이 있다. 특히 최근의 주가 폭락으로 주요 기업의 PER가 2020년 3월 말 16배까지 떨어지는 등 저가 매력이 높아진 것도 고려할 필요가 있을 것이다.

3

미국 주식시장 반등의 두 가지 신호

필자가 보기에 두 가지의 조건이 달성된다면, 미국 주식시장은 추가 폭락 위험을 저지할 것으로 보인다.

첫 번째 조건은 앞에서 말했듯 회사채 가산금리의 급등세가 진정되는 것이다. 회사채 가산금리가 급등하면 그 자체로도 기업의 파산위험을 높이고 실적을 악화시키는 악재일 뿐만 아니라, 경제 전반에 '안전자산 선호심리'가 극대화되어 있음을 보여주는 중요한 신호이기 때문이다.

실제로 2008년 미국 연준이 금융기관에 대한 대대적인 자금지원을 단행하자, 회사채 가산금리가 급락한 후 주식시장의 폭락세가 진정된 바 있다.

주식시장의 반등을 이끌 두 번째 요건은 재정지출 확대정책이다. 코로나19 사태로 뉴욕을 비롯한 세계의 주요 도시가 사실상 폐쇄(Lock-down)되며 경제성장률의 급락 위험이 높아진 것은 분명한 사실이다. 하지만 정책당국이 적기에 개입할 경우 성장탄력의 둔화가 장기화될 위험은 낮아질 것이다. 이 경우 '향후 실적개선'에 대한 기대가 시

미국의 윌셔5000지수와 정크본드(BB등급) 가산금리 추이 자료: 세인트루이스 연방준비은행

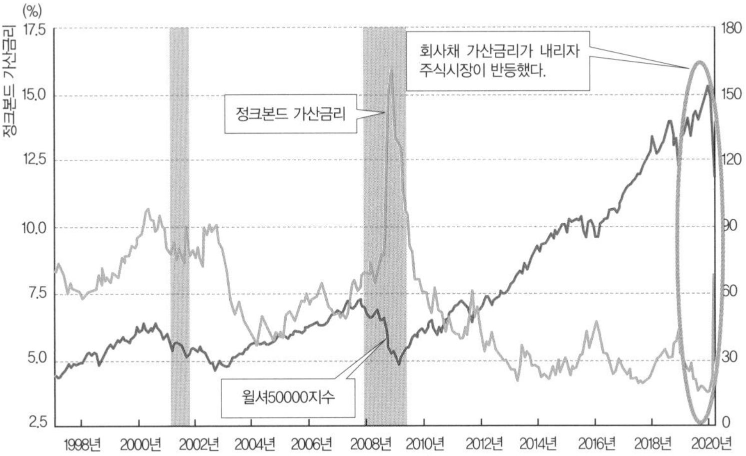

• 음영으로 표시된 부분은 전미경제분석국에서 불황으로 판정한 시기.

장 참가자들에게 형성되고, 이것이 다시 '저가매수(Bottom-fishing)'를 유발하는 선순환이 출현할 수 있는 만큼, 이 부분에 대한 관찰이 꼭 필요할 것이다.

미국 주식시장의 반등을 판단할 때 주의할 점

물론 '패닉의 끝'이 '추세 상승의 시작'으로 항상 연결되는 것은 아니다(2008년 글로벌 금융위기는 이 등식이 성립했다). 왜냐하면 기업들의 실적이 코로나19 충격으로 본격 악화될 것이며, 호황 기간 동안 숨겼던 치부가 드러날지도 모르기 때문이다.

대표적인 사례가 2001년 9.11테러 위기였다. 당시 미국 경제는 강력한 경기부양 정책과 전쟁 덕분에 빠르게 회복될 수 있었다. 그러나

주식시장은 2002년에 다시 급락했다. 왜냐하면 이 시기에 그동안 10여 년에 걸친 주식시장의 랠리 과정에서 숨겼던 '회계 분식'이 드러났기 때문이다. 당시 에너지기업 엔론의 분식회계로 인해 사상 최대 규모의 기업 파산이 발생했고, 이는 투자자들의 '불신'을 심화시켰다. 투자자들이 많은 기업들이 비슷한 짓을 했을 것이라고 의심하고 주식시장에 투자하기를 꺼림으로써 시장 전체의 급락을 불러왔다.

특히 2020년 3월 말 '중국판 스타벅스'로 알려진 루이싱(Luckin)커피의 회계 조작 스캔들은 2002년 엔론 쇼크를 되새기게 하는 불쾌한 소식이다.[4] 물론 루이싱커피는 엔론에 비하면 아주 작은 편에 속한다. 그러나 지난 10년에 걸친 미국 주식시장의 랠리 속에서 얼마나 많은 기업들이 루이싱커피와 비슷한 일을 했을지는 아무도 모른다. 물론 운 좋게 그런 일이 없기를 바라지만, 항상 이 부분에 대한 관심이 필요할 것 같다.

투자의 귀재 워런 버핏은 다음과 같은 격언을 남겼다. 최근 시장 상황에 너무 잘 맞는 것 같아 인용해 본다.

> "수영장에 물이 빠지고 난 다음에야, 누가 발가벗고 수영했는지 드러난다."[5]

4 Bloomberg(2020.4.3.), "Investors Wake Up and Smell the Luckin Coffee".

5 중앙Sunday(2017.3.12.), "물이 빠지고나면 발가벗고 수영하는 사람이 보인다".

4

코로나19 이후, 저가매수에 나서는 투자자들이 주목할 기업 유형

필자는 저금리 환경에서 주식시장의 매력이 매우 높아질 것이라고 믿는 낙관론자이지만, 코로나19 쇼크 이후 시장의 회복은 모든 주식에서 골고루 이루어지지는 않을 것이라고 생각한다.

그럼, 어떤 기업을 최우선으로 투자해야 할까? 이 대목에서 필자는 크게 네 부류의 해자(Moat)를 가진 기업에 주목할 필요가 있다고 생각한다. 여기서 해자란 성을 둘러싼 연못으로, 적군이 포위하더라도 깊은 해자가 있는 경우에는 성을 쉽게 넘볼 수 없을 것이다. 이처럼 기업이 강력한 경쟁우위(=해자)를 가지고 있다면, 불황에서 가장 먼저 회복되고 경쟁자들을 멀리 떨어뜨릴 수 있을 것이다.

브랜드 해자 기업

첫 번째 주목해야 할 경쟁우위는 '브랜드'이다.[6] 경쟁상대가 될 만한 강력한 브랜드가 등장할 가능성이 적은 기업은 매우 강력한 해자

6 대니얼 타운, 필 타운(2020), 『아빠와 딸의 주식투자 레슨』, 에프앤미디어, 191쪽.

를 가지고 있다고 볼 수 있다. 물론 업계에 가장 먼저 진입해 그 산업을 대표하는 브랜드가 된 경우도 브랜드 해자에 해당될 것이다.[7]

그럼, 어떤 기업이 브랜드 해자를 가지고 있을까? 필자는 코카콜라(KO)나 애플(AAPL)처럼, 어떤 산업과 브랜드가 동의어처럼 불리는 기업들이 브랜드 해자를 가지고 있다고 생각한다.

교체비용 해자 기업

두 번째로 브랜드 해자에 못지않게 중요한 경쟁우위는 '교체비용'이라고 생각한다. 고객이 경쟁제품(혹은 서비스)으로 갈아타기 매우 어렵거나 비용이 많이 들거나 과정이 번거롭다면, 이 기업은 매우 강력한 경쟁우위를 가진 것으로 보아야 하지 않을까?

필자는 마이크로소프트(MSFT)나 어도비(Adbe) 같은 기업들이 가장 먼저 떠오른다. 참고로 이들 기업의 주가도 코로나19 쇼크로 폭락한 바 있는데, 오프시장에서 온라인시장으로 바뀌는 세계적 흐름 속에서 매출 확대의 기회가 더 늘어날 가능성이 높다.

비밀 해자 기업

저가매수에 나서는 투자자들이 주목해야 할 세 번째 해자는 '비

7 종목 이름 뒤에 붙어 있는 알파벳은 미국 주식시장에서 거래할 때 사용되는 티커(주문 약칭)이다. 한국의 주식시장에서는 어떤 회사를 지칭할 때 숫자를 티커로 사용하는데, 예를 들어 삼성전자의 티커는 005930이다. 반면 미국 애플의 티커는 AAPL이다. 주식시장에 상장된 지 오래된 기업들은 하나 혹은 두 개의 알파벳으로 이루어진 티커를 가지고 있고, 최근 상장된 기업의 티커는 길다. 예를 들어 알리바바의 티커는 BABA이다.

밀(Secret)'이다. 즉, 기업이 가진 핵심적인 비밀을 경쟁기업이 모방하기 어려운 경우이다. 예를 들어 특허, 고유한 생산기술 등이 여기에 해당될 것이다.

가장 대표적인 사례가 바로 혁신적인 신약을 다수 보유한 글로벌 바이오 기업이다. 예를 들어 유나이티드헬스그룹(UNH)이나 화이저(PFE) 같은 기업들이 여기에 속할 텐데, 역시 마이크로소프트나 어도비처럼 코로나19 쇼크 당시 주가가 폭락했다.

비용 해자 기업

마지막으로 주목할 해자는 가격이다. 제품 및 서비스를 다른 기업보다 저렴하게 만들고 품질을 높일 수 있는 저비용 공급자이며 그 장점을 유지하는 기업이 여기에 해당된다. 가장 먼저 아마존(AMZN)이나 코스트코(COST)가 떠오르고, 한국의 삼성전자(005930)나 현대차(005380) 같은 기업들도 부분적으로는 이런 해자를 가지고 있을 것이다.

물론 이러한 네 가지의 기준을 만족하는 기업들만 '저가매수'를 하라는 이야기는 절대 아니다. 투자자들마다 정보 우위에 서 있는 산업들이 얼마든지 있을 수 있으며, 또 배당을 많이 지급하는 기업들을 좋아하는 투자자들도 얼마든지 있을 수 있기 때문이다. 따라서 필자가 이야기한 네 가지의 '해자'는 참고사항 정도로 받아들이기를 바란다.

5

중국의 부채위기가 터질 가능성은?

앞에서 미국 주식시장의 고평가와 회사채 문제 등을 살펴보았다. 여기에서 다음과 같은 의문이 제기될 수 있다.

"미국만 위험요인을 가진 것은 아닐 텐데, 미국 문제에만 집중하는 것은 아닐까?"

필자를 비롯한 상당수의 이코노미스트가 미국 경제에 대한 분석에 치중하는 이유는 두 가지 때문이다.

가장 직접적인 이유는 2000년과 2008년 등 세계적인 불황이 미국의 주식 및 부동산 시장의 폭락에서 시작되었기 때문이지만, 미국 관련 통계를 쉽게 구할 수 있다는 점도 분석자료가 쏟아지는 원인으로 작용했음을 부인할 수 없다.

이런 면에서 볼 때, 미국의 뒤를 잇는 거대국가인 중국의 경제에 대한 적절한 정보가 매우 부족하다.[8] 특히 2008년 글로벌 금융위기 이

8 중앙일보(2018. 2. 3.), "中 지방정부가 통계조작 고백하는 까닭은?".

후 중국의 기업부채가 폭발적으로 늘어나고, 최근 미중 무역분쟁이 심화되며 중국에서 '금융위기'가 발생할 것이라는 우려가 높아지고 있음을 감안하면 데이터에 대한 갈증이 더욱 심해진다. 이럴 때 대안이 되는 것이 바로 국제결제은행(BIS)의 데이터베이스이다.

다음의 그림은 미국과 중국, 그리고 한국의 명목GDP 대비 비금융 부문(정부+민간+기업) 부채의 비율을 보여준다. 3개국 모두 2010년대 중반 이후 부채의 급격한 증가세가 멈춘 것을 발견할 수 있다. 그리고 이는 최근 발표된 국제통화기금의 보고서 내용과도 일치한다.[9] 이처럼 국제결제은행의 글로벌 부채 데이터베이스는 한 나라의 부채가 명목GDP에 비교해 얼마나 많은지 보여주기에 꽤 유용하다.

미국과 중국, 그리고 한국의 국가부채 비율

자료: 국제결제은행(BIS)

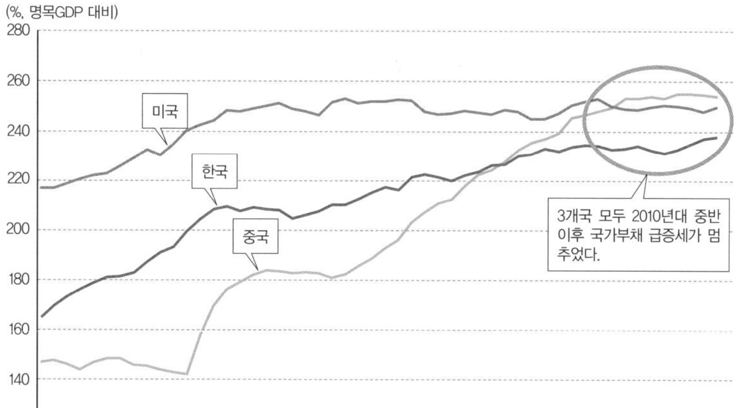

9 IMF(2019), "New Data on World Debt: A Dive into Country Numbers".

물론 이 통계도 100% 신뢰할 수는 없다. 중국이 제공한 원천 통계가 완전히 날조된 것이라면 이 데이터베이스 역시 신뢰할 수 없을 것이다. 따라서 중국 부채문제에 대한 분석은 어느 정도의 한계를 지니고 있음을 감안하고 볼 필요가 있다.

어떤 나라의 상황을 판단하기 위해서는 일단 '맥락'을 알아야 한다. 2008년 글로벌 금융위기 직전만 해도 중국의 부채 수준은 선진국에 비해 매우 낮은 편이었다. 금융시장 자체가 발달하지 못한 데다가 정부가 강력하게 규제한 탓이 컸다. 그러나 금융위기 이후 중국은 저성장 위험에 대응해 무려 4조 위안에 달하는 재정을 투입하며 부채가 늘어나기 시작했다.[10] 하지만 대대적인 경기부양 정책 덕분에 중국은 물론 세계 경제는 급격한 불황에서 벗어날 수 있었다. 그러나 이 과정에서 중국 경제에는 두 가지 문제가 발생했다.

중국의 기업부채 문제는 어떻게?

첫 번째 문제는 기업들이 예전보다 훨씬 더 보조금에 의지하는 모습을 보이고 있다는 점이다.[11] 여기서 말하는 보조금은 직접적인 자금도 포함되지만, 시장 균형 수준을 크게 밑도는 저금리로 무제한에 가까운 대출을 받을 수 있는 특권도 포함된다. 이런 보조금들이 무시할 수 없는 규모로 이루어졌다는 점에 주목해야 한다.

10 한국은행(2008. 11. 2.), "중국지도부, 경기부양에 더욱 적극적인 의지 표명".

11 NBER(2019), "Can a Tiger Change Its Stripes? Reform of Chinese State-Owned Enterprises in the Penumbra of the State".

다음의 그림에서 회색선은 중국의 국영기업이 부담하는 대출금리를 보여준다. 1998년 5%대였던 것이 2008년을 전후해서는 3%까지 내려갔다. 참고로 2008년 중국의 명목 경제성장률이 17.8%였다는 점을 감안하면 3% 대출금리는 대단한 특혜라고 할 수 있다.

예를 들어 소득 대비 주택가격비율(PIR)이 일정하다고 가정할 때, 주택가격은 소득 증가분만큼 상승할 것이다. 그리고 별다른 이유가 없다면, 1인당 소득은 명목 경제성장률만큼 늘어날 가능성이 높다. 왜냐하면 경제성장은 곧 기업의 매출 증가로 이어질 것이므로, 인력 수요가 그만큼 늘어나고 임금도 인상시켜줄 개연성이 높기 때문이다.

이런 상황에서 연간 소득이 17.8% 늘어나는 나라의 금리가 3.0%라면? 돈을 빌릴 수 있는 사람은 누구나 대박을 누릴 것이다. 왜냐하면 3%의 이자를 부담하고 돈을 빌려 주택을 구입할 경우, 주택가격은 17.8% 오르는 데다가 지렛대 효과도 누릴 수 있기 때문이다. 따라서

중국의 기업 유형별 대출금리 자료: 전미경제분석국(2019)

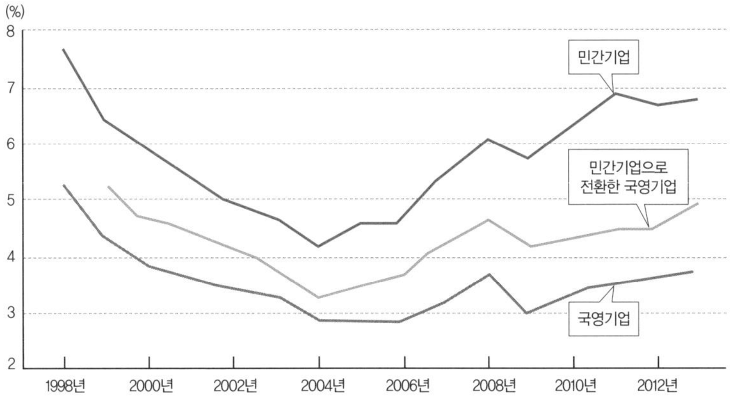

대출금리가 1인당 소득 증가(혹은 명목 경제성장률)에 비해 지나치게 낮을 때에는 강력한 '대출 수요'가 발생하기 마련이며, 시장경제 국가라면 금리는 17.8% 전후까지 상승할 것이다.

물론 중국에서는 금리가 정부에 의해 통제되기에 극소수의 국영기업들만 이 혜택을 누릴 수 있다. 그리고 이 혜택을 누리는 기업들은 이익을 극대화하기 위해 굳이 돈이 필요 없는 상황에서도 최대한 대출을 받기 위해 노력할 것이다. 따라서 경영은 필연적으로 방만해진다. 땅 짚고 헤엄치듯 돈을 손쉽게 벌 수 있는데, 비용을 절감하고 혁신적인 신제품을 개발하기 위해 애쓸 이유가 없기 때문이다.

미국 피터슨연구소의 니콜라스 라디 박사는 중국 국영기업들이 민간기업들에 비해 수익성이 형편없이 낮은 편이라고 지적한 바 있다.[12] 다시 말해, 민간에 비해 훨씬 낮은 금리로 무제한에 가깝게 자금을 조달할 수 있으면서도 돈벌이에는 영 재능이 없다는 이야기다.

실제로 다음의 그림을 보면, 중국 국영기업의 매출 대비 부채비율은 개선 징후가 뚜렷하지 않다. 국영기업이 10억 위안의 매출을 올리기 위해서는 무려 8억 위안의 부채가 필요한데, 민간기업들은 같은 매출에 3억 위안의 부채만 필요할 뿐이다. 즉, 중국 국영기업들은 저금리 대출에 길들여져 수익성을 개선시키려는 노력을 게을리함으로써 경제 전반에 '과잉' 부채의 위험을 일으키는 것으로 보인다.

물론 정책당국도 이 문제를 아예 방치했던 것은 아니다. 중국의

12 Nicholas Lardy(2019), "Markets Over Mao: The Rise of Private Business in China".

정책당국은 지난 2014년부터 부채문제에 대응하기 시작했는데, 첫 번째 조치가 지방 국영기업에 대한 대대적인 구조조정이었다.[13] 더 나아가 그림자 금융 시스템에 대한 대대적인 규제강화도 중국 국영기업의 방만한 경영이 가져올 위험을 반영한 조치였다고 볼 수 있다.[14]

미국의 대중 관세로 수출길이 막히는 문제는 어떻게?

그러나 중국 정책당국 입장에서 뜻밖의 사태가 있었으니 바로 미국과의 '무역분쟁'이다. 2008년부터 시작된 적극적인 경기부양 정책, 대대적인 보조금 지급 덕분에 경기가 회복되고 기업들의 경쟁력(및 외형)이 개선된 것까지는 좋았지만, 대신 미국이라는 최대 고객의 심기를

중국의 기업 유형별 매출 대비 부채비율

자료: 전미경제분석국(2019)

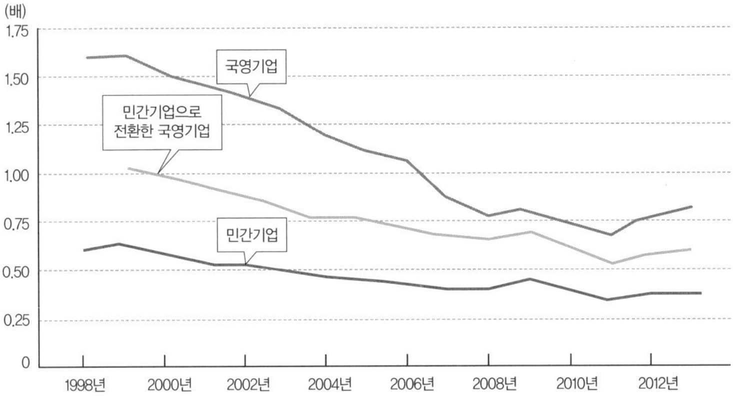

13 한국은행(2014. 10. 17.), 「중국 국무원의 지방정부 부채관리 강화방안과 시장평가」.

14 한국은행(2014. 4. 8.), 「중국경제의 레버리지 현황과 금융안정 리스크 점검」.

거스르게 된 것이다. 2018년부터 무역분쟁의 강도가 높아진 직접적인 원인은 트럼프 대통령의 당선에 있겠지만, 중국의 빠른 성장에 대한 미국의 경계심도 큰 영향을 미친 것으로 보인다.

예를 들어 2018년 8월 3일 미국 의회는 외국인 투자가 국가안보에 위협이 되는지를 심사하는 기구인 외국인투자심의위원회(CFIUS)를 통해 미국 내 중국 투자에 대한 심사를 강화하고, 미국 기업들의 핵심 수출을 통제하기로 결정한 바 있다. 또 ZTE, 화웨이 등 중국의 통신 기업이 미국의 정부 조달에 참여하는 것을 원천 배제하지는 않았지만 국가안보 위협을 이유로 제한할 수 있도록 규정했다.[15] 다시 말해 최근 중국에 대한 관세부과를 주도하는 것은 트럼프 대통령이지만, 미국 의

중국에 대한 3차례 관세부과 후의 대미 수출 변화 자료: 국제통화기금(IMF, 2019)

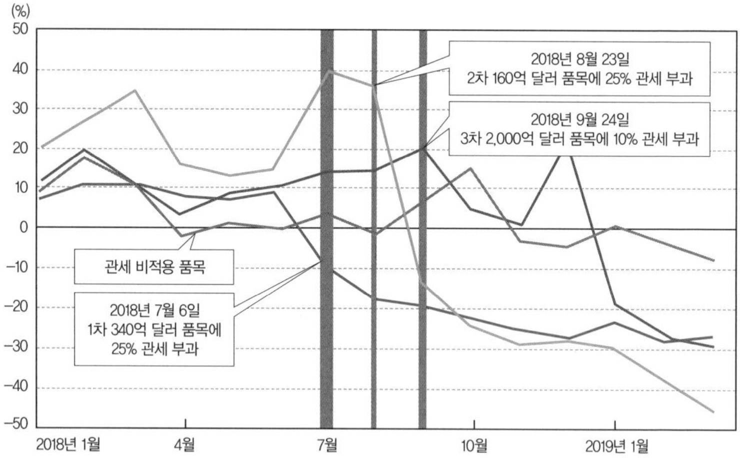

15 중앙일보(2018. 8. 3.), "미국 의회 '중국 림팩 참가 금지, 화웨이·ZTE 기술 미국 내 거래 제한'".

회 역시 이를 지지하고 있음을 알 수 있다. 야당인 민주당마저 중국에 대한 경제제재에 동의하는 이유는 중국 기업이 자국 정부의 지원을 등에 업고 몇몇 산업에서 위협적인 경쟁자로 부각되었기 때문이다.

미국 무역대표부(USTR)가 2017년 8월부터 조사한 결과를 담은 보고서의 내용은 이런 관측을 뒷받침한다. 이 보고서에 따르면 중국은 합작법인 설립 요구사항, 외자기업 투자규제, 특허사용 계약절차 등을 통해 미국 기업에 기술이전을 강요했다고 한다. 예를 들어 전기차 배터리 등 주요 기술에 대한 지식재산권을 중국 내 합작법인이 보유하도록 관련 요건을 규정하는 식이었다.[16]

그런데 중국은 다른 수많은 기술을 놔두고, 왜 전기차 배터리 기술 습득에 노력했을까? 그 이유는 바로 중국의 자동차산업 육성정책이 사실상 실패했기 때문이다.

> 중국은 자국의 자동차시장을 일찍부터 해외 기업에 개방했다. (중략) 하지만 이와 동시에 다른 국가에서는 보기 드문 강력한 통제책을 동반했다. 해외 기업이 반드시 현지 회사 파트너와 지분을 나누도록 한 것이다. (중략)
>
> 중국 정부는 낙후된 중공업 기반을 빠른 속도로 개선하기 위해 자동차산업을 육성해야 하는데, 자국 자동차산업이 스스로 성장하기를 기다리기에는 시간이 없다고 판단했던 것이다. (중략) 하지만 기대는

16 연합뉴스(2018. 3. 23.), "관세폭탄 빌미된 중국 '기술도둑질' 살펴보니".

실망으로 바뀌었다. 자동차산업을 외국 기업에 개방한 지 20년이 넘은 지금 중국의 자동차산업 정책은 대체로 실패한 것으로 평가된다.[17]

어쩌면 당연한 일이다. 나중에 언제든지 경쟁자로 돌아설 수 있는 위험을 내포한 중국 파트너에게 순순하게 기술을 넘길 해외 합작사가 있을 리 없다. 이런 상황에서 중국 정책당국은 대기오염 문제도 해결할 겸, 차세대 산업이라는 특성 때문에 아직 '절대적인 강자'가 존재하지 않는 전기차 분야에 집중하기로 결정했던 것이다.

물론 이 전략은 매우 타당했다. 다만 전기차와 드론, 그리고 5세대 이동통신 등의 산업은 미국도 매우 중시하고 있다는 점을 잠시 잊었을 뿐.

이상의 내용을 정리해보면, 중국은 기업부채 문제가 아직 해결되지 않은 상황에서 미국의 대중 관세로 수출길이 막히는 이중고를 겪고 있다고 볼 수 있다.[18]

17 이필상(2018), 『아시아 투자의 미래』, 미래에셋은퇴연구소, 215~217쪽.

18 IMF(2019), "The Impact of US-China Trade Tensions".

6

중국 주식시장 투자할 만할까?

"중국은 앞으로 어떻게 될까?" 이 질문에 쉽게 답할 수 있는 이코노미스트는 아무도 없겠지만, 현 시점에서 볼 때 중국이 단기간(1~2년) 안에 큰 위기를 겪을 것 같지는 않다. 왜냐하면 2020년부터 '내수경기를 부양하는 한편, 부실한 국영기업의 구조조정을 추진'할 가능성이 높기 때문이다.

이상과 같은 정책 집행 가능성을 높게 보는 이유는 중국이 아직 여력을 보유하고 있기 때문이다.

다음의 그림은 중국의 정부 · 기업 · 가계의 GDP 대비 부채비율을 보여준다. 그림에서 보듯, 중국 정부 및 민간 부문의 부채 수준은 매우 낮은 편에 속한다. 즉, 기업들에 구조조정을 강요하더라도 경기가 급격히 악화될 위험은 낮다는 이야기다. 구조조정 과정에서 실업자가 늘어날 위험이 있지만, 대신 가계대출을 늘려 부동산 경기를 부양하고, 정부가 다양한 재정지출 사업을 벌려 실업자를 흡수하면 큰 문제가 될 가능성은 높지 않다고 본다.

중국의 정부·기업·가계의 부채비율 자료: 국제결제은행(BIS)

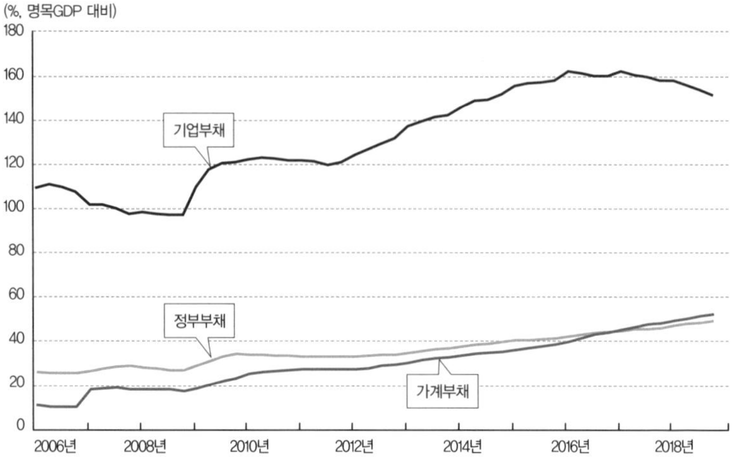

앞으로 중국 부동산시장은 어떨까?

일부에서 중국의 부동산 가격이 '거품' 수준이라고 지적하지만, 과거에 비해 오히려 안정된 면이 있다.

명목GDP 대비 가계부채 기준으로 보면, 한국은 100%를 이미 넘어선 반면, 중국은 이제 50% 전후 수준에 도달한 데 불과하다. 더 나아가 선전이나 상하이 등 연안 핵심지역의 부동산 가격이 급등한 것은 사실이지만, 3선 혹은 4선 도시 등 내륙지역 주요 도시의 부동산 가격은 지난 10여 년간 소득 증가율을 따라가지 못하고 있는 수준이다.

물론 선전 등 해안지역의 대도시 주택가격은 분명 소득수준에 비해 높은 편임에 분명하다. 다만 전국 기준으로 볼때, 1인당 소득의 증가가 부동산 가격의 상승속도를 추월하는 등 '전국적 버블'의 위험이

중국의 주택가격과 가처분소득

자료: 중국경제데이터베이스(CEIC)

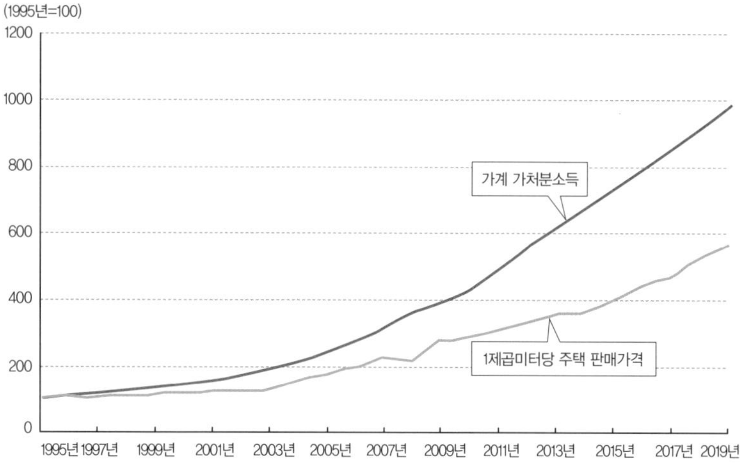

낮아진 것으로 보인다.[19]

앞으로 중국 주식시장은 어떨까?

중국 경제는 코로나19 쇼크를 가장 먼저 받은 만큼, 어쩌면 가장 빨리 회복되는 행운을 누릴 것으로 보인다. 특히 시장 참가자들이 기대하고 있는 중국 정부의 경기부양 정책 규모가 2009년의 4조 위안 수준을 크게 넘어설 것으로 보는 만큼, 중국이 새로운 경제위기의 진앙지가 될 가능성은 높지 않다고 본다.

다만, 앞서 미국 주식시장의 사례에서 이야기했던 것처럼, 호황 중

19 NBER(2015), "Demystifying the Chinese Housing Boom".

에 가려져 있던 '숨겨진 치부'가 드러날 위험은 여전히 남아 있는 것으로 보인다. 어디가 가장 유력한 후보일까?

관측자마다 의견이 다르겠지만, 필자는 지방정부 소유의 금융기관이나 기업이 가장 걱정된다. 중앙정부 소유의 금융기관이나 기업은 국가 전체의 시스템에 결정적 영향을 미치므로, 중앙정부가 재정을 적극적으로 투입하며 문제를 해결할 가능성이 높다. 그러나 지방정부 소유의 금융기관과 기업은 정보도 제대로 공개되지 않을 뿐만 아니라, 지방정부의 대응능력도 제약된다는 측면에서 앞으로 상당한 문제를 일으킬 것으로 예상된다.

필자는 이런 판단으로 인해 중국 주식시장에 대해 상대적으로 보수적인 견해를 2015년부터 지속하는 중이다. 위안화 평가절하에 대한 위험이 사라지지 않는 데다가(중국이 위안화 평가절하로 무역갈등에 대응했던 것을 잊지 말자), 회계 및 경제지표의 투명성이 너무 낮은 수준을 유지하고 있기 때문이다. 따라서 중국 금융시장은 '글로벌 금융시장'에서 차지하는 비중 이상으로 접근하기는 어렵다고 본다.

한 걸음 더

장단기금리 역전, 불황의 신호탄으로 간주되는 이유는?

지난 2018년 미국의 장단기금리 차(10년물 금리 - 3개월물 금리)가 마이너스를 기록하자, 금융시장에 일대 혼란이 일었다.

일반적으로는 단기금리보다 장기금리가 높은 것이 정상이다. 그럴 수밖에 없는 것이, 돈을 3개월간 빌려줄 때보다 10년간 빌려줄 때 돌려받지 못할 위험이 크므로 위험수익률이 더 높기 마련이다. 예를 들어 3개월 만기 예금의 금리는 1.5%인데 3년 만기 예금은 1.8%인 식이다.

장단기금리 역전이란 단기금리가 오히려 장기금리보다 더 높아지는 이상현상을 말한다. 2018년 당시 장단기금리 역전현상이 시장에 충격을 준 이유는 바로 이것이 '가장 강력한 경기선행지수'이기 때문이다.

다음의 그림은 미국의 장단기금리 차를 보여준다. 그런데 단기금리가 오히려 장기금리보다 더 높아진 이후, 즉 장단기금리 역전현상이 나타난 이후 불황이 출현할 가능성이 높아졌다.

이 대목에서 한 가지 궁금증이 생긴다.

"왜 장단기금리가 역전될 때, 불황이 출현할까?"

장단기금리가 역전될 때, 왜 불황이 출현하는가?

가장 직접적인 원인은 경제활동참가자들의 기대 변화에 있다.[20]

먼저 소비자들의 지출을 결정짓는 요인에 대해 잠깐 살펴보자. 소비자들의 현재 지출에 가장 큰 영향을 미치는 것은 현재 소득이겠지만, 미래 소득에 대한 전망도 영향을 미칠 것이다. 그런데 대다수가 '지금은 경기가 나쁘지만, 앞으로는 좋아질 것'이라고 생각한다면 어떤 일이 벌어질까?

다수가 낙관적인 전망을 공유한다면, 현재의 소비지출은 늘어나고 저축률이 둔화되며 시장의 장기금리는 상승할 것이다. 결국 장기금

미국의 장단기금리 차(10년물 금리 – 3개월물 금리) 추이 자료: 세인트루이스 연방준비은행

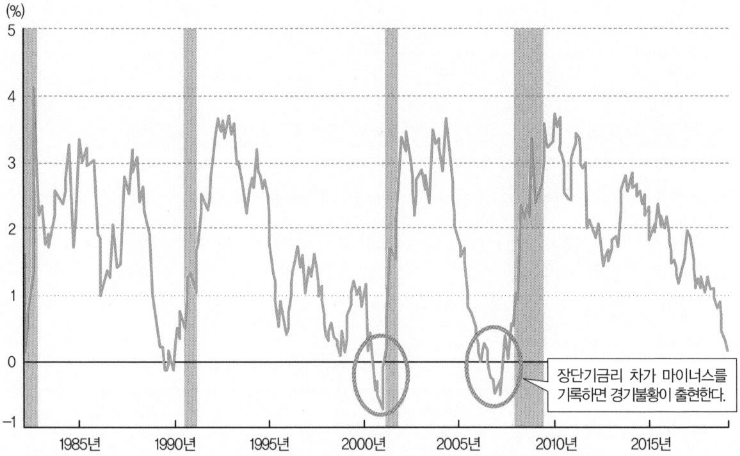

• 음영으로 표시된 부분은 전미경제분석국에서 불황으로 판정한 시기.

20 St. Louis Fed(2018. 11. 30.), "Does the Yield Curve Really Forecast Recession?".

장단기금리 차가 역전되면 은행들은 대출을 옥죄게 된다. 사진은 미국 금융기관이 밀집해 있는 월스트리트.

리는 향후 먼 미래의 경제성장에 대한 사람들의 기대를 반영하며, 반대로 단기금리는 지금 당장의 경기여건에 대한 기대를 반영한다고 볼 수 있다. 따라서 장단기금리가 역전된다는 것은 '현재보다 미래의 소비가 둔화될 것'이라는 신호로 해석할 수 있다.

이 해석도 흥미롭지만, 장단기금리 역전이 불황을 유발하는 면이 있다는 주장도 있다.[21] 은행의 수익은 대출과 예금의 만기 '차이'에 영향을 많이 받는데, 평균적으로 은행의 대출은 만기가 긴 반면 예금은

21 St. Louis Fed(2018. 12. 27.), "Can an Inverted Yield Curve Cause a Recession?".

만기가 짧은 경향이 있다. 결국 은행은 만기가 짧은 부채(=예금)를 이용해 만기가 긴 대출을 운용함으로써 돈을 벌고 있는 셈이다.

따라서 은행들은 예금금리(단기금리)에 비해 대출금리(장기금리)가 더 크게 상승할 때 수익을 더 많이 올리게 된다. 그런데 단기금리가 오히려 장기금리에 비해 더 빠르게 상승하면, 예금을 유치하는 데 더 많은 이자를 주어야 하니 수익이 줄어들게 된다. 특히 장단기금리 차가 역전되어 단기금리가 오히려 장기금리에 비해 높으면 은행들의 수익성은 급격히 악화될 수밖에 없다. 그리고 은행들은 이런 환경변화에 어떻게든 대응하려고 들 것이다.

다음의 그림은 미국의 장단기금리 차와 은행들의 대출 심사 '강화' 여부를 보여준다. 여기서 음영으로 표시된 부분은 전미경제분석국

미국의 장단기금리 차와 은행의 대출 심사 태도 자료: 세인트루이스 연방준비은행

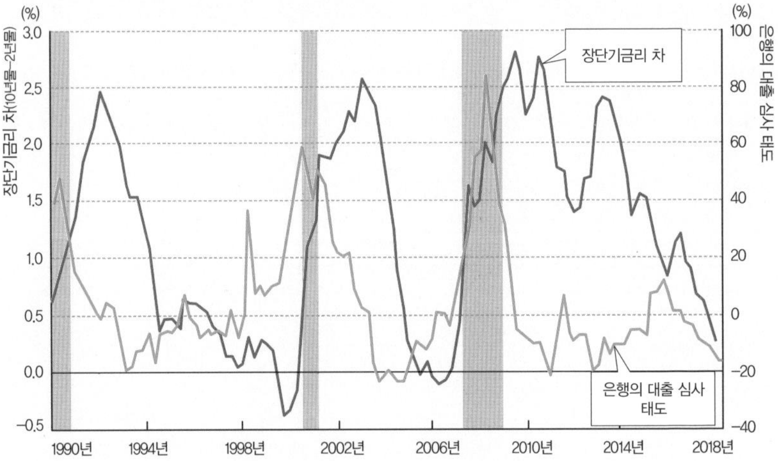

• 음영으로 표시된 부분은 전미경제분석국에서 불황으로 판정한 시기.

이 불황으로 판정한 시기이다. 그림을 보면 장단기금리가 역전될 때마다 은행들의 대출 심사가 강화되고, 이것이 다시 경기둔화로 이어지는 것을 볼 수 있다.

참고로 여기서 대출 심사의 강화 여부는 매 분기 미국 연준이 은행들의 대출 심사 담당자를 대상으로 진행하는 설문조사의 응답 내용을 계산한 것이다. '대출 태도를 강화하겠다'고 대답한 담당자의 비율에서 '대출 태도를 완화하겠다'고 답한 담당자의 비율을 빼면, 대출 심사의 강화 여부를 판단하는 척도가 될 수 있다. 다시 말해, 그림에서 은행의 대출 태도를 보여주는 파란선이 플러스를 기록하고 상승 쪽으로 바뀐다는 것은 대출 태도가 강화된다는 것을 의미한다.

은행들의 대출 심사가 강화되면 경제에 직접적 영향을 미친다. 기업이나 가계가 대출을 받기 힘들어지고, 더 나아가 대출 자체가 얼어붙기 시작하면 경제의 활력이 떨어지게 된다. 기업은 대출을 받지 못하면 신규 투자 프로젝트를 접을 수 있으며, 가계는 대출을 활용해 더 큰 집으로 이사를 가려던 계획을 접을 것이고, 이는 모두 경제성장 탄력의 둔화로 이어진다.

이상의 분석을 통해 볼 때, 장단기금리 역전이 경기불황에 대한 좋은 예측 변수라는 것은 분명해 보인다.

10

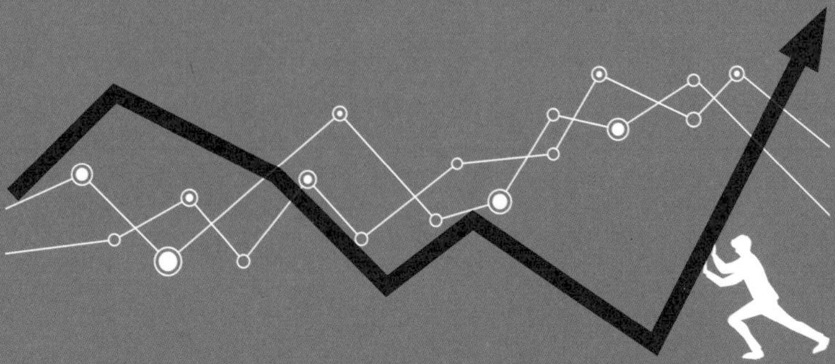

시나리오별 자산배분 전략

1장부터 9장까지의 이야기를 되돌아보면, 저물가·저금리 국면이 계속될 가능성이 높고, 이는 자산시장의 지형에 새로운 변화를 가져올 것이라는 주장으로 귀결되는 듯하다. 무엇보다 저물가·저금리 구조가 지속되는 데다가, 한국 등 주요국 정부가 적극적인 재정지출 확대정책을 펼 가능성이 높기 때문이다. 따라서 투자자들은 변화된 환경에 발맞춰 적절한 자산배분 전략을 실행에 옮기는 것이 바람직할 것으로 보인다.

10장에서는 세 가지 포트폴리오 전략을 제시할 것이다. 굳이 여러 가지의 대안을 제시하는 이유는 두 가지 이유 때문이다.

먼저 자기 집이 있는 투자자라도 저금리 환경에서 노후를 설계하기 위해서는 적절한 자산배분을 통해 투자할 필요가 있다. 따라서 이들에게 적절한 자산배분 전략을 소개한다. 또한 아직 주택을 보유하지 못한 이들은 자신에게 적합한 자산배분 전략을 통해 투자에 필요한 종잣돈을 마련할 수 있을 것이다. 이처럼 각자 처해 있는 입장마다 다양한 자산배분 전략이 필요하다.

여기서는 개인들도 손쉽게 따라할 수 있는 자산배분 전략을 소개한다. 세계 3대 연기금(노르웨이 석유기금, 한국 국민연금, 일본 국민연금)의 자산배분 전략을 벤치마크한 포트폴리오가 바로 그것이다.

1

장기간 버틸 수 있는 2030이라면, 노르웨이 연기금처럼!

부자 나라가 되는 세 가지 방법

모든 나라가 부유해지는 세상이 언젠가는 오겠지만, 아직까지는 세계적으로 빈부격차가 극심하다. 또한 어느 나라나 부유한 나라가 되고자 하겠지만, 안타깝게도 부자 나라가 되는 방법은 세 가지밖에 없다.

첫째, 미국이나 영국처럼 생산성을 끊임없이 향상시킴으로써 부유해지는 것이다. 한국과 일본, 그리고 독일 등이 이 부류에 속한다. 이 나라들은 세계 특허 보유국 중 상위권을 차지하고 있으며, 끊임없이 투자를 함으로써 추격자를 뿌리치려고 애쓴다. 특히 한국은 집중적인 교육투자를 통해, 그리고 미국은 세계의 뛰어난 인재를 집중 유치함으로써 끊임없이 혁신을 주도하고 있다.

둘째, 부자 나라 옆에 터를 잡는 것이다. 대표적인 경우가 남유럽의 몇몇 나라들이다. 이들은 세계적인 혁신산업을 주도하지는 않지만, 1인당 국민소득 기준으로 2만 달러, 혹은 그 이상 수준을 유지하고 있다. 이들이 부유해진 이유는 '지리적 조건' 때문이다. 부유한 이웃들이 쉬러 오거나, 혹은 옆의 부자 나라가 상대적으로 낮은 임금을 이용하기 위해 이들 나라에 투자함으로써 부유해진다.

마지막 방법은 이른바 '노다지가 터지는' 것이다. 카타르나 브루나이처럼 천연가스 및 귀금속이 다량으로 묻혀 있다면 부유한 나라가 될 수 있다. 그러나 이런 나라들은 대신 '네덜란드 병'이라는 대가를 치르는 경우가 종종 있다.

네덜란드 병이란 1950년대 후반 북해에서 대규모 유전(및 천연가스)이 발견된 이후, 네덜란드 경제가 에너지 등 극히 일부 산업을 제외하고 경쟁력을 잃어버린 현상을 말한다. 즉, 경제가 감당할 수 없는 수준의 횡재를 한 경우 오히려 만성적인 불황에 접어드는 일이 비일비재하다는 이야기다.

그런데 노다지가 터졌는데도 이 돈을 한푼도 건드리지 않고 미래를 위해 보존하고, 심지어 잘 운용하는 나라가 있다. 바로 세계 최고의 부국 노르웨이다.[1] 노르웨이는 북해 유전 개발로 엄청난 부를 손에 넣었지만, 이 돈을 국내에 들여오지 않고 전액 해외에 운용하기로 결정했다.

> 훗날 에코피스크라고 불리게 된 이 유전은 1971년 생산에 들어가 지금까지 약 6억 5,000만 SCM(Standard Cubic Meter)으로 환산되는 양의 원유를 생산했다. (중략) 이 유전을 발견한 지 35주년을 맞아 그 가치

1 CIA에 따르면, 세계에서 가장 부유한 나라는 유럽에 위치한 작은 나라 리히텐슈타인이고, 그다음은 룩셈부르크이다. 그러나 이들 나라 대부분이 아주 작은 도시국가이거나 혹은 조세 피난처 역할을 하고 있어, 실질적으로는 노르웨이가 세계에서 가장 부유한 나라라고 할 수 있다.

노르웨이 수도 오슬로의 증권거래소.

를 따져본 결과 약 1,500억 유로(약 192조 원)로 추산되었다. 노르웨이 국민 1인당 3만 7,000유로(약 4,800만 원)에 달하는 수치다.[2]

노르웨이는 이 막대한 자금을 국민들에게 나누어줄 수도 있고, 또 정치가들이 거대한 프로젝트를 시작할 수도 있었지만 이를 쓰지 않고 미래를 위해 저축하기로 결정했다. 원유 판매로 들어오는 수입을 해외에 바로 투자함으로써 노르웨이 크로네화의 가치가 미국 달러 등

2 클레멘스 봄스도르프(2019), 『노르웨이처럼 투자하라』, 미래의창, 35~37쪽.

주요 통화에 대해 상승하는 것을 막는 한편, 석유가 고갈된 이후의 상황에 대비할 힘을 비축할 수 있었다.

이에 대해 노벨경제학상 수상자인 조지프 스티글리츠 교수는 "천연자원을 여러 세대에 도움이 되는 방식으로 투자하는, 현명한 대책을 제시하고 있는 노르웨이는 경탄을 받아 마땅하다"라고 칭찬을 아끼지 않는다.[3]

참으로 지혜로운 행동이 아닐 수 없다. 그러면 노르웨이는 어떻게 이 자금을 운용하고 있을까?

노르웨이는 막대한 석유기금을 어떻게 운용할까?

노르웨이 석유기금(GPFG)은 기본적으로 주식 비중을 60%, 혹은 그 이상 수준으로 가져간다. 심지어 2008년 글로벌 금융위기 같은 극단적 위기가 찾아왔을 때에도 이 원칙은 변하지 않았다고 한다.

> 2007년에 다시 한 번 커다란 발전이 있었다. 석유기금의 주식 비중을 최대 60%까지 높이기로 한 것이다. 물론 주식 비중이 대대적으로 높아진 것은 2008년부터였다. 그해는 주식시장이 폭락한 해였기에 주식과 관련된 기회와 위험을 제대로 살펴보기에 제격이라고 할 수 있다. (중략)
>
> 노르웨이는 글로벌 금융위기에도 불구하고 60%라는 주식의 목표 비중을 포기하지 않고, 다른 투자자들이 주식을 내다팔고 있을

3 클레멘스 봄스도르프(2019), 앞의 책, 39~40쪽.

때에도 계속해서 사들였다. 가격은 엄청나게 떨어졌고, (중략) 2009년 초까지 끝 모를 하락세가 이어졌다. (중략) 2008년 말 49.6%이던 주식 비중은 2009년 말 62.4%까지 높아졌다. 결과적으로 석유기금은 2008년 엄청난 손실을 보았으나 2009년에는 그 손실을 상쇄하고도 남을 만한 막대한 수익을 거두었다.[4]

노르웨이 석유기금은 이상과 같은 일관된 운용전략을 실행한 결과, 1998년 이후 연 평균 6.4%라는 놀라운 성과를 기록할 수 있었다. 특히 주식시장의 수익률이 급등락하는 것과 달리, 노르웨이 석유기금의 수익률은 상대적으로 안정적이다. 가장 대표적인 예가 2000년으로, 당시 정보통신 거품이 붕괴되며 독일의 주가지수는 7.5% 하락했지만, 노르웨이 석유기금의 수익률은 +2.5%를 기록했다.

놀라운 성과가 어떻게 가능했을까?

노르웨이 석유기금의 놀라운 성과는 주식과 채권에 적절히 분산투자를 하고 있기 때문이다. 2000년처럼 주식시장이 침체되어 있을 때에는 채권투자에서 손실을 만회하고, 반대로 시장금리가 상승하는 시기에는 주식투자에서 채권투자의 손실을 만회해줌으로써 안정적인 성과를 달성할 수 있었던 것이다.

노르웨이 석유기금의 성공신화는 한국의 2030세대에게도 꽤 유

4 클레멘스 봄스도르프(2019), 앞의 책, 62~63쪽.

노르웨이 석유기금의 운용 규모 및 자산배분 추이

자료: 노르웨이 석유기금 연차보고서

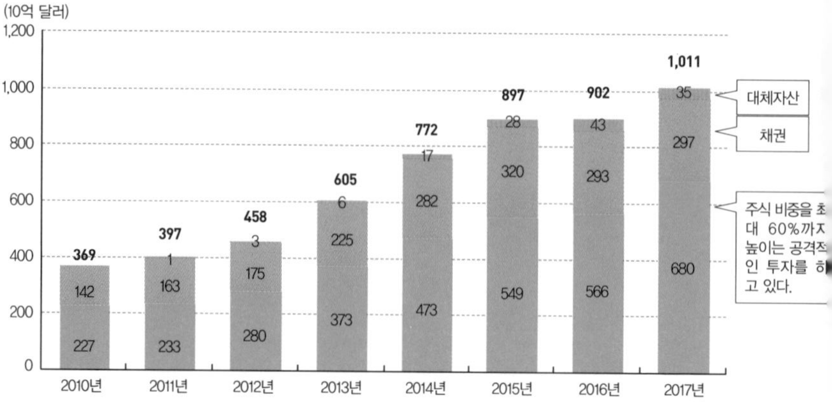

용한 투자 팁을 제공한다. 한국뿐만 아니라 글로벌 주식에 공격적으로 투자(70% 내외)하고, 나머지를 채권에 적절히 분산투자를 함으로써 높은 성과를 누릴 수 있음을 입증했기 때문이다.

물론 이 전략은 한국의 5060세대에게는 부담스러울 수 있다. 왜냐하면 주식투자 비중이 워낙 높기 때문에 2008년, 또는 2020년처럼 글로벌 주식시장이 부진한 시기에는 큰 손실을 입을 위험도 있기 때문이다. 따라서 이 전략은 앞으로 자산시장을 낙관하거나, 또는 아직 투자기간이 많이 남아 있는 2030세대에게 적합한 것으로 보인다.

한 걸음 더

낙관적 투자자, 2030세대를 위한 노르웨이 석유기금 포트폴리오 따라하는 법

한국 투자자가 노르웨이 석유기금(GPFG)의 자산배분 전략을 활용할 방법이 없을까 고민하다가 다음과 같은 표를 구성할 수 있었다. 투자의 아이디어는 한국 주식시장에서 누구나 손쉽게 살 수 있는 상장지수펀드(ETF)들로 노르웨이 석유기금의 자산배분 전략을 따라함으로써 같은 투자효과를 보려는 것이다. 그리고 그에 맞는 ETF 상품도 추천했다.

노르웨이 석유기금 자산배분 vs. 추종 포트폴리오

노르웨이 석유기금 (GPFG)		한국인을 위한 추종 포트폴리오		
구분	비중	구분	비중	추천 ETF
주식	62%	선진국 주식	31%	KODEX 선진국 MSCI World
		신흥국 주식	31%	ARIRANG 신흥국 MSCI(합성 H)
채권	36%	선진국 채권	18%	TIGER 미국채 10년 선물
		신흥국 채권	18%	KOSEF 국고채 10년
대체자산	2%	원자재(골드)	2%	KODEX 골드선물(H)

노르웨이 석유기금의 포트폴리오를 따라하려면, 한국 주식시장에서 추천한 ETF를 추천 비중만큼 사면 된다.

• 추종 포트폴리오는 노르웨이 석유기금의 2010~17년 배분 비중의 평균값이다.

한국 주식시장의 ETF 투자로 노르웨이 석유기금 따라하기

먼저 앞의 표에서 왼쪽은 노르웨이 석유기금의 포트폴리오이다. 표에서 보듯, 이 기금은 주식에 자산의 62%, 채권에 36%를 투자하고, 나머지 2%는 대체자산에 투자하고 있다.

필자는 우선 62%의 비중을 차지하는 주식 부분은 선진국과 신흥국 주식의 비중을 5:5로 나누어, 선진국 주식 ETF로는 'KODEX(코덱스) 선진국 MSCI World'를, 신흥국 주식 ETF로는 'ARIRANG(아리랑) 신흥국 MSCI(합성 H)'를 각각 금융자산의 31%씩 담는 것으로 포트폴리오를 만들었다. 즉, 금융자산 1억 원으로 이 포트폴리오를 추종한다면, 전체 주식 투자금을 6,200만 원으로 하고 그중 3,100만 원은 선진국 주식시장에 투자하기 위해 'KODEX 선진국 MSCI World' ETF를 사고, 나머지 3,100만 원으로는 'ARIRANG 신흥국 MSCI(합성 H)' ETF를 사서 신흥국 주식시장에 반을 투자하는 것이다.

금융자산의 36%를 투자하는 채권 부분에서 선진국 채권과 신흥국 채권의 비중은 각각 18%씩이다. 선진국 채권에 투자하는 ETF로는 한국의 주식시장에서 쉽게 살 수 있는 'TIGER(타이거) 미국채 10년 선물'을 추천하고, 신흥국 채권으로는 한국의 국고채에 투자하는 'KOSEF(코세프) 국고채 10년' ETF를 추천한다.

노르웨이 석유기금은 자산의 2%를 석유, 금, 농산물, 기타 원자재 등 대체자산에 투자하고 있다. 그런데 한국의 주식시장에는 대체자산에 투자하는 ETF가 부족하다. 그래서 금(골드선물)에 투자하는 포트폴리오를 짜고, 관련 ETF로 'KODEX(코덱스) 골드선물(H)'을 추천했다. 대세에는 큰 지장이 없는 것으로 보인다.

앞에서 소개한 자산배분 전략으로 2010~19년에 투자했다면 연 6.4%의 수익률을 올렸을 것이다. 2019년 예금금리가 1.5~2.5% 정도가 많았음을 감안하면 은행 예금보다 대략 3~4배 높은 수익을 올릴 수 있었던 셈이다. 기간을 2001~19년으로 넓혀도 연 평균 4.8%의 수익이니 탁월한 투자법이라고 할 수 있다.[5]

노르웨이 석유기금의 추종 포트폴리오는 간명할 뿐만 아니라 수익률도 높다는 점에서 큰 장점이 있지만, 한 가지 약점도 가지고 있다. 그것은 변동성이 꽤 크다는 것이다. 특히 직전 고점 대비 최대낙폭(MDD)이 23%에 이른다. 다시 말하면 최악의 경우 수익률이 갑자기 23% 떨어질 수도 있다는 이야기다.

2001년 이후 노르웨이 석유기금 추종 포트폴리오 및 관련 ETF의 성과

5 이는 연 평균 수익률의 평균이며, 연 환산 복리 수익률(CAGR) 기준으로는 4.4%이다.

노르웨이 석유기금 추종 포트폴리오의 수익률과 위험

2001. 1~ 2019. 12	KODEX 선진국 MSCI World	ARIRANG 신흥국 MSCI(합성 H)	TIGER 미국채 10년 선물	KOSEF 국고채 10년	KODEX 골드선물(H)	포트폴리오
기간수익률	62%	41%	75%	111%	235%	82%
연수익률(ret)	3%	2%	4%	6%	13%	4.4%
연변동성 (std)	13%	16%	13%	7%	21%	7.3%
최대낙폭 (MDD)	43%	55%	27%	10%	42%	23%

고점 대비 최
폭이 큰 편이

이런 문제가 발생하는 이유는 결국 이 전략의 주식 보유 비중이 높기 때문이다. 주식 보유 비중이 높으면 이를 상쇄하기 위해 대체자산이라도 보유해야 하는데, 노르웨이 석유기금은 운용에 투입되는 제반 비용(수수료 및 거래비용 등)을 줄이기 위해 주식과 채권이라는 저비용 상품에 집중했기에, 직전 고점 대비 최대낙폭이 크다는 문제를 가지고 있는 셈이다.

이 문제를 어떻게 해결해야 할까?

최대낙폭이 큰 문제를 어떻게 해결할까? — 리밸런싱 전략

최대낙폭이 큰 문제를 해결하려면, 주식과 채권의 투자비중을 조절하는 것도 한 가지 방법이겠지만, 가장 우선적으로 해야 할 것은 바로 리밸런싱(Rebalancing)이다. 리밸런싱이란 간단하게 말해 주식과 채권 등 핵심 자산에 대한 배분 비율을 일정 수준에서 관리하는 것, 즉 자산의 편입 비중을 재조정하는 것을 말한다.

예를 들어 A씨가 주식과 채권에 50 대 50의 비중으로 투자하고 있었다면, 2020년 3월 초의 주식시장 폭락 속에서 비중이 40 대 60으로 바뀌었을 것이다. 주식가격은 급락한 반면 채권가격은 폭등했을 것이기 때문이다(주식시장이 급락하고 정책금리가 내리면, 기존에 금리가 높았던 시기에 발행된 채권의 가격은 급등한다). 이때 자산 중에서 채권의 10%를 처분해서 이 돈으로 다시 주식을 10%포인트만큼 매수하여 자산의 비중을 50 대 50으로 맞추는 식으로 재배분하는 것이 바로 리밸런싱이다.

리밸런싱을 하게 되면 대체로 수익률이 개선된다. 왜냐하면 가격이 많이 오른 자산을 매도해서 가격이 많이 빠진 자산을 매집하는 일종의 '역발상 투자'를 실행에 옮겼기 때문이다.

역발상 투자의 주의할 점

물론 자산가격의 변화 방향이 반대로 움직이는 자산에 투자했을 때에만 리밸런싱의 효과가 나타난다. 예를 들어 한국 주식과 미국 주식에 50 대 50의 비중으로 투자했다면, 이 투자자는 리밸런싱을 할 수가 없었을 것이다. 왜냐하면 2020년 3월 초 미국과 한국 주식 모두 30% 이상 폭락했기에, '가격이 오른 자산을 많이 매도해 저평가된 자산을 매입한다'는 원칙을 지킬 방법이 없기 때문이다.

리밸런싱 전략의 효과는 어떨까?

다음의 그림은 1871년 이후 미국 주식과 채권에 50 대 50으로 투자한 경우의 성과를 보여준다. 주식과 채권을 한번 편입한 다음 그 뒤에 지속적으로 보유만 한 경우(바이앤드홀드 전략, 매수 후 보유 전략), 그리고 주식과 채권의 보유 비중을 50 대 50으로 유지(리밸런싱 전략)한 경우의 성과를

1871년 100달러를 주식/채권 50 대 50으로 투자한 경우의 성과

자료: 제레미 시겔 교수 홈페이지, 세인트루이스

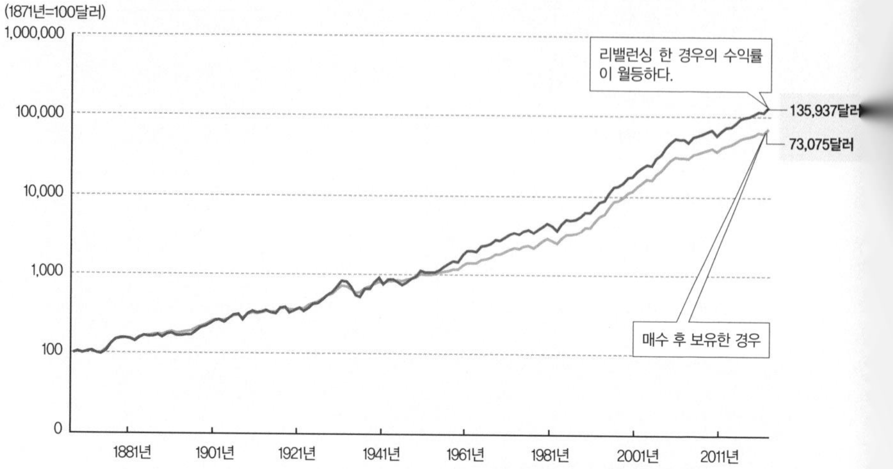

비교한 것이다.

만약 1871년 100달러를 주식과 채권에 50달러씩 투자한 후 편입 비중을 조절하지 않고 그냥 보유했다면 현재 가치가 7만 3,000달러 정도였을 것이다. 하지만 편입 자산을 재조정하는 리밸런싱을 꾸준히 시행했다면 자산이 13만 6,000달러로 거의 두 배가 되었을 것이다. 참고로 지금 이야기의 대상인 노르웨이 석유기금도 리밸런싱을 통해 2008년 글로벌 금융위기처럼 극단적 위기상황에서도 주식을 계속 매입하며 주식 비중을 목표 수준대로 유지한 바 있다.

리밸런싱 전략이 효과가 없을 때

물론 리밸런싱 전략은 굉장히 어려운 일이다. 가격이 많이 오른 자산을 매도해서 그 돈으로 가격이 많이 빠진 자산을 매입하는 것은 위험한 것을 피하려는 '인간의 본성'과 많은 마찰을 빚기 때문이다. 특히 리밸런싱이 아무런 효과를 발휘하지 못할 것이라는 공포도 이때 부각되곤 한다.

다음의 그림은 1929년 대공황을 전후한 주식과 채권 50 대 50 매입 전략의 성과를 보여준다. 리밸런싱 전략이 지속적인 보유 전략에 비해 열등한 성과를 보여주는 것을 확인할 수 있다.

이런 현상이 나타나는 이유는 1929년부터 1933년까지 미국 주식시장이 5년 동안 하락했고, 이 과정에서 90%에 가까운 손실을 기록했기 때문이다. 즉, 가격이 상승한 채권을 팔아서 주식을 매입해봐야 지속적인 '약세장'에서 계속 손실을 입었던 것이다. 이런 경우가 자본주의 역사에 자주 출현하지는 않지만, 한번이라도 출현하는 경우에는 리밸런싱 전략의 실패로 이어질 수 있다.

1929년 대공황 전후, 100달러를 주식/채권 50 대 50으로 투자한 경우의 성과

자료: 제레미 시겔 교수 홈페이지, 세인트루이스 연방준비은행

따라서 2008년 같은 금융위기가 발생할 때마다 리밸런싱 무용론을 제기하는 사람들을 자주 만나게 된다. 물론 이 모든 것은 개인의 선택 문제다. 다만 노르웨이 석유기금, 그리고 한국의 국민연금 같은 세계적인 연기금은 리밸런싱을 철저하게 시행하고 있다는 것은 알아두면 좋을 것 같다.

노르웨이 석유기금의 전략을 2030세대에 권하는 이유

이상의 내용을 요약하자면, 노르웨이 석유기금의 운용전략은 꽤 공격적이고 상당한 위험에 노출된다. 아마 2020년 3월 노르웨이 석유기금은 2008년 글로벌 금융위기 수준의 큰 손실을 입었을 것이다. 그러나 이 전략은 '주식시장의 장기적인 추세 상승'을 믿는 투자자들에게는 매우 간명하고 신뢰할 만한 전략으로 비추어질 것이다. 따라서 필자는 아직 투자할 시간이 많이 남은 2030세대들에게는 이 전략을 주로 권고하곤 한다.

2

수익성과 안정성을 모두 잡고 싶다면, 한국 국민연금처럼!

앞의 노르웨이 연기금 사례에서 보듯, '주식/채권'이라는 매우 단순한 자산배분만으로도 글로벌 금융위기 등의 충격에서 최대낙폭을 제한할 뿐만 아니라 높은 수익을 얻을 수도 있다. 그런데 이렇게 생각하는 투자자들도 있을 것이다.

> "노르웨이 석유기금의 수익률을 고스란히 누리면서도 위험을 피할 수는 없을까?"

이 고민에 대한 해법이 바로 한국 국민연금의 자산배분 전략이다.

한국 국민연금이 수익성·안전성 모두 잡는 이유

2019년 한국 국민연금은 초저금리 환경에서도 11%라는 놀라운 성과를 기록했다. 그뿐만 아니라 2008년 글로벌 금융위기에서도 단 0.2%의 손실만 기록하는 등 불황에 대한 저항력도 매우 강한 면모를

보여주고 있다.[6]

이제 한국 국민연금의 자산배분 전략의 비밀을 본격적으로 밝혀 보자. 국민연금이 이렇듯 놀라운 성과를 기록하는 비밀은 바로 자산 포트폴리오에 있다.

국민연금은 2017년 말 기준으로 해외주식과 해외채권에 각각 108조 원(17.4%)과 23조 원(3.7%)을 투자하고 있다. 해외 대체투자 등을 포함하면 전체 자산의 1/3 이상을 해외자산에 투자한 것으로 추정된다.[7] 즉, 국민연금은 해외자산에 대한 투자비중이 높은 편이다. 또한 자산의 거의 절반(50.3%)을 채권에 투자함으로써 수익률을 안정적으로 관리하고 있다.

2013년 이후 한국 국민연금의 운용규모 및 자산 자료: 국민연금 기금운용본부

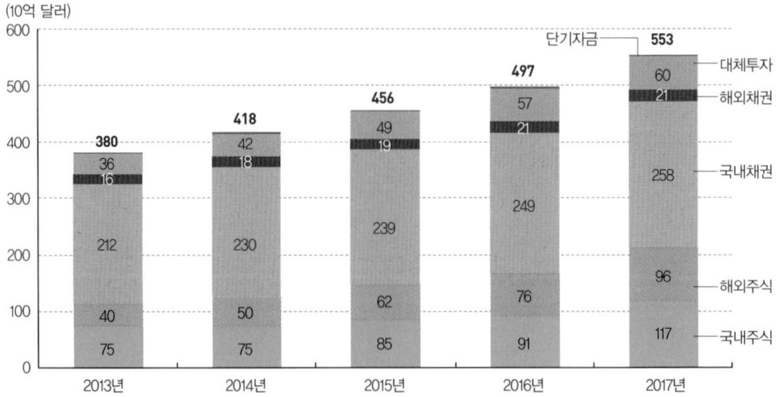

6 한국은행(2020. 1. 29.), 「국민연금, 2019년 11월 말 수익률 9.72% … '국 · 내외 증시 강세 영향」.

7 매일경제(2019. 5. 31.), "국민연금, 해외자산비중 50%까지 늘린다".

국민연금이 자산의 1/3을 해외에 투자하는 이유

잠깐 부연 설명을 하자면, 해외투자를 아예 하지 않는 것보다 일부라도 하는 것이 수익률의 안정성을 강화하는 데 큰 도움이 된다. 왜냐하면 한국 경제는 수출 비중이 워낙 높다 보니, 금융시장의 여건이 악화될 때마다 환율이 급등하는 모습을 띠기 때문이다. 이런 현상이 나타난 이유는 환율의 방향성을 결정짓는 '힘'이 해외에 있기 때문이다.

한국 주식시장에 투자하는 외국인 입장에서는 수출이 잘되고 실적전망도 개선될 때에는 순매수의 이유가 충분하다. 이때 달러를 가져와 원화로 환전하니 환율은 하락하고, 외국인 투자자의 순매수가 가세하니 주식시장은 오르게 된다. 물론 수출이 부진하고 기업실적이 악화될 때에는 반대로 주가가 하락하고 환율은 상승하게 될 것이다. 이상의 관계를 투자에 활용한 것이 바로 국민연금의 자산배분 전략이다.

한국의 국민연금은 전체 자산의 1/3 이상을 해외에 투자함으로

한국의 코스피지수와 달러/원 환율 추이

자료: 한국은행 경제통계시스템

써 국내 경제가 어려울 때에는 환율 상승에 따른 환차익을 누리며, 반대로 한국 경제여건이 좋아질 때에는 한국 주식시장의 상승으로 수익률이 개선된다. 지난 2020년 3월의 폭락장에서 국민연금이 대규모 순매수를 기록한 것도 '리밸런싱' 목적이었는데, 이것이 가능한 것은 달러 등 선진국 자산을 대규모로 보유해 평가차익을 크게 거두었기 때문이기도 하다.

따라서 안정성과 수익성이라는 두 마리의 토끼를 잡고 싶은 투자자들이라면, 국민연금의 자산배분 전략을 벤치마크하는 것이 바람직하다. 특히 2020~21년 자산시장의 미래가 밝지 않다고 생각하는 투자자들에게 더욱 적합한 전략이 아닌가 생각한다.

한 걸음 더

수익성과 안정성을 한꺼번에,
한국 국민연금 포트폴리오 따라하는 법

누구나 손쉽게 살 수 있는, 한국 주식시장에 상장된 ETF를 이용해 국민연금의 자산배분 전략을 따라하는 법을 알아보자. 그리 어렵지 않다.

다음 쪽의 표에서 왼쪽은 국민연금의 자산배분 비중을 보여준다. 국내주식 19.1%, 해외주식 13.8%, 국내채권 52.0%, 해외채권 4.2%이다. 즉 주식과 채권의 비중이 89%에 달하고, 그중에서 채권 비중이 56.2%로 높은 편이며, 주식 비중은 32.9%로 비교적 높은 편이다. 원자재 등 대체투자에는 10.5%를 투자하고 있다.

한마디로 한국의 국민연금은 채권에 56.2%를 투자함으로써 안정성을 담보하고, 주식과 대체투자에 43.4%를 투자함으로써 수익성까지 두 마리 토끼를 잡고 있다. 아울러 해외주식과 해외채권, 대체투자 등 해외에 28.5%를 투자함으로써 한국 경제 특성에 따른 환율변동에도 대응하고 있다. 이것이 바로 국민연금의 놀라운 성과의 비밀이다.

한국 주식시장의 ETF로 국민연금 따라하기

이제 일반 개인들이 국민연금의 뛰어난 포트폴리오를 따라 투자하는 법을 알아보자. 한국 주식을 추종하는 인덱스 ETF로는 'TIGER(타이거) 200'을 추천한다. 이 ETF에 국민연금의 포트폴리오에 맞추어 투자금의 19% 정도를 투자하면 된다. 해외주식은 'KODEX(코덱스) 선진국 MSCI World' ETF에, 국내채권은 'KOSEF(코세프) 국고채 10년' ETF에, 해외채권은 'TIGER(타이거) 미국채 10년 선물' ETF에 국민연금의 비중대로 투자하면 된다. 대체투자로는 금에 투자하는 'KODEX(코덱스) 골드선물(H)' ETF를 사면 된다.

국민연금 자산배분 vs 추종 포트폴리오

국민연금		한국인을 위한 추종 포트폴리오		
구분	배분 비중	구분	비중	추천 ETF
국내주식	19.1%	한국주식	19.1%	TIGER 200
해외주식	13.8%	해외주식	13.8%	KODEX 선진국 MSCI World
국내채권	52.0%	국내채권	52.0%	KOSEF 국고채 10년
해외채권	4.2%	해외채권	4.2%	TIGER 미국채 10년 선물
대체투자	10.5%	원자재 (골드)	10.5%	KODEX 골드선물(H)
단기자금	0.5%	단기자금	0.5%	KODEX 단기채권

국민연금의 포트폴리오를 따라하려면, 추천한 ETF를 비중만큼 사면 된다.

• 배분 비중은 국민연금의 2013~17년 배분 비중의 평균값이다.

만약 국민연금의 자산배분 전략대로 2010~19년에 투자했다고 가정하면 연 평균 7.2%의 수익률을 올렸을 것이다. 은행 예금금리를 1.5%라고 보면 수익률이 무려 5배 가까이나 되는 것이다. 기간을 2001~19년으로 넓히면 수익률이 연 평균 9.0%나 되므로 탁월하다고 할 수밖에 없을 것 같다.[8]

2001년 이후 국민연금 추종 포트폴리오 및 관련 ETF의 성과

국민연금 포트폴리오의 또 다른 장단점

수익률만 놓고 보면 국민연금이 노르웨이 석유기금보다 탁월한 것 같다. 하지만 문제는 앞으로 채권금리가 오르기 어려운 상황이 되는 경우이다. 국민연금처럼 채권투자 비중이 높으면 과거처럼 채권금리가 급락하는 상황에서는 돈을 벌 수 있지만, 앞으로 채권금리가 1% 밑에서 정체될

8 이는 연 평균 수익률의 평균이며, 연 환산 복리수익률(CAGR) 기준으로는 8.9%다.

경우에는 수익률이 계속 떨어질 위험이 있다.

물론 국민연금의 이러한 전략은 장점도 많다. 무엇보다 최대낙폭이 단 10%에 불과할 정도로 수익률이 안정적이라는 것이 매우 매력적이다. 따라서 국민연금의 자산배분 전략은 적절한 위험을 추구하는 성향의 투자자들에게 적합할 수 있다. 특히 만에 하나 디플레를 억제하는 데 실패해서 금리가 제로 수준까지 떨어지더라도 수익률을 충분히 방어할 수 있을 것으로 예상된다는 것도 장점이다.

국민연금 추종 포트폴리오의 수익률과 위험

2001. 1~ 2019. 12	TIGER 200	KODEX 선진국 MSCI World	KOSEF 국고채 10년	TIGER 미국채 10년 선물	KODEX 골드선물(H)	KOSEF 단기자금	포트폴리오
기간수익률	165%	62%	111%	75%	235%	62%	161%
연수익률(ret)	9%	3%	6%	4%	13%	3%	8.9%
연변동성 (std)	20%	13%	7%	13%	21%	0%	6.1%
최대낙폭 (MDD)	46%	43%	10%	27%	42%	0%	10%

최대낙폭이 10%로 수익률이 안정적이다.

3

디플레로 완전히 빠져들까 걱정되면, 일본 국민연금처럼!

필자는 개인적으로 한국 국민연금의 자산배분 전략을 채용하고 있다. 결과적으로 2018년처럼 10년에 한 번 정도 있는 '재테크 최악의 시기'를 제외하고는 대체로 안정적인 성과를 기록하고 있다.[9] 그러나 최근 부유층 고객을 대상으로 강의를 하다 보면, 생각보다 미래를 부정적으로 보는 투자자들이 많은 것을 느끼게 된다.

시장을 부정적으로 바라보는 투자자들의 기본적인 논리는 다음과 같다. 한국의 수출 경쟁력이 나날이 약화되고 있으며, 디플레 위험이 가시화되어 일본처럼 '나선형의 악순환'을 경험할 것이라는 주장이다.

실제로 이런 걱정을 하는 사람들의 생각도 완전히 근거가 없지는 않다. 한국 경제의 성장 탄력이 떨어지고, 2019년 물가상승률이 단 0.4%에 그치는 등 디플레 위험이 대두된 것만은 분명한 사실이기 때문이다.

9 한국경제신문(2018. 11. 26), "2018년… 118년 만에 닥친 '재테크 최악의 해'".

미래를 비관적으로 보는 투자자들은 어떻게?

미래를 비관적으로 보는 보수적 투자자라면, 20년 넘게 디플레에 시달리고 있는 일본 국민연금(GPIF)의 자산배분 전략을 벤치마크해 보는 것도 좋을 것 같다. 2017년 기준으로 일본 국민연금은 1조 3,910억 달러의 운용자산을 갖춘 세계 최대의 연기금이며, 2010년 이후 연평균 5.3%의 성과를 기록하고 있다.

일본 국민연금의 자산배분 전략을 한마디로 요약하자면 '채권에 대한 집중투자' 전략이 될 것이다. 2013년까지만 해도 전체 자산의 63%를 채권에 투자했으며, 아베노믹스 시행 이후 채권투자의 비중이 42%까지 떨어지기는 했지만, 여전히 세계에서 가장 보수적으로 운용되는 연기금으로서의 위상을 지키고 있다.

특히 2018년에는 수익률이 -7.5%를 기록하는 등 '주식 비중 확대'의 대가를 단단히 치른 만큼, 예전처럼 다시 채권투자 위주의 운용

2010년 이후 일본 국민연금의 운용규모 및 자산

자료: 일본 국민연금 연차보고서

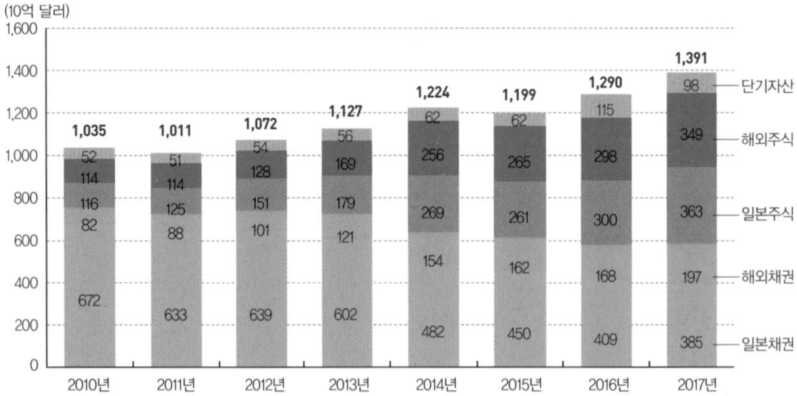

전략을 채택할 가능성도 배제할 수 없다.

보수적 투자자에게 왜 유망할까?

미래를 비관적으로 보는 투자자들에게 일본 국민연금의 자산배분 전략이 유망한 이유는 결국 디플레 및 저성장 환경이 출현할 때, 채권투자의 성과가 개선되는 면이 있기 때문일 것이다. 이 부분의 이해를 돕기 위해 다음을 살펴보자.

1년에 이자를 두 번씩 지급하고, 30년이 지난 후 원금을 상환하는 채권(=30년 만기 국채)이 있다고 하자. 그런데 경제에 인플레가 조금이라도 발생한다면, 30년이 흐른 후 원금의 실질적인 가치는 크게 떨어질 것이다. 따라서 이 채권의 가치는 사실상 이자 지급에서 결정되며, 원금상환은 큰 영향을 미치지 못한다.

이제 만기를 100년으로 늘려보자. 그러면 물가상승률을 감안한 원금상환액의 현재 가치는 1/100 수준에도 미치지 못하게 될 것이다. 이렇듯 장기채권 이야기를 하는 이유는, 원금의 가치를 따로 따질 필요가 없기에 채권가격을 아주 쉽게 계산할 수 있다는 장점 때문이다. 즉, 매년 지급하는 이자를 현재의 시장금리로 나누면 채권가격이 바로 산출되는 것이다.

예를 들어 매년 100달러의 이자를 지급하는 장기채권이 있는데 현재 시장금리가 5%라면, 이 채권의 가치는 2,000달러가 될 것이다(채권의 가치 = 연 이자/시장금리 = 100달러/0.05 = 2,000달러).

그런데 만일 시장금리가 10%로 상승하면 이 채권의 가치는 어떻게 변할까? 앞의 식을 그대로 대입하면 이 채권의 가치는 1,000달러로 떨어지게 된다(채권의 가치 = 연 이자/시장금리 = 100달러/0.1 = 1,000달러). 따라서 채권의 가치는 시장금리와 반대의 관계임을 알 수 있다.

다시 말해 금리가 오르면 채권가격은 떨어지고, 금리가 떨어지면 채권가격이 오른다. 만기가 아주 긴 채권의 가격은 대부분 이런 식으로 결정된다. 예를 들어 채권 수익률이 1%가 상승하면, 다시 말해 어떤 채권의 수익률이 5.00%에서 5.05%가 되어 1%가 상승한다면, 이 채권의 가격은 1%가 떨어진다. 그리고 채권금리는 인플레이션에 매우 민감하다. 물가가 상승할 것이라는 기대가 높아지면 금리는 상승하게 마련이다. 반대로 디플레 환경에서는 금리는 떨어지고 채권가격은 상승하게 될 것이다.

물론 자국 채권에만 투자하는 전략은 바람직하지 않다. 그러므로 앞에서 이야기했듯이, 달러 등 선진국 자산에 대한 배분을 통해 혹시라도 발생할 수 있는 국내 자산가격의 동반 하락 국면을 타개해나갈 수 있을 것이다. 다음의 〈한 걸음 더〉에서 한국의 주식시장에서 누구나 손쉽게 살 수 있는 ETF로 일본 국민연금의 포트폴리오를 따라 투자하는 법을 자세히 살펴보자.

한 걸음 더

안정지향형 투자자라면 일본 국민연금 포트폴리오 따라하는 법

일본 국민연금의 자산배분 전략을 한국 실정에 맞게 적용하기 위해 다음과 같은 포트폴리오를 구성했다. 일본 국민연금의 포트폴리오는 한국 국민연금의 자산배분과 매우 비슷하지만, 구성비에서 큰 차이가 있다. 일본 주식에 15.9%, 해외 주식에 15%, 일본 채권에 53.4%, 그리고 해외 채권과 단기자금에 각각 10.7%와 5.0% 투자한다.

일본 국민연금의 자산배분 vs 추종 포트폴리오

일본 국민연금(GPIF)		한국인을 위한 추종 포트폴리오		
구분	배분비중	구분	비중	추천 ETF
일본채권	53.4%	한국채권	53.4%	KOSEF 국고채 10년
해외채권	10.7%	해외채권	10.7%	TIGER 미국채 10년 선물
일본주식	15.9%	한국주식	15.9%	TIGER200
해외주식	15.0%	해외주식	15.0%	KODEX 선진국 MSCI World
단기자산	5.0%	단기자산	5.0%	KODEX 단기채권

일본 국민연금의 포트폴리오를 따라하려면, 추천 ETF를 비중만큼 사면 된다.

• 배분 비중은 2013년의 배분 비중이다.

한국 주식시장의 ETF로 일본 국민연금 따라하기

이제 한국의 안정지향형 투자자가 일본 국민연금의 포트폴리오를 따라 투자하는 법을 알아보자. 일본 국민연금은 일본 채권에 54.3%를 투자하는데, 우리 포트폴리오에서는 한국 국채에 투자하는 'KOSEF(코세프) 국고채 10년' ETF를 이 비중만큼 투자하는 것으로 한다. 해외 채권 부분은 'TIGER 미국채 10년 선물'을 추천한다. 일본 주식 대신 한국 주식시장에 투자하는 'TIGER 200'을, 해외 주식 대신 한국의 'KODEX 선진국 MSCI World' ETF를 비중만큼 사면 된다. 단기자산으로는 'KODEX 단기채권' ETF를 추천한다.

만약 일본 국민연금의 자산배분 전략대로 2010~19년에 그대로 투자했다면 수익률이 연 5.8%에 달하는 것으로 나타났다. 기간을 2001~19년으로 넓혀도 연 평균 6.3%의 수익률이니 나쁘지 않은 성과이다.

2001년 이후 일본 국민연금 추종 포트폴리오 및 관련 ETF의 성과

일본 국민연금 포트폴리오의 또 다른 장점

일본 국민연금의 자산배분이 지니는 장점은 안정적인 성과뿐만 아니라 수익률의 변동성이 대단히 낮다는 것이다. 포트폴리오의 연 변동성은 4.7%이다. 한국 국민연금의 자산배분을 복제한 포트폴리오의 연 변동성이 6.1%라는 것을 생각해보면, 일본 국민연금의 포트폴리오가 얼마나 안정적인지 알 수 있다.

일본 국민연금 추종 포트폴리오의 수익률과 위험

2001. 1~ 2019. 12	KOSEF 국고채 10년	TIGER 미국채 10년 선물	TIGER 200	KODEX 선진국 MSCI World	KOSEF 단기자금	포트폴리오
기간수익률	108%	78%	165%	62%	62%	115%
연수익률(ret)	6%	4%	9%	3%	3%	6.3%
연변동성(std)	7%	13%	20%	13%	0%	4.7%
최대낙폭(MDD)	10%	27%	46%	43%	0%	7%

연변동성과 최대낙폭이 작아 안정성이 뛰어나다.

따라서 일본 국민연금의 자산배분 전략은 안정성을 추구하는 성향의 투자자들에게 적합할 수 있다. 또한 만일 디플레가 일어나더라도, 국채에 대한 투자 비중이 65%에 이르기에 수익률이 급락할 위험은 낮은 것으로 판단된다.

저금리 국면이 이어질 때는 위험자산에 투자를 늘리자

이 책을 쓰기로 결심했던 것은 2019년에 겪은 소비자물가 상승률 '마이너스' 사태 때문이었다. 기본적으로 소비자물가가 개편될 때마다 이전의 추정치가 하향 조정되는 일이 빈번하기에, 소비자물가 상승률이 2%라고 해도 수년 뒤에 보면 확정치는 1% 후반 혹은 중반으로 떨어지곤 한다. 그런데 일시적이라지만 소비자물가 상승률이 마이너스라니! 이미 경제가 디플레의 위험에 노출되었음을 보여주는 신호가 아니겠는가?

그러나 한국의 오피니언 리더들은 이 문제에 대해 별다른 관심이 없는 듯했다. 신문 칼럼이나 유튜브 동영상을 통해 "디플레 위험을 막기 위해 적극적인 통화정책 및 재정정책을 펼쳐야 한다"라고 거듭 주장했지만, 반응이 별로 없었다. 심지어 어떤 모임에서 "디플레가 발생하면 나쁜 게 뭐 있다고 호들갑이냐?"라는 반문까지 들으니, 다른 방법을 찾아야겠다는 생각이 들었다.

그래서 디플레가 발생하면 벌어지는 일, 더 나아가 디플레를 유발하는 요인이 어떤 것이 있는지에 대해 조목조목 이야기할 수 있는 책을 쓰기로 결심했다. 게다가 오래전부터 책을 내기로 약속한 출판사마저 있었으니 더 미룰 이유가 없었다. 2019년 11월의 런던 체류 중에 대부분의 내용을 완성했고, 한국에 돌아온 뒤 코로나19 사태 등의 내용을 보강하여 이렇게 독자들에게 선을 보이게 되었다.

책을 쓰는 시간은 짧았지만, 책의 내용이 얕지는 않다. 무엇보다 데이터를 기반으로 설명하기 위해 노력했고, 지난 1년 반 동안 유튜브 활동을 하면서 백수십 편의 해외 논문과 보고서를 읽었던 것도 큰 도움이 되었다. 이 책을 보다가 궁금했던 부분을 더 구체적으로 설명해 줄 동영상 4편을 소개한다.

먼저 **'인플레 목표가 2%인 이유는?'**이라는 동영상이 큰 도움이 될 것이다. 미국의 세인트루이스 연방준비은행에서 작성한 보고서를 소개한 것인데, '플러스(+)' 물가상승률 목표, 그것도 2%라는 물가상승률 목표를 제시한 이유를 자세히 설명하고 있다.

https://youtu.be/vRVtMTfW2YM

다음으로 추천하는 동영상은 **'아마존은 어떻게 물가를 떨어뜨리**

는가?'이다. 미국 하버드 비즈니스 스쿨의 알베르토 카발로 교수가 쓴 보고서를 요약한 것인데, 아마존을 비롯한 온라인 상거래업체들이 어떤 식으로 미국의 경쟁구도를 바꾸고 가격의 경직성을 완화하는지 이해하는 데 도움이 될 것이다.

https://youtu.be/Qey5dJQGlTI

세 번째로 추천하는 동영상은 **'로봇이 늘어나면 어떤 일자리부터 줄어드나?'**이다. 세인트루이스 연방준비은행에서 발간한 보고서를 요약한 것으로, 기계와의 경쟁에서 가장 먼저 타격을 받는 산업이 어떤 것인지, 나아가 앞으로 어떤 종류의 일자리가 늘어날 가능성이 높은지에 대해 상세히 설명하고 있다. 미래 노동시장의 상황을 예측하려는 사람에게 꼭 필요한 정보를 제공한다.

https://youtu.be/GdXtLDcjR-s

마지막 추천 동영상은 **'저금리 환경에서의 재정정책'**이다. 세계적인 경제학자 올리비에 블랑샤의 논문 "Public Debt: Fiscal and Welfare Costs in a Time of Low Interest Rates(공공부채: 저금리 시기의 재정 및 복지 비용)"를 요약한 것인데, '명목 경제성장률이 시장금리보다 높은 환경(명목 경제성장률 > 시장금리)에서 정부가 재정정책을 적극적으로 사용하더라도 왜 '부채 부담'이 늘어나지 않는지를 설득력 있게 보여준다.

https://youtu.be/27oLuCuNVcw

끝으로 하고 싶은 이야기는 '디플레 위험을 퇴치하기 위한 노력이 앞으로도 지속될 가능성이 높으니, 주식이나 부동산 등 위험자산에 대한 관심을 꾸준히 지속하라'는 것이다.

물론 정책당국이 디플레 압력을 퇴치하는 데 끝끝내 실패할 위험도 부인할 수 없다. 그 가능성이 높아질 때에는 10장에서 소개한 '안정지향적 포트폴리오'로 전환하는 것이 필요할 수도 있다. 다만, 과거와는 달리 수많은 사람들의 노력 덕분에 디플레의 위험에 대한 인식이 형성되었고 대처법도 준비되어 있기에, 실제로 디플레가 출현하지는 않으리라 기대한다. 이 책을 보는 독자들의 가정에 행복이 깃들기를 기원하며 글을 마친다.